Práticas em **Avaliação Psicológica**

Práticas em **Avaliação Psicológica**

Elza Maria Gonçalves Lobosque
Délcio Fernando Guimarães Pereira

Artesã

Práticas em Avaliação Psicológica

DIRETOR
Alcebino Santana

DIREÇÃO DE ARTE
Tiago Rabello

COORDENAÇÃO EDITORIAL
Michelle Guimarães El Aouar

REVISÃO
Silvia P. Barbosa

CAPA
Karol Oliveira

PROJETO GRÁFICO E DIAGRAMAÇÃO
Conrado Esteves

P912

Práticas em avaliação psicológica / organizadores: Elza Maria Gonçalves Lobosque , Délcio Fernando Guimarães Pereira. – Belo Horizonte : Artesã, 2022.

232 p. ; 23 cm.

ISBN: 978-85-7074-054-0

1. Psicologia. 2. Avaliação psicológica. 3. Formação profissional. I. Lobosque, Elza Maria Gonçalves. II. Pereira, Délcio Fernando Guimarães.

CDU 159.9.018

Catalogação: Aline M. Sima CRB-6/2645

IMPRESSO NO BRASIL
Printed in Brazil

(31)2511-2040 (31)99403-2227
www.artesaeditora.com.br
Rua Rio Pomba 455, Carlos Prates - Cep: 30720-290 | Belo Horizonte - MG
/artesaeditora

SUMÁRIO

PREFÁCIO

O título *Práticas em Avaliação Psicológica* já sugere: escreve-se sobre o momento atual da pandemia e questões cotidianas ainda em formulação que evocam constantes estudos e pesquisas, evidenciando, assim, a necessidade de uma formação profissional cada vez mais continuada. São tratados, aqui, temas não tão amplamente estudados e, portanto, nem tão bem estabelecidos, necessitando de análise, reflexões e esforços coletivos constantes. Vivenciamos um espaço no qual predomina o novo, a criação, a dúvida e o constante movimento dinâmico da ciência psicológica.

Na escrita deste livro, contamos com vários autores com formação em Psicologia e que atuam em diferenciadas áreas, sendo especialistas, mestres, doutores e pós-doutores, oriundos de vários estados: Minas Gerais, Brasília, Bahia, Rio de Janeiro. Porém, nessa diversidade, existem pontos também comuns, pois o posicionamento científico e técnico sólido permite um diálogo através das indagações e questionamentos sobre vários temas concernentes à avaliação psicológica.

Dentre os vários temas da ciência psicológica, a questão da avaliação psicológica é sem dúvida um dos campos de atuação que nosmobiliza a avançar nas discussões atuais e que tem se tornado cada vez mais problematizadas e acirradas. Com revisão cuidadosa e criteriosa da literatura sobre cada tópico, os capítulos deste livro trazem consigo suas respectivas fundamentações teóricas e práticas, o que permite tratar de fato a evidencia da avaliação psicológica como seu aporte cientifico dentro da ciência psicológica. O livro desdobra-se em uma coletânea de capítulos em suas mais diversas complexidades e diversidades práticas e, consequentemente terá uma contribuição importante no processo de formação nos mais diversos cenários de aprendizagens das instituições de formação superior, escolas de pós-graduação e demais cursos.

No primeiro capítulo, os autores trazem a sua contribuição acerca dos referencias teóricos que fundamentam a avaliação psicológica, bemcomo questões pertinentes à elaboração de documentos de acordo com as novas resoluções.

Dando sequência, no segundo capítulo somos brindados com reflexões práticas de extrema importância quanto à avaliação e elaboração de documentos pelas psicólogas da COF do CRP/MG.

Ao longo da vida, as pessoas trans tendem a experimentar um acentuado sofrimento intrapsíquico advindo dessa incompatibilidade, o que pode causar-lhes um extremo sentimento de inadequação física, e tal tema será abordado no terceiro capítulo, intitulado "Avaliação terapêutica aplicada a intervenções clínicas e cirúrgicas para afirmação de gênero".

No quarto capítulo, os autores trazem questões importantes quanto aos concursos públicos, fazendo um recorte quanto aos recursos administrativos solicitados ao profissional, tendo como objetivo elucidar esse processo bem como orientar psicólogos que tenham interesse em realizar tais recursos.

O capítulo quinto trata da "Avaliação psicológica em casos de subtração internacional de crianças e adolescentes". Essa é uma das possíveis atuações de psicólogos(as) que trabalham no âmbito da Justiça, em casos de subtração internacional de crianças e adolescentes. Afinal, qual documento deve ser produzido a partir dessa avaliação? Que informações devem constar no documento psicológico e como essa avaliação deve ser conduzida? Como lidar com os desafios de uma avaliação psicológica, que implica envolvidos que não se encontram fisicamente em um mesmo país ou região? Qual a qualidade dos documentos produzidos neste contexto? Essas são algumas das questõesque permeiam essa prática.

No sexto capítulo será enfatizada a diferenciação entre avaliação psicológica e avaliação neuropsicológica, o que certamente elucidará questões tão frequentemente problematizadas pela categoria.

Outro tema que será abordado neste livro refere-se ao processo de adoção. No capítulo de número sete, as autoras trazem a definição de adoção e suas regulamentações no Brasil. Citam a Constituição Federal e 1988 em consonância com o Estatuto da Criança e Adolescente (ECA), além da Lei de Adoção 12.010/2009, vigente no território brasileiro. O capítulo enfatiza, ainda, os fatores a serem investigados para um efetivo processo de adoção.

Seguindo a diversidade temática da avaliação psicológica e sua atividade prática, o tema do oitavo capítulo versa sobre a "Autópsia psicológica no contexto da avaliação psicológica". Acompanhando a história, verifica-se que a percepção do suicídio, assim como seus significados, mudou, passando de uma perspectiva religiosa para o paradigma científico.

Dando prosseguimento às nossas escritas, o nono capítulo contempla a "Avaliação psicológica em situações de emergências e desastres", trazendo um recorte quanto aos aspectos teóricos e práticos do contexto de Brumadinho/MG. A crescente demanda de produção de conhecimento na área de emergências e desastres tem revelado importantes aplicações desse conceito em contextos variados e, por vezes, iminentes. A construção de conhecimento nesse campo de atuação visa a constante produção de evidências científicas que permitam maior compreensão por parte dos profissionais, implicando em maior capacidade na identificação de demandas, intervenções precoces e na prevenção na deterioração dos estados psicológicos. Trazendo o foco na atualidade, o exercício do psicólogo na Psicologia de Emergências e Desastres (PED) tem contribuído para a consolidação deste campo de atuação e seus desdobramentos.

Outro tema que vem reforçar a escrita desta obra está contido no décimo capítulo, o qual nos instiga a uma leitura atenta, pois se trata da "Avaliação psicológica no uso inadequado dos jogos eletrônicos", realidade tão presente na contemporaneidade. O referido capítulo tem o objetivo de apresentar ferramentas, adaptadas para a população brasileira, que possam contribuir para um diagnóstico diferencial entre um hábito ou *hobby* e um comportamento prejudicial à saúde mental. A autora relata os benefícios dos jogos eletrônicos, como também polemiza sobre o uso abusivo destes.

A necessidade de uma avaliação psicológica infantil é uma demanda frequente na prática do profissional da psicologia, principalmente nos contextos clínicos e educacionais, uma vez que o processo avaliativo colabora com a possibilidade de tomada de decisão. O capítulo onze traz, assim, contribuições acerca dessa prática.

No capítulo doze, os autores trazem suas contribuições quanto ao processo compulsório, técnico e científico para a "Avaliação psicológica de pilotos da aviação civil".

A "Avaliação psicológica na atenção primária" é outro tema de relevância, o qual é abordado no capítulo treze. É sabido que a atenção primária é a porta de entrada para os atendimentos da população que frequenta o Sistema Único de Saúde (SUS), desta forma, a presença do psicólogo é de fundamental importância principalmente no tocante ao processo de avaliação dos usuários. Acredita-se que a avaliação psicológica se torna o procedimento mais eficaz que visa avaliar, através de instrumentos previamente validados para determinada função, os diversos processos psicológicos que compõem o indivíduo, sendo o psicólogo o único profissional habilitado por lei para exercer essa função. Espera-se que, com esse processo avaliativo, se possa obter resultados essenciais para ajudar a equipe multiprofissional no diagnóstico, fazendo com que o direcionamento dos usuários para os níveis do SUS seja completo e bem estruturado diante de as suas queixas.

Assim, sendo composta por todos esses capítulos e temas, esta obra apresenta uma coletânea séria e, ao mesmo tempo amigável ao leitor, o que propicia uma leitura a ser apreciada, estudada e com possíveis desdobramentos de outras escritas futuras. Convidamos todos os leitores escutar as questões aqui apresentadas. Temos certeza de que os seus organizadores e autores foram muito bem-sucedidos com a proposta deste livro, pois tiveram a incansável tarefa de compartilhar com os leitores as funções de teóricos e pesquisadores da área de avaliação psicológica.

Elza Maria Gonçalves Lobosque

Délcio Fernando Guimarães Pereira

1. AVALIAÇÃO PSICOLÓGICA E ELABORAÇÃO DE DOCUMENTOS: REFERENCIAIS NORMATIVOS

Délcio Fernando Guimarães Pereira

Elza Maria Gonçalves Lobosque

O termo "Avaliação Psicológica" tem sido usado para descrever um conjunto de procedimentos que têm por objetivo coletar dados para testar hipóteses clínicas, produzir diagnósticos, descrever o funcionamento de indivíduos ou grupos e fazer predições sobre comportamentos ou desempenho em situações específicas (Hutz, 2009). Embora historicamente alvo de questionamentos, embasados principalmente no uso inadequado dos testes psicológicos, na falta de qualidade dos instrumentos, na baixa qualidade dos laudos e nos diagnósticos equivocados (Alves, 2009), atualmente o que se nota é um movimento de retomada da área, impulsionado pela publicação da Resolução CFP nº 002/2003 do Conselho Federal de Psicologia, com a criação do Sistema de Avaliação dos Testes Psicológicos (SATEPSI) e com o estabelecimento do ano 2011 como o Ano da Avaliação Psicológica, além da nova Resolução CFP nº 06/2019, que institui regras para a elaboração de documentos escritos produzidos pela(o) psicóloga(o) no exercício profissional, atualizando dessa forma o manual de elaboração de documentos decorrentes de avaliações psicológicas. Esse documento classifica a modalidade de laudo psicológico definindo seu conceito, finalidade e estrutura. Essa resolução é a diretriz mais recente e mais específica para a confecção do laudo. Ela aparece como uma diretriz mínima, que possa trazer alguma forma de orientação a milhares de psicólogas (os) brasileiros.

Outro ponto relevante foi a elaboração da Resolução CFP nº 25/2001, que define o teste psicológico como método de avaliação privativo do psicólogo e regulamenta sua elaboração, comercialização e uso. Posteriormente, essa resolução é revogada pela Resolução CFP nº 02/2003 e, por fim, a Resolução CFP nº 05/2012 revoga a anterior. Tal documento apresenta importantes orientações sobre os requisitos mínimos necessários para atestar a qualidade dos testes. Entendendo e estudando essas resoluções, é possível compreender como a Avaliação Psicológica evoluiu no Brasil, bem como suas regulamentações e estudos para obter-se a psicologia como área de ciência e profissão na atualidade.

Quando trazemos a questão da formação e a dificuldade de um currículo mínimo, um estudo documental, realizado por Lisboa e Barbosa (2009), que buscou caracterizar os cursos de graduação em Psicologia no Brasil, identificou a existência de 396 cursos, que apresentam diferenças significativas entre eles, as quais envolvem desde a carga horária total até as disciplinas oferecidas e a composição do corpo docente. Um outro estudo, realizado por Hazboun e Alchieri (2014), traz que uma grande parte dos problemas referentes à avaliação, pode ser atribuída à defasagem na formação, que revertem em questões éticas, o que consequentemente, indica dificuldades na execução adequada do processo de Avaliação Psicológica. Desta forma, a pesquisa mostra que, a maioria dos participantes relata que não têm dificuldades para realizar essa atividade. Contudo, os autores questionam se esses profissionais, ante ao seu exercício de não encontrar tais dificuldades, estão julgando adequadamente sua atividade, uma vez que os registros quanto ao número de processos éticos são preocupantes junto aos Conselhos Regionais de Psicologia (CRPs) e ao Conselho Federal de Psicologia (CFP).

Noronha (2002) pesquisou sobre os problemas mais graves e mais frequentes relativos à Avaliação Psicológica. O trabalho aponta que uma "avaliação ineficiente, não pode ser atribuída unicamente ao instrumento" utilizado, nesse caso, os testes psicológicos. O psicólogo possui técnicas e recursos para realizar essa atividade, cabendo a ele refletir sobre os resultados encontrados. O profissional preparado para tal, conseguirá compreender os fenômenos psicológicos que estão traduzidos pelos dados numéricos, ou seja, saber realizar as analises conjuntas ao instrumental permitindo ao profissional uma avaliação dentro dos critérios científicos e éticos. No entanto, apesar de os cursos serem desenvolvidos sob diferentes enfoques, uma preocupação atual comum envolve questões relacionadas à qualidade da formação em Avaliação Psicológica, ao uso e à validação dos testes psicológicos, ao conteúdo das disciplinas e à forma como ensino-aprendizagem se integram, levando à aplicação destes à prática profissional (Araujo, 2007).

Importante lembrar novamente do artigo 1º, letra b, em que os professores têm demonstrado, de acordo com Pessotto (2011), o despreparo para o ensino das disciplinas alinhadas à Avaliação Psicológica e acabam por contribuir para a má (in)formação dos futuros psicólogos, transmitindo conteúdos relacionados à Avaliação Psicológica de forma superficial, focando apenas aplicações e correções de testes, deixando de lado o fato de eles possuírem limitações e, ainda, de serem parte de um processo em que outros conhecimentos e procedimentos se fazem necessários, cabendo também salientar que a seleção por parte das Instituições de Ensino Superior (IES) não se implica nessa responsabilidade e por vezes nem o próprio profissional, que aceitas a função não possuindo capacidade, técnica e prática. Essa certificação mostra a falta de preparo por parte dos profissionais, o que aponta uma necessidade de formação continuada. Observa-se que o profissional, durante um processo de Avaliação Psicológica deve levar em consideração o contexto da solicitação, afim de que possa realizar a interpretação das informações levantadas com assertividade.

O impacto destes fatos acaba resultando em um número elevado de processos éticos contra as (os) psicólogas (os), relacionados ao procedimento de Avaliação Psicológica e aos documentos elaborados. A falta de conhecimento de tais profissionais está infelizmente clara, o que faz refletir sobre a qualidade da formação dos psicólogos, o desconhecimento das resoluções do CFP e uma limitação no hábito de leitura, o que dificulta a capacidade de interpretação, não só de textos como a própria escrita.

As pesquisas realizadas trazem os diversos problemas na formação, na atualização profissional, que resultam em implicações práticas, como por exemplo, condenações de profissionais por fazerem afirmações de pessoas sem fundamentação teórica. Dentro desta perspectiva, a Resolução 006/2019 vem ao encontro das necessidades de melhorias nos documentos escritos, bem como a separação de laudo para relatório, a qual trataremos logo abaixo.

Quando pensamos e falamos na Avaliação Psicológica, parece claro o fato de ela estar vinculada ao fazer da (o) psicóloga (o), pois é entendida como uma tarefa fácil de ser realizada. Mas é aí que muitos se enganam, pois realizar a construção do conhecimento sobre essa atividade, que é privativa da (o) psicóloga (o), não é nada fácil e muito menos de domínio de todos aqueles que se formaram em Psicologia e a têm como o profissão. A compreensão sobre a Avaliação Psicológica deveria ser entendida como a base de sustentação da ação da(o) psicóloga(o), pois o desenvolvimento de práticas psicológicas interventivas em qualquer campo de atuação da Psicologia sugere, no mínimo, um conhecimento sobre fenômenos e processos psicológicos que caracterizem o objeto de intervenção dessa(desse) profissional.

Desta forma, a Avaliação Psicológica pode se caracterizar como a essência do trabalho da (o) psicóloga (o). Mas, infelizmente, esse entendimento na maioria das vezes não acompanha muitos dos colegas que atuam na Psicologia, pois muitos ainda trazem em seus discursos uma visão reducionista do teste psicológico, e a concepção de quem atua na área não passa de que este profissional é um "testólogo". É importante diferenciar Avaliação Psicológica de testagem. Hoje, há ainda muitos profissionais que pensam que o processo de Avaliação Psicológica é o resultado da aplicação de testes. Faz-se necessária a compreensão de forma mais ampla sobre a Avaliação Psicológica e sua importância em sua prática, bem como auxiliar para que essa visão seja modificada frente à população e aos colegas de profissão.

De acordo com o CFP (2007), a Avaliação Psicológica é um processo amplo que envolve a integração de informações provenientes de diversas fontes, dentre elas, testes, entrevistas, observações, análise de documentos. A testagem psicológica, portanto, pode ser considerada uma etapa da Avaliação Psicológica, que implica a utilização de teste(s) psicológico(s) de diferentes tipos.

Sabemos, de acordo com nosso *Código de Ética Profissional* (CFP, 2005), que é um dos deveres fundamentais dos psicólogos "Assumir responsabilidades profissionais somente por atividades para as quais esteja capacitado pessoal, teórica e tecnicamente". Com esta orientação, percebemos que, por não termos um currículo único em todas as IES, deparamos com um grande problema na formação que já foi elencado por vários autores da área da Avaliação Psicológica.

Hutz (2015) traz essa compreensão e questionamentos em relação ao que traz nosso Código de Ética:

> Muito embora todos os psicólogos registrados no Conselho Regional de Psicologia estejam legalmente habilitados a realizar avaliações psicológicas de qualquer natureza, o profissional deve considerar e avaliar se realmente tem o conhecimento teórico e prático suficiente para realizar uma Avaliação Psicológica específica. Essa talvez seja a primeira decisão ética que o psicólogo deve tomar antes de iniciar um processo de Avaliação Psicológica. "Estou preparado para fazer isso"?" "Conheço a área?" "Tenho experiência suficiente?" "Sei quais são os testes mais apropriados para serem usados nessa avaliação?" "Conheço bem esse(s) teste(s) e a teoria que o(s) embasa(m)?" Se a resposta a qualquer uma dessas perguntas for "não", ou "não sei", ou "não tenho certeza", o profissional deve recusar a avaliação ou, no mínimo, procurar supervisão.pg14

Imprescindível lembrar que a responsabilidade pelo trabalho é sempre do psicólogo e este tem que se assegurar desta responsabilidade junto a sociedade e a própria categoria. A Avaliação Psicológica, considerada então como uma prática essencial para a ação interventiva da (o) psicóloga (o), veio ao longo da história adquirindo diferentes configurações que levaram em conta as demandas de estudos dos diferentes fenômenos psicológicos.

Considerando todo esse histórico de evolução sobre a Avaliação Psicológica no Brasil, resta-nos ainda pensar sobre os desafios que se apresentam no atual contexto. Tomando ela como uma prática exclusiva da Psicologia, encontra-se um universo de estudos e pesquisas que buscam cada vez mais ampliar o conceito da experiência avaliativa. Ao longo dos anos, pode-se perceber que a Avaliação Psicológica é responsável pela inserção da (o) psicóloga (o) em diferentes contextos de atuação. Neste sentido, seus métodos e técnicas se reafirmam enquanto recursos oferecidos em diversos campos da Psicologia (no campo social, no campo da educação, no campo da saúde, psicodiagnóstico, Avaliação Psicológica pré-cirúrgica, neuropsicológica, no contexto hospitalar, no campo organizacional e do trabalho, no campo do trânsito, no campo do esporte, no contexto da segurança pública e privada, na clínica particular, nos diversos seguimentos das políticas públicas e nas pesquisas), o que traduz um processo capaz de resultados mais precisos quando utilizados de forma ética, independente da área de aplicação.

A dimensão técnica na Avaliação Psicológica é parte integrante de um processo avaliativo, constituído de diferentes estratégias que a (o) profissional pode utilizar para a realização de um determinado procedimento em diferentes contextos de atuação, pois em um processo avaliativo, a (o) profissional precisa acessar e mensurar os fenômenos psicológicos envolvidos na demanda. Desta forma, os recursos técnicos corroboram para acessar e compreender as variáveis envolvidas. Dentre os principais instrumentos utilizados em um processo de Avaliação Psicológica estão os testes psicológicos, a entrevista nas suas diferentes modalidades e a observação. Cohen, Swerdlik e Sturman (2014) trazem uma definição da Avaliação Psicológica como a coleta e a integração de dados relacionados à Psicologia, com a finalidade de fazer uma estimação psicológica, que é realizada por meio de instrumentos como testes, entrevistas, estudos de caso, observação comportamental, aparatos e procedimentos de medida especialmente projetados para essa finalidade.

Um passo significativo a toda a categoria é que CFP autoriza, em 2019, o Título de Especialista em Avaliação Psicológica, que, embora não constitua condição obrigatória para exercício profissional, atesta o reconhecimento da atuação da psicóloga ou do psicólogo à determinada área da especialidade, qualificando a formação do profissional.

O CFP publicou, no mês de setembro, a Resolução CFP n° 18/2019. O documento reconhece a Avaliação Psicológica como especialidade da Psicologia e altera a Resolução CFP n° 13/2007, que institui a Consolidação das Resoluções relativas ao Título Profissional de Especialista em Psicologia. A obtenção do título será concedida às (aos) profissionais que atenderem às especificações dos artigos 5° e 6° da Resolução CFP n° 13/2007, reproduzido a seguir:

> Art. 5° Na hipótese de o CFP regulamentar nova especialidade, será facultada a obtenção do título por experiência comprovada ao psicólogo que se encontra inscrito no Conselho Regional de Psicologia por, pelo menos, 5 (cinco) anos, contínuos ou intermitentes, em pleno gozo de seus direitos, o qual deverá apresentar os documentos a seguir identificados, comprovando a experiência profissional na especialidade por igual período.

§ 1º No caso de profissional com vínculo empregatício, constitui documento obrigatório a declaração do empregador (pessoa jurídica), em que deverá constar:

I – identificação do empregador, com número do CNPJ e endereço completo;

II – identificação do signatário, que deverá ser responsável legal pelo registro de funcionários, com a citação do cargo que ocupa, ou ocupou, e número de inscrição no CPF;

III – função exercida, com a descrição das atividades e a indicação do período em que foram realizadas pelo requerente.

§ 2º No caso do psicólogo que comprovará a experiência profissional por meio da supervisão de estágio na especialidade requerida em cursos regulares de graduação e pós-graduação em Psicologia, este deverá apresentar declaração ratificada pelo responsável direto pelo curso, informando o período da atividade, e acompanhada do programa da disciplina do estágio.

§ 3º No caso de profissional autônomo, este deverá apresentar os documentos abaixo relacionados, para a comprovação do exercício profissional durante período de, pelo menos, 5 (cinco) anos:

I – prova de inscrição no INSS e na Secretaria de Fazenda Municipal (ISS), durante todo o período;

II – declaração de 3 (três) psicólogos regularmente inscritos nos Conselhos Regionais de Psicologia há, pelo menos, 5 (cinco) anos, atestando o exercício profissional do requerente, na especialidade, durante o período, com dedicação exclusiva ou como atividade claramente principal, devendo constar, necessariamente, a identificação do declarante com o número de inscrição profissional no CRP, número de inscrição no CPF e endereço completo;

III – pelo menos 1 (um) documento complementar, dentre os abaixo discriminados:

a) declaração do CRP atestando que atuou como responsável técnico por pessoa jurídica regularmente registrada ou cadastrada;

b) pelo menos 2 (duas) declarações ou cópias contratuais de consultorias realizadas na área;

c) declaração de vinculação pessoal a sociedade científica, associativa ou de formação, legalmente estabelecida por 5 (cinco) anos e que tenha objetivos estatutários ligados à área, na qualidade de membro, aluno, docente ou associado;

d) declaração da condição de conveniado na especialidade, com planos de saúde ou organizações de seguridade social, regularmente registrados, com remuneração direta por parte do plano, especificado o tempo e o volume anual de serviços prestados;

e) declaração de atividade docente de supervisão de atividade prática, em curso de Psicologia em instituição de ensino superior, reconhecida pelo MEC, por período de 5 (cinco) anos, em disciplina ligada à área da especialidade;

f) outros documentos que o profissional considere suficientes para atestar a inequívoca especialidade no efetivo exercício profissional, cuja aceitabilidade dependerá de parecer da Comissão de Análise para a Concessão do Título Profissional de Especialista do Conselho Regional.

§ 4º Os documentos poderão ser apresentados em original ou em fotocópia autenticada, cuja autenticação poderá ser feita por funcionário do CRP à vista dos originais.

§ 5º No caso de solicitação de concessão de mais de um título profissional de especialista, o psicólogo deverá entregar a documentação separadamente, em envelopes devidamente identificados com seu nome e o título profissional de especialista pretendido.

Art. 6º O prazo para requerer a concessão do título profissional de especialista e o seu respectivo registro, na condição de que trata o artigo anterior, é de 270 (duzentos e setenta) dias a contar da data da publicação da Resolução que reconhecer a especialidade. (CFP, 2007)

É importante ressaltar que poderão ser registrados até dois títulos profissionais de especialidade, é possível o cancelamento do título, ou substituição por outro, a qualquer tempo e não há obrigação de solicitar o título de especialista.

A partir do reconhecimento da Resolução CFP nº 18/2019, temos aqui o entendimento dos requisitos importantes para esta especialização e competência técnica, teórica e prática do profissional que atua nesta área.Segue a definição desta resolução no artigo 3º:

Atua nos diversos campos de aplicação da Avaliação Psicológica. Avalia fenômenos psicológicos de ordem cognitiva, comportamental, social e afetiva em diferentes contextos. A(O) especialista em Avaliação Psicológica compreende estudos aprofundados sobre fundamentos, métodos e técnicas de obtenção e análise integrativa de informações para avaliação de fenômenos, processos e construtos psicológicos, visando a orientar práticas profissionais nos principais campos de atuação da(o) psicóloga(o). Mais especificamente, compreende estudos a respeito de técnicas e procedimentos de Avaliação Psicológica, teoria da medida e psicometria, análise integrativa de planejamento, realização e redação de documentos resultantes da Avaliação Psicológica em diferentes contextos. Deve compreender a totalidade do processo avaliativo, independente do contexto no qual for realizado, como resultado integrado de informações resultantes da realidade sócio-histórica-cultural de indivíduos, grupos, instituições. Da(o) profissional requerente dessa especialidade, espera-se formação que contemple competências capazes de fundamentar as práticas profissionais envolvendo processos de Avaliação Psicológica. Especialmente, espera-se que esse especialista seja capaz de identificar, definir e formular questões relevantes ao processo de Avaliação Psicológica, vinculando-as às solicitações apresentadas e demandas identificadas; realizar o processo de Avaliação Psicológica fundamentando-se em modelos que definem os fenômenos e os construtos da ciência Psicológica; escolher e usar métodos, técnicas e instrumentos de Avaliação Psicológica considerando sua pertinência frente a solicitações e demandas, adequando-as a requisitos técnicos; realizar processos de Avaliação Psicológica de ordem cognitiva, comportamental, social e afetiva em indivíduos, grupos, instituições, em diferentes contextos, com o uso de métodos, técnicas e instrumentos; elaborar documentos escritos decorrentes do processo de Avaliação Psicológica; considerar questões éticas envolvidas no processo de Avaliação Psicológic ae atuar com respeito nas relações com clientes, usuários, colegas, público em geral, assim como na divulgação de documentos produzidos e materiais utilizados na avaliação, sempre garantindo a justiça e a proteção dos Direitos Humanos; ler e interpretar manuais técnicos e pesquisas sobre método, técnica e instrumento de Avaliação Psicológica; estabelecer rapport no momento da

Avaliação Psicológica, planejar e realizar diferentes formas de entrevistas psicológicas, anamnese, protocolos, registros de observação de comportamentos obtidos individualmente, seja mediante processo grupal seja mediante técnicas de grupo, conforme Resolução CFP nº 9, de 2018; recorrer a procedimentos e recursos auxiliares, como fontes complementares de informação, a depender do contexto, conforme Resolução CFP nº 9, de 2018; analisar, descrever e interpretar o contexto das relações que podem influenciar as solicitações apresentadas e demandas identificadas; observar e levantar informações importantes relativas a solicitações apresentadas e demandas identificadas; avaliar criticamente os alcances e limites da Avaliação Psicológica, considerando os aspectos dinâmicos dos fenômenos e construtos psicológicos avaliados, assim como os determinantes socioculturais envolvidos; considerar, em sua prática profissional, os aspectos éticos e as demais normativas profissionais da área de Avaliação Psicológica; conhecer funções, origem, natureza e uso de testes projetivos e não-projetivos na Avaliação Psicológica; selecionar métodos, técnicas e instrumentos de acordo com objetivos, público-alvo e contexto; identificar as possibilidades de uso e limitações de diferentes métodos, técnicas e instrumentos de Avaliação Psicológica, analisando-as de forma crítica; saber administrar, corrigir, interpretar e redigir os resultados de métodos, técnicas e instrumentos psicológicos, tendo capacidade crítica para refletir sobre as consequências sociais da Avaliação Psicológica. (CFP, 2019)

O que há de novo na Resolução CFP nº 06/2019

A nova Resolução CFP nº 06/2019 tem o objetivo de orientar as (os) psicólogas (os) na elaboração de documentos escritos no exercício profissional, e fornecer os subsídios éticos e técnicos necessários para a produção qualificada da comunicação escrita, trazendo novas contribuições para sua escrita e elaboração.

Demanda antiga da categoria, a revisão da Resolução CFP nº 007/2003 passou por um Grupo de Trabalho composto pelo CFP e CRPs para elaboração da minuta. As contribuições dos CRPs foram sistematizadas pela Comissão Consultiva em Avaliação Psicológica para serem agregadas na produção da minuta de Resolução.

A nova resolução tem formato mais normativo e orienta de forma mais precisa a escrita de documentos psicológicos. Além disso, a escrita da nova resolução evidencia a diferença de cada um dos documentos redigidos pelas(os) psicólogas(os), sobretudo a diferença entre laudo e relatório.

O laudo é proveniente de uma Avaliação Psicológica. Já o relatório é um documento derivado do atendimento psicológico e, portanto, não tem como fim apresentar um diagnóstico.

Outra diferença dessa Resolução é a possibilidade da escrita de documentos multiprofissionais, como no caso do relatório multiprofissional.

O relatório multiprofissional consiste em um documento que, assumindo as mesmas características do relatório psicológico, nos termos do artigo 11 da Resolução CFP nº 06/2019, é produzido quando as (os) psicólogas (os) atuam em contexto em que há uma demanda multiprofissional, ocasião em que o relatório pode ser produzido em conjunto com outros profissionais, havendo consenso e ausência de impedimentos ético-profissionais.

Outro ponto importante no artigo 12 da Resolução é que o relatório multiprofissional é produzido quando a psicóloga e o psicólogo atuam em contexto em que há uma demanda multiprofissional, ocasião em que o relatório pode ser produzido em conjunto com profissionais de outras áreas, preservando a sua autonomia e a ética profissional. A psicóloga e o psicólogo devem observar as mesmas características do relatório psicológico nos termos do artigo 13:

> V - Nos casos em que os psicólogos atuem em equipes multiprofissionais, e havendo solicitação de um documento decorrente da avaliação, o laudo psicológico ou informações decorrentes da Avaliação Psicológica poderão compor um documento único.
>
> VI - Na hipótese do inciso anterior, é indispensável que a psicóloga e o psicólogo registrem informações necessárias para o cumprimento dos objetivos da atuação multiprofissional, resguardando o caráter do documento como registro e forma de avaliação em equipe, isto é, considerando o sigilo profissional com base no Código de Ética Profissional da Psicologia. (CFP, 2019)

Na referida Resolução, outro aspecto inovador e que é de fundamental importância no que tange ao aspecto científico é de constar, no Laudo Psicológico, as Referências Bibliográficas: "Na elaboração de laudos, é obrigatória a informação das fontes científicas ou referências bibliográficas utilizadas, em nota de rodapé, preferencialmente" (CFP, 2019).

Quanto ao destino e envio de documentos a resolução reforça ainda a necessidade da entrevista devolutiva em seu artigo 16: "Os documentos produzidos pela psicóloga e pelo psicólogo devem ser entregues diretamente à solicitante ou ao solicitante da prestação do serviço psicológico, ou responsável legal em uma entrevista devolutiva" (CFP, 2019).

Outro ponto importante de que trata a resolução se encontra no artigo 17: "O prazo de validade do conteúdo dos documentos escritos, decorrentes da prestação de serviços psicológicos, deverá ser parte integrante do documento, e indicada no último parágrafo do mesmo" (CFP, 2019).

Conclusão

Esperamos que este capítulo tenha despertado o interesse ainda maior ressaltando a importância de um olhar atento do (a) profissional psicólogo (a) no que se refere a elaboração de documentos psicológicos. Sabendo-se que um documento deve refletir todo o trabalho psicológico desenvolvido, e se este trabalho iniciou com todas as prerrogativas éticas, com certeza o documento também terá essa condição. Assim, podemos concluir que talvez seja a maior dificuldade da categoria, a de traduzir a própria conduta clínica, enquanto escuta, desde o contrato terapêutico firmado entre as partes até a conclusão e acompanhamento orientativo que o caso exige, de forma documental. E, com isso, estabelecer vínculos que sejam positivos e propositivos de relações pessoais e institucionais que a atividade propõe. A Avaliação Psicológica, em todas as suas dimensões e campos de atuação, deve ser compreendida de maneira correta, sendo necessária a revisão do seu ensino para a formação profissional desde a graduação, para que a (o) psicóloga (o) a compreenda como um processo complexo, essencial para o diagnóstico psicológico e ações interventivas da (o) psicóloga (o), e, dessa forma, assuma com competência e responsabilidade a atividade da Avaliação

Psicológica. Devemos trabalhar para qualificar cada vez mais a presença e participação da psicologia na sociedade, qualificando a profissão. Fica o convite para a reflexão!

Ressaltamos que o capítulo subsequente está intimamente relacionado com o que trouxemos aqui, pois nele, serão apresentadas as questões éticas relacionadas a Avaliação Psicológica e a produção de documentos que chegam aos CRPs, seja direcionada à Comissão de Orientação e Fiscalização (COF) e também pela equipe técnica (ETEC), com o apoio orientativo das (os) psicólogas (os) fiscais, trazendo reflexões para a prática profissional.

Referências bibliográficas

Alves, I. C. B. (2009). Reflexões sobre o ensino em avaliação psicológica na formação do psicólogo. In C. S. Hutz (Org.). Avanços e polêmicas em avaliação psicológica (pp. 217-242). São Paulo: Casa do Psicólogo

Araujo, M. F. (2007). Estratégias de diagnóstico e Avaliação Psicológica. *Psicologia teoria e prática*, *9*(2), 126-141.

Cohen, R. J.; Swerdlik, Mark E.; Sturman, Edward D. Testagem e Avaliação Psicológica-: Introdução a Testes e Medidas. AMGH Editora, 2014.

Conselho Federal de Psicologia – CFP. (2005). *Código de Ética Profissional do Psicólogo*. Brasília: Conselho Federal de Psicologia.

Conselho Federal de Psicologia – CFP. (2003). *Resolução CFP nº 02/2003. Define e regulamenta o uso, a elaboração e a comercialização de testes psicológicos e revoga a Resolução CFP n° 025/2001*. Brasília: Conselho Federal de Psicologia. Recuperado de https://site.cfp.org.br/wp-content/uploads/2012/05/resoluxo022003.pdf

Conselho Federal de Psicologia – CFP. (2003). *Resolução CFP nº 07/2003. Institui o Manual de Elaboração de Documentos Escritos produzidos pelo psicólogo, decorrentes de avaliação psicológica e revoga a Resolução CFP º 17/2002*. Brasília: Conselho Federal de Psicologia. Recuperado de https://site.cfp.org.br/wp-content/uploads/2003/06/resolucao2003_7.pdf

Conselho Federal de Psicologia – CFP. (2007). *Resolução CFP nº 13/2007. Institui a Consolidação das Resoluções relativas ao Título Profissional de Especialista em Psicologia e dispõe sobre normas e procedimentos para seu registro*. Brasília:

Conselho Federal de Psicologia. Recuperado de https://site.cfp.org.br/wp-content/uploads/2008/08/Resolucao_CFP_nx_013-2007.pdf

Conselho Federal de Psicologia – CFP. (2012). *Resolução CFP nº 05/2012. Altera a Resolução CFP n.º 002/2003, que define e regulamenta o uso, a elaboração e a comercialização de testes psicológicos.* Brasília: Conselho Federal de Psicologia. Recuperado de https://site.cfp.org.br/wp-content/uploads/2012/03/Resolucao_CFP_005_12_1.pdf

Conselho Federal de Psicologia – CFP. (2019). *Resolução CFP nº 06/2019. Institui regras para a elaboração de documentos escritos produzidos pela(o) psicóloga(o) no exercício profissional e revoga a Resolução CFP nº 15/1996, a Resolução CFP nº 07/2003 e a Resolução CFP nº 04/2019.* Brasília: Conselho Federal de Psicologia. Recuperado de https://www.in.gov.br/materia/-/asset_publisher/Kujrw0TZC2Mb/content/id/69440957/do1-2019-04-01-resolucao-n-6-de-29-de-marco-de-2019-69440920

Conselho Federal de Psicologia – CFP. (2019). *Resolução CFP nº 18/2019. Reconhece a Avaliação Psicológica como especialidade da Psicologia e altera a Resolução CFP nº 13, de 14 de setembro de 2007, que institui a Consolidação das Resoluções relativas ao Título Profissional de Especialista em Psicologia.* Brasília: Conselho Federal de Psicologia. Recuperado de https://www.in.gov.br/web/dou/-/resolucao-n-18-de-5-de-setembro-de-2019-216322849

Hazboun, A. M., & Alchieri, J. C. (2014). Dificuldades em avaliação psicológica segundo psicólogos brasileiros. Psico, 45(1), 83-89.

Hutz, C. S. (2015). Questões éticas na Avaliação Psicológica. In: Hutz, C.S.; Bandeira, D. R., & Trentini, C. M. (Orgs.), *Psicometria*. Porto Alegre: Artmed.

Lisboa, F. S., & Barbosa, A. J. G. (2009). Formação em psicologia no Brasil: um perfil dos cursos de graduação. *Psicologia: Ciência e Profissão, 29*(4), 718-737.

Noronha, A. P. P. (2002). Os problemas mais graves e mais frequentes no uso dos testes psicológicos. *Psicologia: Reflexão e crítica, 15*(1), 135-142. Recuperado de http://www.scielo.br/pdf/prc/v15n1/a15v15n1.pdf.

Pessotto, F. (2011). *Avaliação psicológica e formação em psicologia*. IBAP. Recuperado de: http://www.ibapnet.org.br/index.php?cd=18&descricao=avaliacao_psicologica_e_formacao_e m_psicologia.

2. AVALIAÇÃO PSICOLÓGICA E A PRODUÇÃO DE DOCUMENTOS: REFLEXÕES PARA A PRÁTICA

Cláudia Regina Ferreira de Carvalho Dias
Flávia Santana

Avaliação no contexto da Psicologia, regulamentação e prática

A avaliação psicológica constitui-se um dos principais campos de atuação dentro do grande leque de áreas da Psicologia, pois representa o mais importante recurso de investigação que auxilia um profissional psicólogo na tomada de decisão. Exatamente por ser uma atividade privativa da Psicologia, todo processo de avaliação psicológica requer um extremo cuidado na garantia dos aspectos éticos, teóricos e técnicos para que se possa extrair um resultado seguro a ser fornecido para quem a ela se submete. Trata-se de um processo também dinâmico que pode ser realizado de forma individual ou em grupo, utilizando-se de instrumentos, métodos e técnicas voltados para determinados contextos, a fim de extrair informações específicas sobre um sujeito ou um coletivo. Contudo, o processo de avaliação psicológica, mostra-se complexo em sua natureza e requer além de um estudo aprofundado, uma reflexão constante por parte do psicólogo sobre o seu lugar e o seu fazer, sendo este o único profissional habilitado para utilizar instrumentos e atividades avaliativas especificas na prática psicológica, prevendo que esteja preparado teórica e tecnicamente para sua execução.

Nos últimos 20 anos percebeu-se uma grande movimentação em torno do tema por meio de vários eventos que marcaram além de uma nova era da Avaliação Psicológica (AVP), a necessidade de uma investigação constante na área e de critérios melhor definidos para sua regulamentação. Neste sentido, o Conselho Federal de Psicologia (CFP) abriu espaço para construções teóricas e metodológicas que culminaram na Resolução CFP nº 02/2003, dando início a diversas ações para a formação e o desenvolvimento da prática avaliativa.

Nesta mesma época, é notável o crescimento das pesquisas provenientes de grupos organizados sobre o tema, que deram origem ao Instituto Brasileiro de Avaliação Psicológica (IBAP) voltado a fomentar ações para a desenvolvimento desta área especifica, potencializando a pesquisa, a formação e publicações, além da validação de novas técnicas e instrumentos.

O IBAP tornou-se um grande aliado ao Conselho Federal de Psicologia para a promoção de diversos eventos, fóruns, debates, intercâmbios de informações levando a AVP ao seu ápice, quando esta despertou grande interesse e um crescimento significativo de profissionais e pesquisadores na área. Por outro lado, era também crescente o número de questionamentos recebidos pelos Conselhos Regionais e Federal acerca das práticas e instrumentos vigentes, empregados por vezes sem considerar as especificidades previstas e seus objetivos, resultando em diversas denúncias e processos éticos. Todo esse contexto culminou na consolidação do estabelecimento de novas referências, técnicas com parâmetros para a atuação profissional nos diversos campos da Psicologia, resultando na criação do Sistema de Avaliação dos Testes Psicológicos (SATEPSI) também em 2003.

O SATEPSI, além de outras ações, surge enquanto resposta do CFP por meio da interlocução com o IBAP e diversas entidades voltadas ao estudo da AVP, para qualificar os instrumentos então disponíveis e sua aplicação profissional. Os testes passaram a ser analisados a partir de requisitos objetivos como a fundamentação teórica, a precisão, a validade, a normatização, e mais recentemente com indicadores da garantia de direitos humanos, função atribuída à Comissão Consultiva de Avaliação Psicológica (CCAP) somado a um grupo de colaboradores e profissionais *ad hoc*. A comissão consultiva assume também a interlocução direta com os Conselhos Regionais, contribuindo nas diversas questões advindas da categoria, de outros órgãos e da sociedade em geral que de forma recorrente, demandam dúvidas sobre instrumentos específicos e sua aplicação, além de outras questões diretamente relacionadas à prática da avaliação psicológica.

Com o crescimento das atividades da AVP e consequentemente das demandas do mercado para a criação de novos instrumentos, o CFP assumiu por meio do SATEPSI a responsabilidade de avaliar e atribuir como favorável ou desfavorável a utilização de cada teste psicológico, com o objetivo de qualificar os instrumentos a serem disponibilizados, e, principalmente *a* prestação de serviços à sociedade.

A implantação da validação sistemática de testes revelou que uma parcela deles não trazia um estudo científico ou uma fundamentação empírica que sustentasse a sua utilização, o que comprova as inúmeras críticas endereçadas ao uso de instrumentos não validados ou importados de outros países/realidades. Ao mesmo tempo crescia a necessidade de maiores investimentos na produção teórica, nas pesquisas e em discussões mais amplas, com o intuito de abarcar as fragilidades advindas da prática.

Ademais, a necessidade de qualificação do(a) profissional psicólogo(a) diante do crescimento das atividades de avaliação psicológica e o reconhecimento da Psicologia e de seu compromisso com as questões sociais, cresce também o número de cursos de graduação e exponencialmente o número de profissionais em todo o Brasil. A Psicologia passou a ganhar inserção nos diversos seguimentos da sociedade, bem como no grande leque das políticas públicas, em especial nas redes SUS e SUAS. Crescimento esse que também trouxe alguns dilemas éticos, decorrentes das diferentes questões advindas dos novos campos de trabalho que se abriam à Psicologia. Neste sentido o debate sobre a avaliação psicológica ganha destaque nos espaços democráticos (CNP e COREPs) do Sistema Conselhos de Psicologia, com diversas pautas a serem incluídas como prioridade na revisão das regulamentações até então vigentes e nas propostas para as gestões Regionais e Federal.

Assim, em 2011, o Conselho Federal de Psicologia elege dentro da série dos anos temáticos, a avaliação psicológica como um dos importantes temas a serem debatidos de forma ampla por toda a categoria. O produto destes debates foi o estabelecimento de novas referências como parâmetro para as práticas profissionais, incluindo as especificidades dos diversos campos onde a Psicologia agora se fazia presente, no cenário da AVP.

Destaca-se como resultantes desses debates alguns pontos fundamentais à pratica da atividade avaliativa, sendo eles:

- A prevalência e demarcação dos três aspectos: teórico, legal, ético como referência principal para pratica psicológica;
- A diferenciação de conceitos e métodos com o reconhecimento de novas possibilidades técnicas e de recursos além dos testes, cabendo a cada psicóloga a responsabilidade de avaliar e escolher o melhor recurso a ser usado, de acordo com: a situação prevista e a finalidade que se pretende, a pertinência do instrumento escolhido (população estudada) em relação ao público atendido e a qualificação profissional para utilizar aquele instrumento;
- A prioridade na certificação de validade do instrumento junto ao SATEPSI;
- A importância de sempre considerar o contexto e os sujeitos envolvidos, além de possíveis impactos e riscos quanto ao resultado;
- A previsão e a garantia de uma devolutiva acerca do processo executado entendendo esta como um direito do (s) sujeito (s) avaliado (s), quando de um resultado formal/ documental, sobretudo;
- A diferenciação de atitude avaliativa para um processo de avaliação psicológica, sabendo-se que o primeiro é inerente a prática psicológica e já o segundo exige uma expertise para executar - campo específico/especialidade. Tendo o Conselho Federal de Psicologia incluído a especialidade avaliação psicológica dentro do rol das áreas para a concessão de título de especialista (Resolução CFP nº 09/2018);
- A ênfase nos cuidados éticos/ técnicos na produção de documentos psicológicos provenientes da atividade de avaliação, o registro, a linguagem, a guarda, a narrativa teórico/técnica, o sigilo e a emissão, entre outros, estes recentemente atualizados por meio da Resolução CFP nº 06/2019 que trouxe novas contribuições para sua escrita e elaboração.

Considerando todo esse histórico de evolução sobre a avaliação psicológica no Brasil, resta-nos ainda e pensar, sobre os desafios que se apresentam no atual contexto. Tomando-a como uma prática exclusiva da Psicologia, encontra-se um universo de estudos e pesquisas que buscam cada vez mais ampliar o conceito da experiência avaliativa. Neste sentido seus métodos e técnicas se reafirmam enquanto recursos oferecidos em diversos campos da Psicologia (na clínica particular, nos diversos seguimentos das políticas públicas, nas empresas e instituições) o que traduz um processo capaz de resultados mais precisos quando utilizados de forma ética, independente da área de aplicação.

Talvez por isso o desenvolvimento de processos específicos tenha sido uma forma de qualificar não somente o campo da AVP, mas também para constituir formas mais objetivas e coerentes de lidar com questões individuais e sociais mais complexas. Destaca-se aqui a formação de métodos e técnicas de avaliação para áreas restritas se tornando processos obrigatórios: Na concessão de porte e manuseio de armas de fogo, no ingresso nas forças armadas e aviação civil, em concursos públicos, na habilitação para o contexto do trânsito, para atividades no sistema prisional e na justiça e mais recentemente para cirurgia bariátrica, reprodução assistida, readequação genital e transplante de órgãos.

A adoção de processos mais específicos vieram para contribuir e desmitificar uma prática psicológica marcada por questionamentos, desconfiança de resultados, além dos processos frágeis, desvendando um outro caminho onde as diversas áreas da psicóloga ganham recursos mais seguros e confiáveis para conclusão de diagnósticos clínicos, planejamento de intervenções cirúrgicas severas e definitivas , além de auxiliar na prevenção dos efeitos individuais em contextos sociais coletivos, sem abandonar as questões éticas envolvidas em cada um deles.

A ação de avaliar envolve um processo complexo que pode significar muito na vida das pessoas, dependendo de como se desenvolve. Assim, a que se investir em debates constantes que possa qualificar a formação em graduação e pós-graduação, resultando numa prática profissional de credibilidade em qualquer contexto.

Portanto, todo o histórico da avaliação psicológica, traduz não só o desenvolvimento de instrumentos, como também representa o fazer central da Psicologia, possível de ser verificado em qualquer campo de atuação refletindo a função social – auxiliar em tomadas de decisões. Mas, ainda, há que considerar os diversos impasses e dúvidas por parte do profissional psicólogo sobre a organização/ efetivação deste trabalho principalmente quando envolve a participação (intenção) de terceiros na avaliação e que sobretudo culmina com a elaboração de um Documento Psicológico.

Elaboração de Documentos Psicológicos: impasses e dilemas éticos

A elaboração de documentos psicológicos constitui uma das atividades que geram o maior ou um dos maiores números de demandas de orientação do(a) profissional psicólogo(a) ao Setor de Orientação e Fiscalização do Conselho Regional de Psicologia de Minas Gerais (SOF /CRPMG).

Dúvidas como qual o tipo de documento elaborar, se há obrigatoriedade em informar, como definir conteúdos, com quem compartilhar, como escrever/organizar tal documento, entre outras, são alguns exemplos de questões que chegam ao setor. O curioso é que mesmo com as normativas apontando as direções para este trabalho, conforme Resolução CFP nº 06/19 (estrutura, objetivos, funções), o profissional ao receber o pedido para elaborar um documento psicológico demonstra, na prática não estar "preparado", o que nos leva a construir algumas hipóteses sobre esta condição técnica-ética da categoria de psicólogos(as).

Importante ressaltar que para elaborar documentos psicológicos há um contexto que envolve o próprio trabalho, e, muitas vezes o(a) psicólogo(a) não está atento as suas nuances. Como, por exemplo: a) O tratamento que deve ser dado ao sigilo profissional referente ao que compartilhar visando atingir a efetividade da comunicação sobre o trabalho e ao mesmo tempo garantir a privacidade dos usuários; b) Analisar sempre os valores que estão em jogo ao se documentar o trabalho psicológico no que tange os direitos e deveres de cada pessoa envolvida no contexto desta atividade; c) Produzir um documento que reflita as informações do trabalho técnico profissional que será utilizado para um fim específico, naquele momento, com um recorte pontual na história (dinamicidade da atividade).

Como a função principal dos documentos psicológicos é a de comunicar informações a terceiros, o "limite" precisa estar demarcado de forma evidente, tanto para garantir a transmissão da informação quanto para assegurar a objetividade/ função desta. Uma vez que o acesso às informações sobre o tratamento é um direito constitucional do usuário e/ou beneficiário dos serviços de Psicologia, o(a) psicólogo(a) então possui o dever de informa-lo. No entanto, este dever implica na condição técnica - ética - política de decidir sobre a pertinência do que (conteúdo) e como (forma) informar, inclusive de sua própria condição/qualificação para tal. Ao tomar a decisão de elaborar/ emitir o documento psicológico é imprescindível a análise das relações de poder que permeiam tal pedido, por meio da identificação dos objetivos e alcances para os quais tais documentos foram solicitados, tendo como base os Direitos Humanos e Princípios Fundamentais do *Código de Ética Profissional do Psicólogo* (CEPP). Importante, então, refletir que apesar de o Documento Psicológico emitido a terceiros concluir etapa de estudo/ avaliação, ele inicia um diálogo formal entre pessoas e Instituições.

O diálogo se constitui mecanismo importante na elaboração de tais documentos, por isso a comunicação se torna elemento norteador. O manejo da palavra deve ser priorizado como recurso técnico uma vez que é considerado um dos mais importantes na Psicologia. Como bem traduz Queirós (2004) sobre o fazer de um(a) psicólogo(a): "Por meio das palavras e de outras manifestações, os encontros ganham luz ao desvendarmos, entre nós, conhecimentos que se encontravam velados. As palavras sabem muito!!! [...] O diálogo aponta as direções que podem ser tomadas e nos abre em futuros". Assim, elaborar documentos psicológicos é parte importante do trabalho, sabendo-se que o(a) psicólogo(a) se revela um interlocutor de várias vozes e tem como função construir pontes entre as pessoas.

De um modo geral, as dúvidas que chegam ao SOF recaem sempre em questões de ordem ética: como agir "bem" a partir de uma descrição da realidade e uma lei (prontamente constituída) como diretriz a ser seguida? A orientação pressupõe a construção de respostas junto com o profissional, a partir da realidade e cotidiano do trabalho, ou seja, das singularidades e múltiplas narrativas e possibilidades, e se observar o que diz o CEPP:

> A missão primordial de um Código de Ética Profissional não é de normatizar a natureza técnica do trabalho, e, sim, a de

> assegurar, dentro de valores relevantes para a sociedade e para as práticas desenvolvidas, um padrão de conduta que fortaleça o reconhecimento social daquela categoria. (CFP, 2005)

Por isso, o lugar que o(a) psicólogo(a) ocupa para executar seu trabalho (clínica, política pública) e sua posição ética-política neste lugar são os principais vetores para pensar como se dará a devolutiva do trabalho, a produção de documentos psicológicos.

E ainda, de acordo com o CEPP, caberá ao psicólogo(a)aprimorar seus conhecimentos, buscando a devida qualificação técnica para o trabalho, cabendo-lhe também como dever ético a negativa sobre qualquer trabalho que lhe escape a devida condição pessoal, teórica, técnica-ética. Mediante tais diretrizes, o(a) psicólogo(a) precisa buscar tal qualificação, pois, somente com um trabalho organizado/qualificado ele será capaz de cumprir as direções éticas como o de informar resultados do trabalho e orientar a quem de direito sobre os encaminhamentos a partir da prestação de serviços, e fornecer, sempre que solicitado, os documentos pertinentes ao bom termo do trabalho (artigo 1° alíneas "g" e "h"). Sendo vedado a emissão de documentos sem fundamentação e qualidade técnico- científica, e interferir nos resultados ou fazer declarações falsas (artigo 2° alíneas "g" e "h").

Por fim, importante ressaltar o que preconiza o CEPP sobre a possibilidade de compartilhamento de informações a terceiros, qual seja, informações consideradas estritamente necessárias ao bom termo do trabalho, ao cumprimento dos seus objetivos e/ ou aqueles que afetem o usuário e ou beneficiário. Tal diretriz auxiliará no delineamento do "limite de informar", a partir daquilo que é (des)velado pelo próprio paciente (que é dele), daquilo que foi filtrado tecnicamente pelo(a) psicólogo(a) e utilizado como resposta(s) por meio de um Documento Psicológico.

Principais impasses ao elaborar documentos: tecendo algumas considerações a partir da experiência do SOF

A elaboração de documentos psicológicos é campeã de dúvidas e queixas nas Comissões de Orientação e Fiscalização (COF) e Ética

(COE). E diante disso, o Conselho vem priorizando ações em função da temática, como: oficinas de documentos, notas técnicas, sistematizando orientações recorrentes no cotidiano do trabalho do SOF, além de rodas de conversa e a participação nesta publicação da Comissão de Avaliação Psicológica.

Importante aqui ressaltar os principais impasses identificados por meio da experiência do setor de orientação e fiscalização do CRPMG sobre a elaboração de documentos psicológicos.

A elaboração/emissão de documentos psicológicos conclui uma etapa de trabalho com vistas a iniciar uma outra. Ou seja, ele visa comunicar o início e desenvolvimento de um trabalho avaliativo (no sentido amplo) e encerra com a intenção de propor outra ação ou ações, como: iniciar um tratamento psicoterapêutico, submeter a uma cirurgia no âmbito da saúde, iniciar uma carreira, entre outros. Em outra modalidade, caracterizado apenas por informar sobre uma condição clínica por meio da história de tratamento, a saber, Relatório Psicológico; além do formato de Declaração que objetiva apenas informar ocorrências, considerado o documento mais simples (sem dados clínicos).

De acordo com a nova Resolução CFP nº 6/2019 são várias as diretrizes éticas e técnicas que devem ser priorizadas ao elaborar um documento psicológico, desde o conteúdo (informações técnicas) até a sua forma (estrutura, escrita e linguagem). Para isso a normativa apontou alguns cuidados essenciais, que cabe destacar: a especificação da finalidade de cada documento, a importância de assinalar que o mesmo não tem fins judiciais, a contraindicação da transcrição de falas de paciente, a informação de fontes científicas sobre as técnicas e instrumentos utilizados, entre outros, reafirmando que o documento deve refletir uma "resposta" a questão ou questões previamente analisadas no campo da ciência psicológica que envolve pessoas com interesses diversos.

Mesmo com todas as diretrizes normativas auxiliando o profissional psicólogo, ainda assim parece haver uma lacuna, mediante os vários problemas e impasses de ordem técnico-ético identificados, a saber: o(a) psicólogo(a) adota uma postura parcial na condução avaliativa que desdobra na escrita de um documento excludente; ao informar excede tanto para mais quanto para menos (demasiado zelo), ou seja, informa além daquilo que especificou como o objetivo do trabalho (quebra de sigilo), ou aquém, pela ausência de elementos suficientes; não adota a devida fundamentação técnico-científica; associa práticas não reconhecidas no campo da Psicologia; utiliza de várias correntes teórica para explicar o fenômeno psicológico em questão; não consegue estruturar um modelo de documento de acordo com a finalidade para a qual ele foi solicitado, tenta responder demandas que fogem a perspectiva psicológica ou ao limite para o qual propõe seu objeto de estudo específico.

Todas essas questões tornam-se problema para o profissional psicólogo na medida em que ele "documenta" um trabalho e determinada(s) intenção(ões). Uma vez no papel, o documento psicológico poderá ter um curso não previsto, ou, desviado da sua intenção profissional original, além de se tornar público aquilo que era de natureza privada, podendo colocar em xeque o trabalho realizado.

De acordo com as demandas recebidas no setor, a maior parte delas estão no âmbito das relações com a justiça. A busca pela "verdade" do campo da justiça se mistura muitas vezes com a suposta verdade que o psicólogo obtém em função de seu trabalho - verdade factual é diferente da verdade simbólica. Esse imaginário está muito presente nos atores do campo da justiça, principalmente os advogados. Por muitas vezes eles solicitam que o psicólogo emita um documento em favor das partes, ou relate sobre o que ouviu do paciente sobre a situação de violência (abusos sexuais) ou mesmo façam um nexo causal do fato em questão com determinada condição clínica do paciente. Dessa forma convoca o psicólogo para uma outra posição (testemunha, perito, etc.) diferente daquele que lhe é de fato, provocando conflitos éticos.

Essas demandas estão muito presentes na clínica (particular) mas também em outros campos de trabalho, como nas políticas públicas de assistência social, saúde, educação, segurança, etc. Nestes campos, especificamente, é importante a participação de toda a equipe quando envolve um pedido de documento para a justiça, além da anuência do gestor direto, pois a emissão de um documento envolve relações institucionais.

Portanto, o que se pretende com este capítulo é ressaltar a importância de um olhar atento do(a) profissional psicólogo(a) no que se refere a elaboração de documentos psicológicos. Sabendo-se que um documento deve refletir todo o trabalho psicológico desenvolvido, e se este trabalho iniciou com todas as prerrogativas éticas com certeza o documento também terá essa condição. Assim podemos concluir que talvez seja a maior dificuldade da categoria, a de traduzir a própria conduta clínica (enquanto escuta,) desde o contrato terapêutico firmado entre as partes até a conclusão e acompanhamento orientativo que o caso exige, de forma documental. E com isso estabelecer vínculos que sejam positivos e propositivos de relações pessoais e institucionais que a atividade propõe. Esse é o desafio!

Referências bibliográficas

Conselho Federal de Psicologia – CFP. (2005). *Código de Ética Profissional do Psicólogo*. Brasília: Conselho Federal de Psicologia.

Conselho Federal de Psicologia – CFP. (2003). *Resolução CFP nº 02/2003. Define e regulamenta o uso, a elaboração e a comercialização de testes psicológicos e revoga a Resolução CFP n° 025/2001*. Brasília: Conselho Federal de Psicologia. Recuperado de https://site.cfp.org.br/wp-content/uploads/2012/05/resoluxo022003.pdf

Conselho Federal de Psicologia – CFP. (2003). *Resolução CFP nº 07/2003. Institui o Manual de Elaboração de Documentos Escritos produzidos pelo psicólogo, decorrentes de avaliação psicológica e revoga a Resolução CFP º 17/2002*. Brasília: Conselho Federal de Psicologia. Recuperado de https://site.cfp.org.br/wp-content/uploads/2003/06/resolucao2003_7.pdf

Conselho Federal de Psicologia – CFP. (2018). *Resolução CFP nº 09/2018. Estabelece diretrizes para a realização de Avaliação Psicológica no exercício profissional da psicóloga e do psicólogo, regulamenta o Sistema de Avaliação de Testes Psicológicos - SATEPSI e revoga as Resoluções n° 002/2003, nº 006/2004 e n° 005/2012 e Notas Técnicas n° 01/2017 e 02/2017*. Recuperado de http://crp11.org.br/upload/Resolu%C3%A7%C3%A3o-CFP-n%C2%BA--09-2018-com-anexo.pdf

Conselho Federal de Psicologia – CFP. (2019). *Resolução CFP nº 06/2019. Institui regras para a elaboração de documentos escritos produzidos pela(o) psicóloga(o) no exercício profissional e revoga a Resolução CFP nº 15/1996, a Resolução CFP nº 07/2003 e a Resolução CFP nº 04/2019*. Brasília: Conselho Federal de Psicologia. Recuperado de https://www.in.gov.br/materia/-/asset_publisher/Kujrw0TZC2Mb/content/id/69440957/do1-2019-04-01-resolucao-n-6-de-29-de-marco-de-2019-69440920

Queirós, Bartolomeu Campos de.(2004).*Entretantos*. Belo Horizonte: CRP-04.

3. AVALIAÇÃO TERAPÊUTICA APLICADA À INTERVENÇÕES CLÍNICAS E CIRÚRGICAS PARA AFIRMAÇÃO DE GÊNERO

Philipe Gomes Vieira

Pessoas transgênero (mais comumente denominadas pessoas trans) são aquelas cuja designação sexual, atribuída no nascimento em função da genitália anatômica, não se encontra completamente alinhada e em conformidade com o papel social com o qual se identificam. Ao longo da vida, tais pessoas tendem a experimentar um acentuado sofrimento intrapsíquico advindo dessa incompatibilidade, o que pode causar-lhes um extremo sentimento de inadequação física, compreendido pelo *Manual de Diagnóstico e Estatístico de Transtornos Mentais (DSM-V)* como disforia de gênero (APA, 2014).

É importante ressaltar que a disforia de gênero pode originar prejuízos no funcionamento social, profissional ou em demais áreas da vida do sujeito. Ademais, ainda tendo como base o referido Manual, esse fenômeno tende a desencadear perturbações psicológicas mais sérias, como, por exemplo, depressão, automutilação, ideação suicida e/ou a sua tentativa consumada. Comumente, pessoas trans buscam por intervenções clínicas e cirúrgicas que visam alterar suas características sexuais primárias e secundárias, adequando-as à identidade de gênero, o que, por conseguinte, atenua a disforia por elas experimentada, bem como o seu agravamento. Como apresentam Soll e Costa (2019), essas intervenções são denominadas tratamentos de afirmação de gênero.

De modo consensual, é reconhecido que os tratamentos afirmativos reduzem substancialmente o sofrimento psicológico desencadeado pela disforia de gênero (APA, 2014; Soll & Costa, 2019; Vieira, 2021). No entanto, é válido destacar que a transexualidade é uma condição autodeclarada, o que implica dizer que a cirurgia de readequação genital não é necessária para legitima-la. Pelo contrário, esse tipo de intervenção cirúrgica afirmativa nem sempre é demandada por pessoas trans. Cabe, ainda, abordar o fato de que algumas pessoas cisgênero, ou seja, aquelas cuja designação sexual atribuída no nascimento encontra-se em conformidade com o gênero expresso, frequentemente buscam intervenções cosméticas, clínicas e cirúrgicas, para se sentirem melhores com a sua aparência física (Almeida & Murta, 2013; Rocon et al, 2020; Soll & Costa, 2019).

Assim sendo, diante da necessidade de uma atenção especializada à saúde da população trans, criou-se o processo transexualizador, que de acordo com Rocon et al (2020), consiste em cuidados multiprofissionais, assegurados pelo Estado por meio do Sistema Único de Saúde (SUS) desde o ano de 2008, tendo sido redefinido e ampliado em 2013. O processo transexualizador oferece intervenções afirmativas de gênero de natureza ambulatorial, contemplando psicoterapia, atendimentos médicos, hormonioterapia e, também, de natureza hospitalar, onde são realizados os procedimentos cirúrgicos mediante acompanhamento da equipe multidisciplinar.

Almeida e Murta (2013) salientam que, embora haja uma busca expressiva pelo serviço, nota-se que o número de vagas disponível é inferior ao necessário para atender a demanda, fazendo com que algumas pessoas trans recorram a atendimentos no contexto privado. Isso, é claro, quando elas dispõem de recursos financeiros para tanto, o que, honestamente, não costuma ser uma realidade recorrente, haja vista os estigmas sociais por trás da transexualidade que tendem a dificultar o acesso a questões básicas de existência, como, por exemplo, escolarização, acesso ao mercado de trabalho, moradia digna, dentre outros.

Conforme apresentado pela World Professional Association for Transgender Health (WPATH), a partir das Normas Mundiais de Atenção à Saúde das Pessoas Trans e com Variabilidade de Gênero, existem diversas intervenções afirmativas que podem ser buscadas a fim de atenuar a disforia de gênero dos indivíduos que experimentam tal fenômeno, de acordo com as suas demandas pessoais. Dentre as intervenções possíveis, o acompanhamento psicológico é destacado, podendo ser conduzido na modalidade individual, de casal, familiar ou em grupo. Corroborando as recomendações da WPATH, o Conselho

Federal de Psicologia (CFP), assim como a American Psychological Association (APA), abordam que o acompanhamento psicoterápico possibilitará: refletir junto ao sujeito o seu papel e a sua expressão de gênero; auxiliar na atenuação da disforia; minimizar o impacto dos distúrbios psicológicos desencadeados pela transfobia internalizada; ampliar o suporte social e familiar; atuar no desenvolvimento de uma autoimagem corporal saudável; bem como, ajudar na aquisição de boas estratégias de enfrentamento baseadas na resiliência (WPATH, 2012; CFP, 2018a; APA, 2015).

Todavia, cabe ressaltar que para se submeter a cada intervenção afirmativa de gênero há orientações específicas, internacionalmente respeitadas, que devem ser atendidas (WPATH, 2012). Atualmente, no Brasil, conta-se, ainda, com as recomendações e critérios exigidos na resolução do Conselho Federal de Medicina (CFM). Para se submeter às intervenções cirúrgicas, a pessoa trans precisa reportar a disforia de gênero; estar em acompanhamento multiprofissional, incluindo médicos especializados e psicóloga(o), por um período de pelo menos um ano; possuir no mínimo 18 anos de idade; não apresentar transtornos mentais que sirvam para contraindica-la como, por exemplo, transtornos do tipo psicótico; transtornos da personalidade; transtornos globais do desenvolvimento; e/ou deficiência intelectual, que sejam classificados como graves durante a avaliação. Para iniciar a hormonioterapia, contudo, a idade mínima exigida é 16 anos, contanto que haja autorização dos responsáveis legais, não demandando acompanhamento multiprofissional prévio, embora seja exigido o diagnóstico de incongruência de gênero (CFM, 2020).

Em crianças, a única intervenção afirmativa possível, além do acompanhamento psicoterápico, é o bloqueio puberal, também conhecido como supressão hormonal. Essa intervenção destina-se às crianças trans em fase pré-púbere. Ou seja, diante do primeiro sinal do início da puberdade, uma avaliação médica deve ser solicitada a fim de verificar a pertinência de se iniciar o referido tratamento com vias a retardar os efeitos da adolescência, minimizando o risco de ampliar a disforia de gênero experimentada em decorrência do surgimento de características sexuais secundárias.

Como bem destaca a WPATH (2012), para todas as intervenções de afirmação de gênero um documento formal, advindo da avaliação de um profissional de saúde mental, deverá ser elaborado. Nele, o profissional deve reportar a disforia de gênero; atestar as condições cognitivas da pessoa trans para efetivar tomadas de decisão com pleno conhecimento e autonomia; assim como descartar psicopatologias que possam interferir na apreensão da realidade. Caso seja identificado algum transtorno mental, ele deve ser devidamente estabilizado por via psicoterápica e psicotrópica antes de recomendar a pessoa trans para alguma intervenção afirmativa, uma vez que condições dessas naturezas podem interferir na tomada de decisão consciente. No entanto, é importante salientar que o diagnóstico de depressão não deve ser usado para respaldar uma contraindicação, haja vista tal condição ser um desdobramento da disforia de gênero, como notificado pela APA (2014). Assim sendo, ao se oferecer tratamentos afirmativos à pessoa trans diagnosticada com depressão, poder-se-ia atenuar a disforia experimentada, como, também auxiliar na estabilização do seu humor que se encontra alterado.

No que concerne as intervenções cirúrgicas de afirmação de gênero, a WPATH (2012) recomenda que mulheres trans se submetam à hormonioterapia por um período mínimo de 12 meses antes de se realizar o implante de prótese de silicone, a fim de maximizar os ganhos da cirurgia. Homens trans, por sua vez, não precisam ter iniciado o tratamento hormonal para serem submetidos à mastectomia, cirurgia de retirada do seio e construção do tórax masculino. Todavia, para que eles passem pela histerectomia, cirurgia de ressecção do útero e dos ovários, torna-se imperativa a terapia hormonal por um ano a fim de preparar o corpo de tais indivíduos, por meio de uma intervenção reversível, para uma intervenção cirúrgica irreversível. O mesmo período de hormonioterapia é exigido para a realização das cirurgias de readequação genital, metoidioplastia e vaginoplastia, respectivamente destinadas à homens e mulheres trans. Ademais, para ambas, recomenda-se que a pessoa trans tenha tido a experiência de viver conforme o seu gênero de modo ininterrupto ao longo de um ano.

É válido ressaltar que, embora o CFM (2020) não aborde explicitamente a necessidade de um documento psicológico recomendando à pessoa trans para as intervenções afirmativas, mencionando apenas a necessidade de uma avaliação psiquiátrica, a WPATH (2012), por meio de suas orientações internacionalmente respeitadas, sugere que antes de se realizar as intervenções cirúrgicas genitais – a saber: histerectomia, metoidioplastia e vaginoplastia – uma avaliação independente feita por dois profissionais de saúde mental deve ser conduzida visando produzir dois documentos que consensualmente recomendem à pessoa trans à cirurgia genital. Um documento pode ser emitido pelo psicoterapeuta que a acompanha, enquanto o segundo deve ser elaborado por um profissional responsável exclusivamente pela avaliação psicológica ou psiquiátrica. Para as demais intervenções afirmativas, apenas um documento produzido por um profissional de saúde mental é demandado.

O documento técnico produzido a partir da avaliação psicológica, pode ser o Atestado Psicológico, que, de acordo com o CFP (2019), serve para atestar condições de natureza psicológica que ilustrem a aptidão ou inaptidão do avaliado para situações variadas, tais como dirigir um veículo motorizado, ocupar um cargo público, dentre outras situações, como, por exemplo, submeter-se à uma cirurgia. Além disso, o atestado presta-se a reportar diagnósticos conforme a *Classificação Internacional de Doenças (CID-10)*, que se encontra em vigor e que atualmente é a décima versão (OMS, 1993). Diante do exposto, percebe-se a importância e a necessidade do trabalho da(o) psicóloga(o) no processo transexualizador, apesar de isso não ficar explicitado na nova resolução do CFM.

No entanto, a CID-10 (OMS, 1993), usada para reportar a disforia de gênero em documentos formais que serão usados pelas pessoas trans a fim de respaldar a busca pelas intervenções afirmativas, promove uma compreensão patologizante do fenômeno, haja vista propor o código F64.0 (Transtorno de Identidade Sexual/Transexualismo). Apesar disso, como bem discutem Soll e Costa (2019), a Psicologia não pode servir como instrumento de propagação de preconceitos e discriminação de nenhuma natureza, estimulando a compreensão da transexualidade enquanto uma variação natural e saudável da expressão de gênero. Os referidos autores abordam, ainda, que essa visão patologizante foi abolida da 11ª edição da CID – que entrará em vigor em 2022 –, a qual apresenta o diagnóstico de Incongruência de Gênero dentro de uma categoria denominada Saúde Sexual.

Como previamente mencionado neste capítulo, a identidade de gênero é uma condição autodeclarada e, nesse sentido, a(o) psicóloga(o) não conduz a avaliação psicológica visando confirmar se a pessoa é transexual ou não. O propósito de uma avaliação antecedendo as intervenções afirmativas, de acordo com Soll e Costa (2019), é promover uma descrição acerca do funcionamento psicodinâmico do avaliado, abarcando as suas características cognitivas e de personalidade. Paralelo a isso, deve-se reportar a disforia de gênero e evidenciar os seus recursos psicológicos para enfrentar o cenário pós-cirúrgico, tendo em vista que a sociedade continuará sendo regida por uma cultura heterocisnormativa.

Assim sendo, neste capítulo será apresentada uma metodologia colaborativa de avaliação psicológica, denominada Avaliação Terapêutica (Finn, 2017), passível de ser aplicada no contexto transexualizador, uma vez possibilitar a coleta de dados necessários para subsidiar a recomendação às intervenções afirmativas, mas ainda estimular a obtenção de importantes *insights* que tendem a levar o sujeito a se implicar no processo de maneira engajada e curiosa, tornando-o o real protagonista de sua avaliação. Ademais, problematizar-se-á a escassez de instrumentos psicológicos apropriados voltados à população trans, propondo sugestões de testes que possam ser usados para compor a bateria de avaliação, a fim de suprir tal lacuna.

O processo da Avaliação Terapêutica

Stephen Finn, psicólogo norte-americano sistematizador da Avaliação Terapêutica (AT), ao propor essa prática, baseou-se na filosofia humano-científica de Constance Fischer, que por sua vez defendia um trabalho colaborativo e individualizado de avaliação psicológica. O modelo então praticado por Fischer (1994), enfatiza o caráter relacional da avaliação, a fim de dotá-la de sentido próprio para cada sujeito avaliado, o qual passa a ser visto como um cliente, ao invés de um mero paciente – este último tende a assumir uma postura passiva, enquanto o cliente é estimulado a participar do processo de maneira muito mais ativa. Uma ilustração a esse respeito, pode ser observada na referida publicação da autora, que propõe um manejo diferenciado dos resultados advindos dos testes psicológicos. Para ela, escores padronizados interpretados de acordo com os respectivos manuais dos testes serviriam apenas para rotular o cliente. Ao contrário disso, sugere que a(o) psicóloga(o) utilize de tais achados como forma de acessar o mundo interior do avaliado, promovendo discussões após as testagens que sirvam para melhor compreender e contextualizar cada informação coletada.

É válido mencionar o fato de que antes mesmo de a AT ser consolidada enquanto uma metodologia semiestrututada e colaborativa de avaliação psicológica, Finn e Tonsager (1997) publicaram um artigo promovendo uma discussão sobre a perspectiva tradicional de avaliação e os demais modelos com enfoque terapêutico. Os autores contrastam o fato de que na perspectiva tradicional a(o) psicóloga(o) utiliza de testes psicológicos com a intenção de diagnosticar, compreender o funcionamento do avaliado, estabelecer estratégias de tratamento, bem como avaliar a eficácia deles, enquanto os modelos terapêuticos de avaliação lançam mão dessas ferramentas padronizadas a fim de intervir junto ao cliente. Ou seja, como uma espécie de trabalho psicoterápico pontual. Nesse sentindo, concluem que ambas as perspectivas são complementares, haja vista a avaliação psicológica servir tanto para identificar o que foi demandado pelo solicitante, como, também, para estimular certas mudanças por parte do cliente.

Corroborando o estudo citado no parágrafo anterior, Scaduto, Cardoso e Heck (2019) propuseram uma revisão da literatura a fim de demonstrar o atual estado da arte no Brasil a respeito de alguns modelos interventivo-terapêuticos de avaliação, dentre eles, a AT. Além de apresentarem os fundamentos conceituais e técnicos das metodologias interventivas por eles pesquisadas, discorreram sobre as suas vantagens e limitações em relação ao modelo tradicionalmente difundido. Concluem que, em especial a AT, apesar de muito recente e, por conseguinte, pouco conhecida no país, demonstra-se promissora, uma vez integrar intervenções breves junto à prática de coleta padronizada de dados, o que acaba proporcionando às pessoas atendidas uma ampliação da compreensão de suas queixas pessoais, assim como possibilita o desenvolvimento de estratégias para melhor enfrenta-las.

De acordo com Finn (2017), a perspectiva colaborativa da AT permite a(ao) psicóloga(o) não apenas coletar e reunir informações que sirvam para promover uma compreensão acerca do cliente, mas, ainda, transcender esse objetivo tradicionalmente atendido pela avaliação psicológica. Por meio de passos previamente definidos, associados a aplicação de técnicas meticulosamente pensadas, poder-se-ia estimular a obtenção de importantes *insights* por parte do cliente, tornando a experiência avaliativa em uma espécie de psicoterapia breve que antecede o próprio processo psicoterápico a longo prazo.

Para assegurar que a avaliação siga um curso potencialmente terapêutico para o cliente, Finn (2017) enfatiza alguns elementos essenciais, com os quais a(o) psicóloga(o) deve se preocupar. O primeiro elemento consiste em estimular a colaboração ativa do cliente, para que ele se torne um coautor de sua avaliação. Em segundo lugar, instigar a sua curiosidade mostra-se pertinente para que, por meio da relação entre psicóloga(o) e cliente, seja possível explorar as possibilidades por trás das questões trabalhadas no decorrer do processo. Ademais, demonstrar compaixão para com o sofrimento compartilhado e, ainda, humildade, reconhecendo que ambos têm conhecimentos importantes – embora de naturezas distintas, haja vista a(o) profissional ter conhecimentos técnicos advindos da Psicologia enquanto ciência e o cliente ter conhecimentos a respeito de sua própria vida – que devem ser valorizados no *setting* clínico, torna-se crucial para que o sucesso da AT seja alcançado. Por fim, ambos precisam estar abertamente disponíveis para o processo e, em especial, a(o) psicóloga(o) deve ser genuinamente capaz de acolher as queixas do(a) cliente de modo desprovido de julgamentos morais.

No que concerne ao fato de a AT ser pouco conhecida e praticada no Brasil, é importante considerar que a tradução e publicação brasileira da obra de Finn só foi realizada em 2017, dez anos após o autor apresenta-la nos Estados Unidos. Nela, são discutidos os pressupostos conceituais, os princípios subjacentes à metodologia, bem como diversas técnicas devidamente exemplificadas a partir de trechos de casos clínicos por ele atendidos. Paralelo a esse fato, até a presente data, poucos materiais sobre a AT foram produzidos por autores brasileiros (Scaduto, Cardoso & Heck, 2019; Taub & Cecchini, 2014; Vieira, 2017; Vieira, 2021; Villemor-Amaral, 2016; Villemor-Amaral & Scortegagna, 2018; Villemor-Amaral & Resende, 2018).

Diante da escassez de publicações que abarcam a prática da AT no Brasil, em especial, voltada às intervenções afirmativas de gênero, apresentar-se-ão os passos do processo na sequência, a fim de servir o(a) leitor(a) com mais um material de consulta para a atuação profissional. Nesse sentido, as etapas a serem apresentadas a seguir, conforme Finn

(2017), contarão com problematizações que endereçam os desafios inerentes à avaliação de pessoas trans.

Passo 1: Sessão(ões) Inicial(is)

Na primeira etapa da AT há alguns objetivos cruciais que devem ser atendidos, como, por exemplo, promover um acolhimento amistoso que permita ao cliente perceber o *setting* clínico como sendo um lugar seguro para ele(a) expor as suas demandas. Tratando-se de pessoas trans, Soll e Costa (2019) salientam ser comum, em um primeiro momento, tais indivíduos buscarem o atendimento psicológico relatando estarem se sentido confusos quanto à sua identidade. Por esse motivo, a AT demonstra-se uma excelente proposta de trabalho inicial, antecedendo a psicoterapia a longo prazo quando necessária, bem como os encaminhamentos para as intervenções afirmativas, haja vista ela estimular o autoconhecimento e a aquisição de *insights* de outras naturezas.

Ainda para os referidos autores, o método mais simples e consagrado para identificar a disforia de gênero expressa por uma pessoa trans, que por sinal deve ser reportada nos documentos que servirão para encaminhá-la ao serviço especializado específico, é o das duas perguntas. A primeira considera o sexo designado no nascimento, que está presente no registro civil que ela porta (masculino ou feminino). A segunda, considera a maneira como o sujeito se vê e se percebe no mundo no qual está inserido. Ou seja, o seu papel social, a sua identidade de gênero. A este respeito, faço um complemento pensando no caráter empático e humanizado da AT. Logo no primeiro encontro, referente a Sessão Inicial, a(o) psicóloga(o) deve perguntar ao(à) cliente como ele(a) se chama, assim como, a maneira como ele(a) gostaria de ser tratado(a). Caso a resposta para o primeiro questionamento seja o nome do registro civil, sendo este incompatível com a sua identidade de gênero, recomendo insistir, com uma pergunta complementar que demonstra respeito à dignidade da pessoa trans. Algo como: "mas e quanto ao seu nome de verdade?", a fim de obter o nome social por ela utilizado, valorizando-o apropriadamente.

Outro importante objetivo a ser atendido na Sessão Inicial da AT consiste em convidar e ajudar o(a) cliente a compartilhar as suas perguntas, dúvidas, ou preocupações pessoais que servirão para nortear o processo avaliativo. Nesse sentido, deve-se questioná-lo o que ele(a) gostaria que fosse respondido sobre si mesmo, ou quais as curiosidades acerca de si ele(a) espera que a avaliação ajude a elucidar. Cabe ressaltar que nem sempre o(a) cliente compreende que a(o) psicóloga(o) está atrás de perguntas estruturadas que explicitem as suas principais queixas. Assim sendo, a(o) profissional poderá ter que lidar com o desafio de auxiliar o(a) cliente a transformar suas narrativas em perguntas de avaliação, lembrando-se, é claro, de sempre validá-las com ele(a).

Cada cliente tende a reagir de uma maneira específica diante do convite de criar perguntas de avaliação. Há aquele(a)s que conseguem externar uma pequena lista de perguntas sobre relacionamentos interpessoais, características de personalidade e/ou aspectos de natureza cognitiva, assim como há o(a)s que apresentam uma única pergunta ampla e generalista que reflete a sua demanda emergencial. No caso de pessoas trans, muitas vezes, essa pergunta abarca o processo de transição de gênero. Um exemplo de pergunta pessoal criada por uma mulher trans que buscava o serviço de avaliação visando obter um documento psicológico que a recomendasse à cirurgia de readequação genital, pode ser observado em Finn (2016). O autor compartilha como foi a condução da AT da referida mulher, cuja única pergunta de avaliação por ela criada foi: "Existe alguma coisa a mais que eu deva fazer para ser feliz como uma mulher completa? Tendo a pensar que a vaginoplastia é a última peça, mas gostaria de saber se há algo além disso?" (Finn, 2016, p. 518). Em outros momentos neste capítulo utilizarei o mesmo caso atendido pelo autor aqui referenciado para exemplificar os demais passos da AT.

Após anotar literalmente as perguntas pessoais criadas pelo(a) cliente, cabe investigar o que está por trás delas por meio da condução de uma entrevista semidirigida que aborde elementos de sua história de vida. Para Soll e Costa (2019), na entrevista psicológica deve-se coletar informações sobre as demandas que mobilizam a busca pelos tratamentos afirmativos de gênero; quando a pessoa trans se percebeu como tal; histórico de vivências potencialmente traumáticas (inerentes ou não à identidade de gênero, como, por exemplo, situações de preconceitos e discriminação); a percepção de suporte familiar e social; história escolar, laboral e relacional (vivências prévias e situação atual); e as expectativas acerca do processo transexualizador ou de alguma intervenção afirmativa específica, abordando os possíveis impactos que poderão ter em diferentes esferas da vida.

Passo 2: Sessões de Testagem

As informações coletadas nas interações prévias com o(a) cliente a partir das entrevistas conduzidas na Sessão Inicial, que por sinal, pode demandar mais de um encontro tendo em vista os seus ambiciosos objetivos, servirão para, ao lado das perguntas pessoais criadas por ele(a), planejar a bateria de testes psicológicos mais pertinente. Soll e Costa (2019) discutem que não há uma bateria consensual rígida para avaliar pessoas trans, cabendo a(ao) profissional definir os instrumentos conforme a sua expertise e as peculiaridades de cada caso, considerando, obviamente, testes psicológicos que tenham parecer favorável perante o Sistema de Avaliação dos Testes Psicológicos (SATEPSI) (CFP, 2018b).

É válido destacar o fato de que na atualidade não existe no Brasil nenhum instrumento padronizado especificamente para a avaliação de pessoas trans, o que obriga a(ao) psicóloga(o) escolher meticulosamente testes que possuam normas gerais, ou considerar as normas masculinas e femininas apresentadas no manual do teste de maneira alinhada ao universo que o sujeito pertence. Por exemplo, se o teste propõe em seu sistema de apuração de dados uma comparação do desempenho em função da variável "sexo", sugiro se pensar nela como sendo representante do "gênero". A mesma lógica deve ser adotada quando o teste propuser uma separação de estímulos a serem utilizados com homens e mulheres durante a sua aplicação, como é o caso do Teste de Apercepção Temática (TAT) (Murray, 1943/2005), que possui pranchas masculinas, femininas e universais.

De acordo com Soll e Costa (2019), além de abordar elementos inerentes aos conflitos experimentados em função da disforia de gênero, a avaliação de uma pessoa trans deve abarcar aspectos de natureza psicossocial, bem como os traços de personalidade que ajudem a direciona-la adequadamente para serviços qualificados. Pensando em uma bateria que atenda o modelo de avaliação internacionalmente respeitado, Meyer et al (2001) estimulam psicóloga(o)s a priorizarem multimétodos como formas de obtenção de dados. Nesse sentido, integrar à bateria testes de autorrelato e testes de performance (projetivos e/ou autoexpressivos) torna-se uma decisão prudente. Os testes de autorrelato convidam o(a) cliente à reflexão, sem, contudo, retirar-lhe os seus mecanismos de defesa, possibilitando acessar a maneira como ele(a)s se veem no mundo. Em contrapartida, os instrumentos de performance estimulam produções que trazem à tona o modo de pensar, sentir e se portar quando a situação tende a ser estressante, com menor grau de estruturação e menor familiaridade para o sujeito.

Paralelo ao que foi aqui apresentado, Finn (2012) ressalta que os testes de autorrelato tendem a estimular as funções corticais do hemisfério esquerdo do cérebro, uma vez estar relacionado à linguagem, bem como exigir o raciocínio lógico. Assim, os resultados alcançados por meio deles costumam ser mais conscientes, além de possibilitar o uso de defesas mais rígidas por parte do sujeito. Por outro lado, os instrumentos baseados na performance mobilizam funções subcorticais do hemisfério direito do cérebro, elucidando produções que o cliente não teria condições de abordar por via da fala consciente. Por esse motivo, associar ambos os testes para a avaliação da personalidade, demonstra-se uma perspicaz decisão por parte da(o) psicóloga(o).

Com o intuito de auxiliar a(o) psicóloga(o) na definição dos testes que poderiam ser usados para compor a bateria de avaliação de pessoas trans, Soll e Costa (2019) apresentam alguns instrumentos indicando-os como alternativas. Os instrumentos de autorrelato que figuram essa lista são: Inventário de Depressão Beck (BDI-II) (Cunha, 2011), utilizado para mensurar a intensidade da sintomatologia depressiva; Inventário de Estilos Parentais (Gomide, 2006), possibilitando identificar como a pessoa acredita ter sido a sua vida familiar, o que torna-se relevante, haja vista pessoas trans relatarem com certa frequência vivências negativas decorrentes dos estigmas inerentes à transexualidade; e o Inventário de Percepção do Suporte Familiar (Baptista, 2009), a fim de avaliar o quanto o sujeito percebe a sua família como sendo uma rede confiável de apoio em termos afetivos e adaptativos. Quanto a instrumentos de performance, os autores apenas mencionam o teste gráfico de desenho da Casa-Árvore-Pessoa (HTP) (Buck, 2003), ressaltando a importância da(o) psicóloga(o) considerar o gênero expresso, em detrimento do sexo designado no nascimento, na hora de interpretar os resultados.

Ao lado das indicações de instrumentos previamente apresentados, acrescento outras possibilidades para se considerar na hora de definir a bateria de testes psicológicos. A Bateria Fatorial de Personalidade (Nunes, Hutz & Nunes, 2010) ou o Inventário de Personalidade Neo Revisado (Costa Jr. & McCrae, 2007) são testes baseados no modelo dos cinco grandes fatores com evidências científicas consistentes para compreender a maneira como o sujeito se percebe no mundo. Ao lado de alguma dessas escalas de autorrelato, poder-se-ia associar o teste das Pirâmides Coloridas de Pfister (Villemor-Amaral, 2012), cuja proposta é elucidar a dinâmica afetiva e emocional do avaliado, bem como os recursos cognitivos que ele detém para modular expressões emocionais. Outra possibilidade seria o Sistema de Avaliação por Performance no Rorschach – R-PAS (Meyer et al, 2017), em especial, por ser um teste com evidências para confirmar ou descartar vieses psicopatológicos que podem interferir na acuidade perceptiva, assim como na capacidade de apreender a realidade e adequar-se ao pensamento coletivo.

Se necessário for, um rastreio da inteligência geral pode ser realizado por meio do Teste de Inteligência Geral Não Verbal (Tosi, 2015). Tal instrumento, cuja correção informatizada facilita substancialmente a sua interpretação, quantifica os recursos cognitivos gerais do sujeito, apresentando o seu resultado em percentil, nível de quociente intelectual e classificação. Essas informações ajudarão a(ao) psicóloga(o) a verificar se o cliente possui condições para efetivar tomadas de decisão com clareza e autonomia, além de habilidade para concluir raciocínios para resolução de problemas práticos de maneira coerente.

Corroborando o modelo multimétodo de avaliação, Finn (2016) compartilha ter administrado em sua cliente trans, introduzida neste capítulo no tópico anterior, dois testes psicológicos para endereçar a sua pergunta pessoal, assim como identificar os recursos que ela detinha para enfrentar o cenário após a cirurgia de readequação genital. O primeiro foi uma escala de autorrelato para avaliação da personalidade, o MMPI-2 (Butcher et al, 2001) e, na sequência, o Método de Rorschach (Exner, 2003). Para o primeiro teste, que por sinal possui estudos de normatização e validade para o contexto brasileiro submetidos e em processo de análise pelo SATEPSI, Finn menciona ter tido o cuidado de comparar os resultados de sua cliente usando as normas femininas, tendo em vista se tratar da AT de uma mulher trans.

Nenhum dos testes utilizados por Finn (2016) apontou para sinais de psicopatologia. Ao contrário, ambos sugeriam que a sua cliente possuía bons recursos psicológicos para lidar com situações potencialmente estressantes. No entanto, mesmo antes de apurar os dados dos testes padronizados, notou-se que uma das respostas construídas por ela para o cartão X do Rorschach apresentava um conteúdo simbólico aparentemente muito rico, o que fez com que o autor optasse por discuti-la com a sua cliente logo ao final da testagem. Esse procedimento, usualmente adotado na AT, é denominado Inquérito Estendido (IE). A partir dele, a(o) psicóloga(o) pode explorar qualitativamente as produções de seu(ua) cliente, estimulando pequenos *insights*, bem como buscar por material verbal que a(o) ajudará a melhor compreender os resultados que serão posteriormente apurados.

É importante abordar que na condução do IE, a(o) psicóloga(o) deve tomar muito cuidado para não realizar questionamentos que violem o sigilo dos testes psicológicos, tampouco que sobrecarreguem emocionalmente o sujeito avaliado. Finn (2017) recomenda que seja iniciado com perguntas generalistas que o coloquem para refletir e externar como foi a experiência de ser submetido a determinado instrumento. Especialmente, remetendo essa experiência à uma ou mais perguntas de avaliação criadas pelo cliente.

No caso atendido por Finn (2016), a resposta construída pela cliente que fora imediatamente escolhida pelo autor para condução do IE, dizia: "uma linda artista mulher, cantando em uma boate em Paris. Ela está usando um cocar cinza, um casaco de penas rosa e, um sutiã azul [...] todos na boate estão em transe e secretamente fantasiando sobre terem um caso amoroso com ela. Homens e mulheres." (Finn, 2016, p. 519). O autor reproduziu em voz alta o que ela havia dito e perguntou à sua cliente, após a administração padronizada do Rorschach, se ela conseguia fazer alguma associação com o que havia construído enquanto resposta. Prontamente ela reage dizendo que era exatamente daquela forma que ela se imaginava após passar pela cirurgia de readequação genital. Compartilha ser uma cantora, mas que sempre receava quando estava no palco, acreditando que a cirurgia a ajudaria a ser mais confiante em suas apresentações. O autor, então solicita que ela comente um pouco mais sobre o desejo secreto que todos nutriam em relação à mulher presente em sua construção verbal, obtendo como resposta o fato de ela almejar ser daquela forma, sentindo-se desejada pelas outras pessoas. Acrescenta não se sentir confortável com a sua genitália e que a cirurgia a faria se sentir mais bela, uma vez que se tornaria uma mulher completa.

Naturalmente a explanação dessa cliente evidenciava fantasias irrealistas e inconscientes sobre a cirurgia de transgenitalização, o que permitiu ao autor explora-las no desdobramento do IE, a fim de possibilitar que ela refletisse a respeito de suas expectativas acerca do procedimento afirmativo buscado, para minimizar o risco de frustrações e arrependimentos no pós-cirúrgico. O detalhamento dessa discussão clínica pode ser acessado em Finn (2016).

Mais um exemplo de condução do IE no contexto da afirmação de gênero é apresentado em outra obra de minha autoria (Vieira, 2021), na qual compartilho o caso de um homem trans que buscava iniciar a hormonioterapia, assim como submeter-se à mastectomia. Na etapa de testagem, dentre outros instrumentos, administrei o Rorschach (R-PAS) que em uma das pranchas suscitou a construção perceptual de uma máscara que estava se desfazendo, adjetivada pelo sujeito como sendo horripilante. Essa resposta, particularmente, despertara a minha atenção, primeiro em função de ela receber um código especial temático que sugere potencial depressivo, o código MOR conforme Meyer et al (2017). Em segundo lugar, pelo fato de que ele compartilhara, em sua pergunta pessoal criada para nortear a sua AT, um forte medo em se revelar trans para os seus pais, tendo vista que eles o reconheciam e o aceitavam enquanto lésbica desde a sua adolescência. Em suma, a discussão clínica possibilitada pelo IE permitiu a esse cliente alcançar o *insight* de que ele vinha se escondendo por trás da máscara de uma mulher lésbica, ao invés de se autoafirmar como homem trans devido as suas inseguranças e fantasias.

Passo 3: Sessão de Intervenção

Esta etapa acontece após a administração, correção e interpretação dos testes psicológicos, cujos resultados deverão ser integrados à história de vida do(a) cliente, promovendo uma contextualização entre os achados. Contudo, diferente do que seria feito em um processo tradicional de avaliação, antes de se propor uma devolutiva verbal do que fora alcançado enquanto respostas à AT, a(o) psicóloga(o) deve identificar dentre as informações reveladas pelos testes, qual delas seria mais difícil de ser abordada diretamente com o(a) cliente. Geralmente, informações que destoam da sua autopercepção podem ameaçar a sua integridade se forem apresentadas abruptamente, o que, por conseguinte, tenderia a suscitar defesas que levariam o(a) cliente a rejeita-las. No pior dos cenários, esse confronto despreparado, poderia conduzi-lo(a) à desintegração, caso ele(a) seja mais vulnerável e menos defendido.

Desse modo, ao invés de apresentar automaticamente todos os achados de avaliação alcançados, Finn (2017) recomenda que a(o) psicóloga(o) planeje criativamente alguma atividade experimental para que, de maneira colaborativa, possa elucidar "ao vivo" o fenômeno psicológico escolhido como alvo para essa sessão. A ideia é explora-lo com o(a) cliente, gradualmente, para que ela possa ser capaz de assimilar essa nova verdade a seu respeito, minimizando ansiedades e demais formas de sofrimento psicológico quando se é confrontado com aquilo que não se sabe acerca de si.

Para exemplificar, Finn (2016) compartilha como foi a condução da Sessão de Intervenção (SI) com a sua cliente trans. A fim de evocar aspectos ligados à vergonha, que por sinal eram compensados por uma postura superconfiante, o que foi revelado pelos testes nela aplicados, o autor propôs uma técnica de contar estórias, utilizando-se de alguns cartões do *Thurston-Cradock Test of Shame* (Thurston & Cradock, 2009) cujas imagens tendem a estimular manifestações permeadas por frustrações, ansiedade e vergonha. Os conteúdos espontaneamente verbalizados pela cliente, contudo, sugeriam certa distorção da realidade, uma vez ela distanciar-se dos temas tipicamente mobilizados, apresentando estórias positivas e agradáveis para as personagens. Finn, então, a convida a verbalização sobre o quão confiantes as personagens das suas estórias indicavam ser, embora os desenhos contidos nos cartões sugerissem o oposto. Na sequência, propõe que ela tente recontar as estórias, permitindo às personagens experimentarem sentimentos de insegurança e vulnerabilidade, tal como as suas expressões faciais aludiam.

Nas primeiras versões das estórias contadas pela cliente de Finn (2016), as personagens utilizavam de atitudes compensatórias para mascarar seus sentimentos de inferioridade, agindo de modo autoconfiante, independente das imagens sugerirem frustrações. Entretanto, nas segundas versões, ela conseguiu verbalizar a busca de apoio em figuras externas, como, por exemplo, amigos das personagens presentes nos cartões, para melhor lidar com as situações apresentadas. Com isso, Finn pôde refletir com a sua cliente o quanto esse suporte social poderia lhe ser útil no pós-cirúrgico, a fim de fortalecer os seus recursos de enfrentamento para lidar com situações conflituosas e/ou ansiogênicas advindas do meio. Assim, pontuou que tais atitudes permitiriam que ela se sentisse feliz consigo mesma, além da cirurgia afirmativa que ela almejava fazer, endereçando diretamente a pergunta de avaliação por ela criada.

Uma estratégia semelhante foi adotada por mim na SI com o meu cliente trans, mencionado anteriormente neste capítulo. Notei, por meio dos testes psicológicos aplicados, que ele investia excessivamente em estratégias para conter manifestações emocionais, visando bloquear sua fragilidade intrapsíquica, bem como demonstrar-se mais seguro e adaptado junto ao meio. Entretanto, esse movimento guiado pela constrição afetiva, inevitavelmente o fazia distanciar-se das pessoas mais próximas, uma vez optar pela sustentação da máscara de lésbica que insistia em utilizar para camuflar a sua real identidade de gênero. Diante do exposto, escolhi alguns cartões do TAT (Murray, 1943/2005) para a intervenção psicoterápica com o intuito de colocar o meu cliente em contato com a própria vulnerabilidade, auxiliando-o a experimenta-la de maneira adaptativa, ao invés de meramente bloqueá-la por via da repressão. As discussões clínicas detalhadas dessa SI possibilitaram-no alcançar importantes *insights* sobre o que o impedia de evoluir enquanto pessoa, podendo ser acessadas integralmente em Vieira (2021).

Cabe ressaltar que a SI não deve ser utilizada pela(o) psicóloga(o) a fim de descobrir novos achados sobre o(a) cliente visando subsidiar uma tomada de decisão. As informações coletadas por meio das entrevistas e na etapa de testagem padronizada devem ser suficientemente consistentes para produzir uma boa conceituação do caso, bem como eventuais documentos psicológicos. Isso implica dizer que a SI deve servir ao sujeito avaliado, não ao profissional. Ou seja, ela tem premissas interventivas e psicoterápicas, ao invés de motivações diagnósticas.

Passo 4: Sessão de Discussão Sumária

Como na AT o(a) cliente se torna o(a) protagonista de todo o processo ao ser convidado a compartilhar as suas perguntas pessoais, a etapa de discussão sumária deve ser usada para promover uma troca que, além de apresentar os achados obtidos que endereçam as suas curiosidades, estimule-o(a) a externar exemplos práticos do seu cotidiano que sirvam para ilustra-los. Assim, a(o) psicóloga(o) teria maior segurança de que o(a) cliente estaria assimilando apropriadamente as descobertas advindas de sua AT, como, também, o engajaria nessa discussão que, como defende Finn (2017), não deve assumir o papel de uma mera devolutiva unilateral.

O referido autor propõe que um planejamento para a condução da discussão sumária seja previamente realizado, no sentido de mapear os achados em diferentes níveis, cuja apresentação para o sujeito deve ser feita gradualmente respeitando uma hierarquia. A priori, devem ser apresentados todos os achados de nível 1, que são informações que corroboram a maneira como o sujeito se percebe no mundo. Apresenta-los no início da sessão permite à(ao) psicóloga(o) ganhar pontos com o(a) cliente, uma vez que ele(a) tenderá a aceita-los prontamente, pois são dados que confirmam a sua autopercepção. Na sequência, evolui-se para a apresentação dos achados de nível 2, que embora não desconstroem a visão que o(a) cliente tem de si, promovem uma ampliação daquilo que ele(a) já tem certa noção. Tais achados são os que mais estimulam *insights*, haja vista o(a) cliente ter alguma ideia a seu respeito, apesar de não ter total clareza do que eles poderiam realmente significar. Por fim, os achados de nível 3 devem ser discutidos com bastante cautela, pois, devido ao fato de eles estarem distantes de sua consciência, podem ameaçar substancialmente a sua integridade psíquica. Por isso, selecionar algum achado de nível 3 para trabalha-lo colaborativamente durante a SI tende a ser uma excelente estratégia terapêutica.

Passo 5: Entrega de Feedback Escrito

Sempre que houver demandas de encaminhamentos para outros profissionais e/ou serviços especializados, um documento psicológico formalizando a AT deve ser elaborado conforme as diretrizes previstas na resolução 06/2019 (CFP, 2019). No contexto das intervenções clínicas e cirúrgicas para afirmação de gênero, assim como demais situações de cirurgias, o Atestado Psicológico demonstra-se a opção mais prática e eficaz para se reportar a tomada de decisão alcançada a partir do raciocínio clínico advindo da avaliação. No entanto, se for necessário reportar de maneira detalhadamente descritiva o que fora avaliado, dever-se-ia produzir o Laudo Psicológico, pois tal documento tende a auxiliar, de modo mais significativo, o estabelecimento das estratégias terapêuticas apropriadas ao caso.

Finn (2017) inova ao propor o desenvolvimento de um *feedback* por escrito em forma de carta a ser entregue ao(à) cliente no final da AT. Essa carta deve ser escrita de modo totalmente pessoal, com uma linguagem inteligível, retomando diretamente as perguntas pessoais elaboradas no início da avaliação, bem como as respostas que foram colaborativamente construídas e abordadas na etapa de discussão sumária.

É válido destacar que esse material não serve como documento formal de avaliação, mas sim, como uma ferramenta psicoterápica para uso pessoal do(a) próprio(a) cliente, no sentindo de permitir-lhe nos "ouvir" novamente sempre que julgar necessário. Entretanto, proponho que a(o) psicóloga(o) tome o cuidado de registrar, no primeiro parágrafo da carta, do que se trata esse material, abarcando a sua finalidade terapêutica, a fim de descaracterizar a produção de um documento psicológico inadequado. Exemplos de *feedbacks* em forma de carta podem ser visualizados em algumas publicações (Finn, 2016; Finn, 2017; Vieira, 2021).

Passo 6: Sessão de Acompanhamento

Trata-se de uma etapa facultativa, cuja proposta é suprir a lacuna do não engajamento do sujeito em uma psicoterapia ao final da avaliação. Desse modo, após a AT ser efetivamente consolidada, a(o) psicóloga(o) deve informar ao(à) cliente que há a possibilidade de ele(a) retornar, talvez após um ou mais meses, para discutir em uma sessão de consulta psicológica, como tem sido aplicar no mundo real as descobertas possibilitadas por meio de seu processo avaliativo.

Considerações finais

As intervenções afirmativas de gênero demandam uma avaliação psicológica técnica e eticamente respaldada. Contudo, poder-se-ia conduzi-la de modo colaborativo e terapêutico, o que tende a possibilitar ao sujeito avaliado uma experiência agradável e propícia à mudança. Desse modo, torna-se plausível acreditar no potencial transformador da AT, em especial, com pessoas trans, tendo vista que essa metodologia se demonstra substancialmente empática, respeitosa e alinhada às demandas pessoais de cada cliente.

Procurei, com este capítulo, discorrer sobre como aplicar a AT quando se tem como meta atestar as condições psicológicas de pessoas trans para se submeterem às intervenções clínicas e cirúrgicas inerentes ao processo transexualizador. Assim como outras publicações propuseram (Finn, 2016; Soll & Costa, 2019; Vieira, 2021), é necessário entender a importância do papel da(o) psicóloga(o) em servir como facilitador do acesso aos serviços que possibilitarão atenuar a disforia de gênero experimentada por nosso(a)s clientes, lançando mão da própria avaliação psicológica como estratégia inicial de psicoterapia breve.

Referências bibliográficas

Almeida, G., & Murta, D. (2013). Reflexões sobre a possibilidade da despatologização da transexualidade e a necessidade da assistência integral à saúde de transexuais no Brasil. *Revista Latinoamericana Sexualidad, Salud y Sociedad, 14*, 380-407.

American Psychiatric Association – APA. (2014). *Manual de Diagnóstico e Estatístico de Transtornos Mentais (DSM-V)*. Recuperado de http://www.niip.com.br/wp-content/uploads/2018/06/Manual-Diagnosico- e-Estatistico-de-Transtornos-Mentais-DSM-5-1-pdf

American Psychological Association – APA. (2015). Guidelines for psychological practice with transgender and gender nonconforming people. *American Psychologist, 70*(9), 832-864.

Baptista, M. (2009). *Inventário de Percepção do Suporte Familiar – IPSF*. São Paulo: Vetor.

Beck, A.; Steer, R.; & Brown, G. (2011). *Manual do Inventário de Depressão de Beck – BDI-II*. São Paulo: Pearson.

Buck, J. (2009). *H-T-P: casa-árvore-pessoa*. Técnica projetiva de desenho: guia de interpretação. São Paulo: Vetor.

Butcher, J.; Graham, J.; Ben-Porath, Y.; Tellegen, A.; Dahlstrom, W.; & Kaemmer, B. (2001). *MMPI-2: Manual for administration, scoring and interpretation (revised ed.).* Minneapolis, MN: University of Minnesota Press.

Conselho Federal de Medicina (2020). *Resolução CFM nº 2.265/2019. Dispõe sobre o cuidado específico à pessoa com incongruência de gênero ou transgênero e revoga a resolução CFM nº 1.955/2010.* Recuperado de https://www.in.gov.br/en/web/dou/-/resolucao-n-2.265 -de-20-de-setembro--de-2019-237203294

Conselho Federal de Psicologia – CFP. (2018a). *Resolução CFP nº 001/2018.* Estabelece normas de atuação para psicólogas e os psicólogos em relação às pessoas transexuais e travestis. Recuperado de https://site.cfp.org.br/wp--content/uploads/2018/01/ Resolu%C3%A7%C3%A3o-CFP-01-2018.pdf

Conselho Federal de Psicologia – CFP. (2018b). *Resolução CFP nº 09/2018. Estabelece diretrizes para a realização de Avaliação Psicológica no exercício profissional da psicóloga e do psicólogo, regulamenta o Sistema de Avaliação de Testes Psicológicos - SATEPSI e revoga as Resoluções n° 002/2003, nº 006/2004 e n° 005/2012 e Notas Técnicas n° 01/2017 e 02/2017.* Recuperado de http://crp11.org.br/upload/Resolu%C3%A7%C3%A3o -CFP-n%C2%BA--09-2018-com-anexo.pdf

Conselho Federal de Psicologia – CFP. (2019). *Resolução CFP nº 06/2019. Institui regras para a elaboração de documentos escritos produzidos pela(o) psicóloga(o) no exercício profissional e revoga a Resolução CFP nº 15/1996, a Resolução CFP nº 07/2003 e a Resolução CFP nº 04/2019.* Brasília: Conselho Federal de Psicologia. Recuperado de https://www.in.gov.br/materia/-/asset_publisher/Kujrw0TZC2Mb/content/id/69440957/do1-2019-04-01 -resolucao-n-6-de-29-de-marco-de-2019-69440920

Costa, Jr., P.; & McCrae, R. (2007). *NEO PI-R: Inventário de Personalidade NEO Revisado e Inventário de Cinco Fatores NEO Revisado – NEO-FFI-R (versão curta).* São Paulo: Vetor.

Finn, S. (2012). Implications of recent research in neurobiology for psychological assessment. *Journal of Personality Assessment, 94*(5), 440-449.

Finn, S. (2016). Using Therapeutic Assessment in psychological assessments required for sex reassignment surgery. In Brabender, V.; & Mihura, J. (Eds.), *Handbook of gender and sexuality in psychological assessment.* New York: Routledge.

Finn, S. (2017). *Pela perspectiva do cliente*: teoria e técnica da Avaliação Terapêutica. São Paulo: Hogrefe.

Finn, S.; & Tonsager, M. (1997). Information-gathering and therapeutic models of assessment: complementary paradigms. *Psychological Assessment, 9,* 374-385.

Fischer, C. (1994). *Individualizing psychological assessment.* Hills-dale, NJ: Erlbaum.

Gomide, P. (2006). *Inventário de Estilos Parentais*: modelo teórico, manual de aplicação, apuração e interpretação. Petrópolis: Vozes.

Meyer, G. et al. (2001). Psychological testing and psychological assessment. *American Psychologist, 56*(2), 128-165.

Meyer, G., Viglione, D., Mihura, J., Erard, R., & Erdberg, P. (2017). *R-PAS – Sistema de avaliação por performance no Rorschach – Manual.* Trad. Fabiano Koich Miguel e Danilo R. Silva. São Paulo: Hogrefe.

Murray, H. (2005). *Teste de Apercepção Temática*: Henry A. Murray e colaboradores da Clínica Psicológica de Harvard (adaptação e padronização brasileira: Maria Cecília Vilhena da Silva), 3a ed. adaptada e ampliada. São Paulo: Casa do Psicólogo. (Publicado originalmente em 1943).

Nunes, C. H. S.; Hutz, C. S.; & Nunes, M. O. (2010). *Bateria fatorial de personalidade - manual técnico.* São Paulo: Casa do Psicólogo.

Organização Mundial de Saúde – OMS (1993). *Classificação de Transtornos Mentais e de Comportamento da CID-10. Descrições clínicas e diretrizes diagnósticas.* Porto Alegre: Artemed.

Rocon, P.; Wandekoken, K.; Barros, M.; Duarte, M.; & Sodré, F. (2020). Acesso à saúde pela população trans no Brasil: nas entrelinhas da revisão integrativa. *Trabalho, Educação e Saúde, 18*(1), e0023469.

Exner, J. (2003). *The Rorschach*: a comprehensive system. 4ª ed. Hoboken, NJ: Wiley.

Scaduto, A.; Cardoso, L.; & Heck, V. (2019). Modelos interventivo-terapêuticos em Avaliação Psicológica: estado da arte no Brasil. *Avaliação Psicológica, 18*(1), 67-75.

Soll, B.; & Costa, A. (2019). Avaliação Psicológica da disforia de gênero e candidatos à cirurgia de afirmação de gênero. In Hutz; Bandeira; Trentini & Remor. *Avaliação Psicológica nos contextos de saúde e hospitalar.* Porto Alegre: Artemed.

Taub, A.; & Cecchini, M. (2014). Avaliação neuropsicológica: modelos teóricos. *Revista Neuropsicologia Latinoamericana, 6*(3), 1-3.

Thurston, N.; & Cadrock, J. (2009). *Thurston-Cradock test of shame*. Los Angeles, CA: Western Psychological Services.

Tosi, S. M. V. (2015). *TIG-NV – Teste de Inteligência Geral Não Verbal*. Instrumento para avaliação psicológica e neuropsicológica. São Paulo: Casa do Psicólogo.

Vieira, P. (2017). Avaliação Terapêutica: uma nova abordagem para o Psicodiagnóstico. In P. Landin; R. Almeida; & A. Roma (Eds.), *Avaliação Psicológica:* a atualidade da prática profissional. (p. 21-31). São Paulo: Leader.

Vieira, P. (2021). *Avaliação Terapêutica aplicada à procedimentos cirúrgicos*: casos clínicos. São Paulo: Vetor.

Villemor-Amaral, A. E. (2012). *As Pirâmides Coloridas de Pfister*. São Paulo: Casa do Psicólogo.

Villemor-Amaral, A. E. (2016). Perspectivas para a avaliação terapêutica no Brasil. *Avaliação Psicológica, 15*(2),249-255.

Villemor-Amaral, A.; & Resende, A. (2018). Novo modelo de Avaliação Psicológica no Brasil. *Psicologia: Ciência e Profissão, 38*(n.spe), 122-132

Villemor-Amaral, A. E.; & Scortegagna, S. A. (2018). Avaliação Terapêutica na clínica com crianças, adolescentes e famílias. In M. R. C. Lins, M. Muniz & L. M. Cardoso (Eds.) *Avaliação Psicológica infantile*. (pp. 115-128). São Paulo: Hogrefe.

World Professional Association for Gender Health – WPATH. (2012). Standards of care for the health of transsexual, transgender, and gender nonconforming people, version 7. *International Journal of Transgenderism, 13*(4), 165-232.

4. RECURSO ADMINISTRATIVO DE CONCURSO PÚBLICO

Marcelo Augusto Resende

Maria do Socorro Albergaria

Introdução

O concurso público tem sido muito procurado por pessoas que almejam uma carreira promissora em órgãos municipais, estaduais ou federais. Isso porque este emprego possibilita ao servidor várias vantagens e benefícios, como a não exigência de experiência prévia, remuneração mais alta do que em outros empregos privados, assistência à saúde, aposentadoria com salário integral em alguns casos, ascensão na carreira, e o mais importante, a estabilidade que impede a demissão em qualquer momento. O desemprego tem sido um fantasma recorrente que assusta a população e atualmente tem apresentado índices recordes com a pandemia em virtude do COVID-19. Diante desses fatos, a opção por um emprego público tem se tornado uma tábua de salvação para muitos.

Ser aprovado em concurso público exige do candidato muita persistência e investimento, pois a concorrência tem sido bastante acirrada, ultrapassando exageradamente o número de candidatos/vaga do vestibular do grupo mais seleto das universidades de Medicina do país. Geralmente o concurso é um processo seletivo de várias etapas, muitas delas eliminatórias.

Inicialmente é exigida a aprovação em provas de conhecimento, que variam conforme a vaga oferecida, podendo ser de conhecimentos gerais e/ou específicos como Direito, Português, Matemática, Contabilidade e Legislação Institucional, entre outros. Posteriormente podem ser avaliadas as condições de saúde física e mental, além do condicionamento físico. São feitos exames médicos (acuidade auditiva e visual) e odontológico, além de serem solicitados exames como toxicológico, radiografia do tórax, EEG, rotina (sangue, urina, fezes) e etc. Provas físicas englobam resistência, força muscular e habilidades específicas como natação e agilidade, como é o caso do concurso para bombeiro militar.

A avaliação psicológica é uma das etapas em que o candidato deve demonstrar que está em boas condições psíquicas e que suas características devem se aproximar do perfil profissiográfico da vaga. Nessa avaliação, os psicólogos podem fazer uso de diversas técnicas como entrevista, dinâmica e testes. Os testes escolhidos para fazerem parte da bateria do processo seletivo devem ser considerados favoráveis pelo Sistema de Avaliação de Testes Psicológicos (SATEPSI), conforme Resolução CFP nº 09/2018. Os candidatos considerados inaptos nesta etapa têm direito a uma devolutiva para saberem as razões pelas quais não tiveram êxito. Podem também contratar um psicólogo de sua confiança para verificar todo o material produzido no exame psicológico. Caso identifique problemas na correção e interpretação ou falhas nesta etapa do processo, fará um recurso administrativo, que é o objeto de estudo deste capítulo.

1. Avaliação Psicológica

Para entendermos melhor sobre o recurso do exame psicológico em um concurso público, é importante fazer uma retrospectiva sobre pontos fundamentais da avaliação psicológica que é um processo técnico e científico realizado com pessoas ou grupos de pessoas que, de acordo com cada área do conhecimento, requer metodologias específicas. É uma atividade dinâmica, em que se estabelece uma fonte de informações de caráter explicativo sobre os fenômenos psicológicos, tendo como finalidade amparar os trabalhos nos diferentes campos de atuação do psicólogo, dentre eles, saúde, educação, trabalho e outros setores em que ela se fizer necessária. Trata-se de um estudo que requer um planejamento prévio e cuidadoso, de acordo com a demanda e os fins ao qual a avaliação se destina.

Seu objetivo é produzir hipóteses ou diagnósticos, sobre um grupo de pessoas ou mesmo sobre uma pessoa para uma tomada de decisão. As hipóteses diagnósticas podem ser sobre o funcionamento intelectual, as características de personalidade e sobre as aptidões que a pessoa possui para desempenhar uma tarefa ou exercer um cargo dentro de uma instituição, a qual normalmente possui um perfil de cargo determinado pela instituição. Cumpre enfatizar que os resultados das avaliações psicológicas têm grande impacto para as pessoas, os grupos e a sociedade. Segundo a Resolução CFP nº 07/2003,

> os resultados das avaliações devem considerar e analisar os condicionantes históricos e sociais e seus efeitos no psiquismo, com a finalidade de servirem como instrumentos para atuar não somente sobre o indivíduo, mas na modificação desses condicionantes que operam desde a formulação da demanda até a conclusão do processo de avaliação psicológica. (CFP, 2003)

Outrossim, é necessário esclarecer que testagem psicológica não é o mesmo que avaliação psicológica, embora muitas vezes seja usada como sinônimo. Testagem psicológica é parte da avaliação psicológica, na qual se utiliza de diversos testes psicológicos com o objetivo de se obter o mapeamento do comportamento, da personalidade, da inteligência e, ainda, das habilidades e competências para que o indivíduo possa assumir determinado cargo. Desta forma, a avaliação psicológica é um processo mais complexo, com a utilização de várias técnicas psicológicas, visando uma abordagem mais abrangente da pessoa e se estende aos diversos campos, como, por exemplo, clínico, empresarial, escolar, jurídico e concursos públicos, com objetivos diversos.

1.1 Avaliação psicológica em concursos públicos

A avaliação psicológica em concursos públicos segue critérios profissiográficos definidos pela instituição à qual o candidato está sendo selecionado. Há um planejamento da instituição em relação ao perfil do cargo, bem como das características personais, cognitivas que ele precisa ter para que possa assumir o cargo a qual está se inscrevendo. Desta forma, serão selecionados de acordo com a descrição do cargo em questão os instrumentos a serem utilizados que subsidiam as características definidas dentro deste perfil profissiográfico.

O principal objetivo da avaliação psicológica nos contextos de seleção de pessoas é identificar se as características de um candidato ao cargo são compatíveis àquelas que são requeridas no perfil do mesmo. Dessa forma, o processo seletivo tem início com a análise de um documento denominado de perfil profissiográfico do cargo (por exemplo, Freitas, Moura, Caetano, Ferreira & Pasquali, 2006; Moura & Caetano, 2007; Moura & cols., 2007; Pasquali & cols., 2003; Thadeu & cols., 2008), que oferece subsídios para a escolha das técnicas de avaliação que possibilitem mensurar tais requisitos. (Faiad et al., 2012, p. 232).

Existem várias técnicas que podem subsidiar o processo de seleção com o objetivo de verificar os requisitos psicológicos dos candidatos de acordo com o perfil do cargo definido pela instituição. Dentre elas temos as entrevistas, as provas situacionais, e os testes psicológicos. Entretanto, os testes psicológicos são os mais utilizados por fornecerem de maneira preditiva os construtos psicológicos definidos no perfil profissiográfico.

Conforme preconizado por Urbina (2007, p. 11), "o teste psicológico é um procedimento sistemático para a obtenção de amostras de comportamento relevantes para o funcionamento cognitivo ou afetivo e para a avaliação destas amostras de acordo com certos padrões". Desta forma, os testes possuem como finalidade medir características específicas em um tipo de amostragem que no caso, são candidatos ao concurso público ao qual, de livre escolha, se inscreveram.

As características a serem medidas na avaliação psicológica estão contidas no perfil profissiográfico da vaga, elaborado pela instituição. Os construtos geralmente estão relacionados com a inteligência, cognição, afetividade, motivação, agressividade, impulsividade, sociabilidade e personalidade, entre outros, os quais são mensurados de forma sistemática, com registro posterior das análises das respostas dos testes.

De acordo com a regulamentação, no Brasil, os testes psicológicos são de uso privativo do psicólogo. O Conselho Regional de Psicologia promulgou a Resolução CFP nº 002/2016, que regulamenta a Avaliação Psicológica em Concurso Público e processos seletivos de natureza pública e privada. Esta resolução, além de estabelecer sobre a utilização dos instrumentos psicológicos, se propõe a orientar aos órgãos públicos as informações sobre a avaliação, o que deve constar nos editais e estabelecer normas que garantam a qualidade técnica, bem como as condições legais e éticas adequadas à prestação deste serviço, de modo a garantir os direitos dos candidatos. A Resolução pretende também orientar os psicólogos quanto aos procedimentos relativos à sua participação em processos seletivos dessa natureza.

Esta Resolução, ao se referir à avaliação psicológica, indica que esta permite identificar, para fins de seleção, aspectos psicológicos dos candidatos que são importantes para prever seu desempenho no cargo vindouro e, para tanto, deve utilizar de um conjunto de procedimentos objetivos e científicos. Assim sendo, os métodos e técnicas utilizados deverão ser aprovados pelo CFP, além de serem reconhecidos pela comunidade científica.

§ 1° - Para proceder à avaliação referida no caput deste artigo, o(a) psicólogo(a) deverá utilizar métodos e técnicas psicológicas que possuam características e normas reconhecidas pela comunidade científica como adequadas para recursos dessa natureza, com evidências de validade para a descrição e/ou predição dos aspectos psicológicos compatíveis com o desempenho do candidato em relação às atividades e tarefas do cargo. (CFP, 2016)

A Resolução CFP n° 02/2003 foi criada para definir e regulamentar o uso, a elaboração e a comercialização dos testes psicológicos no Brasil. A Resolução CFP n° 09/2018 veio para atualizar esta resolução de 2003, estabelecer diretrizes para a realização de avaliação psicológica no exercício profissional dos psicólogos e regulamentar o Sistema de Avaliação de Testes Psicológicos (SATEPSI). Segundo esta resolução, os psicólogos só poderão utilizar em sua prática profissional testes com o parecer favorável pela Comissão Consultiva de Avaliação Psicológica (CCAP) e divulgados na lista do SATEPSI do Conselho Federal de Psicologia.

A Resolução CFP n° 01/2002 estabelece que os testes a serem adotados na avaliação devem ser selecionados com base no perfil profissiográfico do cargo pretendido, de modo que seja possível avaliar as características pertinentes. Equitativamente, ela prevê que no edital deva conter as informações necessárias à avaliação psicológica e os critérios imprescindíveis ao atendimento das exigências do cargo. Ele deve mencionar, também, que será facultado ao candidato tomar conhecimento, por meio de uma entrevista, do resultado de sua avaliação, bem como sanar as dúvidas que porventura existirem a respeito da avaliação realizada.

Essa mesma Resolução estabelece e esclarece normas e procedimentos aos psicólogos e às instituições públicas sobre a utilização dos testes psicológicos bem como os procedimentos dos psicólogos diante dos resultados divulgados. Além disso, ela estabelece que o edital das instituições públicas deve detalhar os procedimentos cabíveis na interposição de recursos.

1.2 Recurso administrativo

O recurso de um concurso público é um direito que o candidato tem quando seu resultado da avaliação psicológica for desfavorável ou inapto ao cargo. Após a entrevista de devolução, caso queira, pode elaborar a própria documentação de recurso ou contratar um psicólogo de sua confiança para que o faça. Este procedimento tem por obrigatoriedade ser previsto em edital do concurso público, sendo previsto em lei e amparado pela Resolução CFP nº 01/2002.

Art. 3º - O edital do concurso público especificará, de modo objetivo, os construtos/dimensões psicológicas a serem avaliados, devendo ainda detalhar os procedimentos cabíveis para interposição de recursos. (CFP, 2002)

O candidato, após obter seu resultado por meio da Clínica a qual foi submetido ao exame psicológico, poderá procurar um psicólogo devidamente inscrito no Conselho Regional de Psicologia (CRP) por livre escolha, solicitando interpor recurso tendo em vista a desfavorabilidade do exame psicológico.

§ 3º - Será facultado ao (à) candidato (a), requerer formalmente, após entrevista devolutiva, documento resultante da avaliação psicológica. (CFP, 2002)

O psicólogo não poderá ter nenhum vínculo com o candidato e, caso o tenha, deverá desistir de interpor o recurso deste candidato, devendo informá-lo sobre sua condição imprópria, tendo em vista qualquer grau de parentesco ou mesmo familiaridade. O psicólogo incorre em falta ética caso venha a efetuar este de tipo de interposição caso não considere tal fato.

Art. 7º - Na hipótese de recurso administrativo à instância competente, o(a) candidato(a) poderá ser assessorado(a) ou representado(a) por psicólogo(a), devidamente inscrito(a) e ativo(a) no Conselho Regional de Psicologia e que não tenha feito parte da comissão avaliadora. (CFP, 2002)

Em dia e horário predefinido pela clínica examinadora, o psicólogo comparecerá para efetuar ao que se chama de "vista" do exame psicológico realizado pelo candidato. A clínica entrega os testes realizados pelo candidato e, neste momento, o psicólogo efetua a "vista" dos exames em um tempo de aproximadamente 40 minutos, na presença do psicólogo examinador da clínica. É realizada a avaliação dos testes e as anotações pertinentes das correções e interpretações dos resultados encontrados.

Estas anotações podem ser as mais diversas e cabe ao profissional psicólogo estar devidamente capacitado, ser um conhecedor e estudioso de testes, tendo em vista tanto o tempo curto de análise quanto a não disponibilização dos instrumentos para uma análise mais efetiva e fidedigna dos resultados apresentados. Tal procedimento é previsto na Resolução CFP nº 01/2002.

Art. 9º - Tanto para a entrevista de devolução quanto para a apresentação do recurso, não será admitida a remoção dos instrumentos utilizados na avaliação psicológica do seu local de arquivamento público, devendo o(a) psicólogo(a) contratado(a) fazer seu trabalho na presença de um(a) psicólogo(a) da comissão examinadora. (CFP, 2002)

Diante das observações e das anotações no momento da "vista", o psicólogo contratado verifica se houve alguma incongruência no exame realizado. Caso o parecer esteja correto, cabe ao psicólogo orientar o candidato sobre a análise realizada. Mas, se houver detectado problemas na aplicação, correção e/ou interpretação dos resultados da avaliação psicológica, deverá elaborar o recurso, contestando o parecer recebido pelo candidato. No próximo tópico daremos algumas orientações de como deve ser redigido tal documento.

1.3 Elaboração do recurso

O recurso é elaborado tomando como ponto de partida as observações feitas na "vista" realizada ao exame psicológico. Deve-se verificar como se deu a aplicação, a correção e interpretação dos testes, se os instrumentos utilizados na testagem eram favoráveis pelo SATEPSI, se as condições do ambiente no dia do exame estavam adequadas e se os procedimentos adotados estão em consonância com o que foi padronizado nos manuais, entre outros.

Deve o psicólogo fundamentar-se na metodologia dos instrumentos psicológicos, e para tanto, é imprescindível que o mesmo conheça os testes, estude os manuais, os estudos de caso e as pesquisas que foram realizadas em cada instrumento. Cada instrumento se propõe a avaliar construtos específicos e com isso eles possuem especificidades diferentes.

O psicólogo que propõe fazer recursos administrativos deve estar devidamente capacitado e atualizado em avaliação psicológica. Deve conhecer teoricamente e ter experiência com aplicação e correção dos testes e técnicas psicológicas. Esta expertise é fundamental para que ele consiga identificar pela conversa com o candidato que o contratou qual foi a bateria aplicada no exame psicológico. Cabe lembrar que a bateria não é divulgada nos editais do concurso, para que os candidatos não tentem aprender a fazer ou treinar os referidos testes.

Algumas instituições públicas possuem um modelo específico de formatação do recurso. Deve se seguir este modelo com pena de não aceitação pela instituição de um documento fora dos padrões publicados pelo mesmo em Edital. Outras instituições não apresentam nenhum tipo de exigência da formatação do recurso e, desta forma, a elaboração deverá ser elaborada de acordo com as normas exigidas pelo Conselho Federal de Psicologia (2005, 2019).

A entrega dos recursos é realizada em sua grande maioria pelo próprio psicólogo, na presença ou não do candidato. Caso o candidato não esteja presente no ato da entrega, ele deverá ter fornecido ao psicólogo contratado uma procuração devidamente assinada e registrada em cartório, dando ao profissional psicólogo direito para este fim. Uma vez entregue, a instituição fornece ao psicólogo um número de protocolo para que o candidato acompanhe a evolução do processo com base em seu número de protocolo.

1.4 Orientações ao candidato

É necessário orientar o candidato que o recurso é um direito dele, mas não é uma garantia de deferimento a favor dele. Após a "vista" realizada, caso o psicólogo perceba que o exame e resultado estão coerentes, ou seja, de fato o candidato não apresentou aptidão para o cargo, deve o psicólogo esclarecer ao candidato a inviabilidade de se fazer um recurso. Nesse sentido, é feita uma nova devolutiva pelo psicólogo contratado, informando a ele sobre os resultados do exame realizado no concurso, o parecer desfavorável ou inapto e o motivo pelo qual ele recebeu este parecer. Uma vez ciente, o candidato pode refletir sobre suas questões pessoais e ser orientado a procurar ajuda para trabalhar estas questões, como por exemplo, com a psicoterapia.

O momento de testagem é de fato angustiante, estressante e ansiogênico para algumas pessoas. O estado emocional associado aos aspectos particulares de vida do indivíduo podem influenciar de maneira negativa em seus resultados. Neste sentido, uma devolutiva consistente, cautelosa e profunda poderá ajudar o candidato no autoconhecimento e na tomada de atitudes que possam incentivá-lo em mudanças saudáveis para sua vida futura.

Outro ponto relevante é trabalhar a motivação para aquele serviço público. Muitos buscam este emprego apenas pela estabilidade e não pensam se de fato tem vocação para o trabalho a ser realizado. Não basta apenas passar no concurso. O salário e os benefícios não são suficientes para manterem a pessoa no trabalho se ela não tiver características psicológicas compatíveis com a vaga. É muito comum, por exemplo, os pais pressionarem seus filhos a serem médicos, advogados ou policiais como eles foram. Nada adianta se não houver o desejo de estar nestas profissões.

1.5 Estudo de caso

No ano de 2016, um candidato foi considerado inapto na avaliação psicológica para o concurso público o qual foi inscrito. Fui procurada pelo mesmo e, em dia e horário determinado estive na clínica examinadora para a realização da "vista". Ele havia sido contraindicado no quesito Descontrole da Agressividade.

O teste aplicado fora o Palográfico (Teste Expressivo de Personalidade). É nesse instrumento que se averigua, por meio da correção, tal quesito. Para efetuar a verificação do descontrole da agressividade é necessária a presença de "ganchos" no decorrer do teste. Estes devem aparecer de forma nítida, obedecendo a uma quantidade superior ao considerado esperado pelo Manual do Palográfico, como preditivas das questões emocionais favoráveis à Agressividade.

Ao efetuar vista, percebi que ele havia tido uma quantidade muito inferior de "ganchos", contrapondo ao que constava no resultado da correção realizada pela clínica. Além disto, o que eles haviam definido como "gancho" não fazia parte do que constava no referido Manual, pois seu aparecimento não estava de maneira nítida e não havia indícios da presença de ganchos além do esperado.

Na análise do teste, observou-se que a curva do traçado não era compatível a um ângulo agudo em uma de suas extremidades, os quais funcionam como freio ou contenção dos impulsos, verificados na metodologia do teste. É necessário ainda avaliar a direção dos ganchos. Se eles aparecerem do lado esquerdo do traçado indicam agressividade voltada para si mesmo ou auto agressividade. Se estiverem na parte superior estão ligados a aspectos intelectivos, racionais. Se estiverem na parte inferior do traçado, relaciona-se ao concreto, ao material, à agressividade no plano físico.

Ao efetuar a recontagem do palos, observada as características acima descritas e aplicada a regra contida no Manual, o resultado encontrado de "ganchos" estava dentro do permitido como normalidade e situado na zona média da tabela do Manual. Tal fator, não implicaria em sua Inaptidão pelo quesito Descontrole Emocional. Desta forma, o recurso foi elaborado contemplando essas assertivas, respaldadas metodologicamente. A revisão deste recurso foi feita pelo órgão competente que constatou de fato um engano na correção e interpretação, gerando Deferimento Favorável pela Instituição do recurso interposto, permitindo a posse ao cargo pelo candidato.

Considerações finais

A avaliação psicológica em concurso público é complexa, com várias etapas a serem seguidas. O processo não termina no momento em que os testes são aplicados e corrigidos, o laudo elaborado e o resultado divulgado. É previsto a etapa da devolutiva para os candidatos que não obtiveram sucesso na seleção e, neste momento, ele pode contratar um psicólogo de sua confiança para examinar todos os procedimentos realizados, ter acesso ao laudo e aos fatores de contraindicação. Caso o psicólogo contratado não concorde com o resultado, irá elaborar um recurso administrativo justificando a razão para que haja uma alteração no parecer dado em favor do candidato.

Ao ser realizada uma avaliação do processo seletivo, o psicólogo deve estar atento ao candidato em seus aspectos biopsicossociais, tendo em vista que neste momento a expectativa de um resultado favorável pela interposição provoca grande ansiedade e angústia, além de ser oneroso em todos os seus aspectos.

Desta feita, faz-se necessário o preparo e a responsabilidade do profissional psicólogo de se capacitar de maneira contínua, consciente e, sobretudo, ética. Para o candidato, o momento de recurso é sua última chance de conquistar seu sonho, sem ter que entrar na justiça. A chegada do resultado chega a ser comovente e sensibilizar qualquer profissional. Então, é necessário que o psicólogo conheça o processo, goste realmente de avaliação psicológica e não faça deste, apenas uma forma de ganhar dinheiro, pois estamos lidando com a vida de uma pessoa em sofrimento por não ter conseguido o êxito esperado no processo seletivo.

Outro ponto importante a ser trazido em pauta é relativo aos profissionais das clínicas examinadoras, que precisam desmistificar a ideia de que o psicólogo de recurso irá criticar ou desmerecer o árduo trabalho realizado pela clínica. Na verdade, sabemos do trabalho complexo que envolve todo o processo de avaliação psicológica neste contexto, do curto espaço de tempo entre a realização dos exames e a entrega dos laudos à instituição realizadora do concurso. O estresse que também passam os psicólogos das clínicas credenciadas neste momento, bem como a dificuldade em encontrar profissionais capacitados, implicados no processo de aplicação, elaboração de documentos dentro dos critérios definidos em edital e das normas do CFP, é de fato muito grande. Por este motivo, é compreensivo que alguns lapsos ou equívocos possam ocorrer durante este processo.

Associado a isso, acreditamos ser importante ressaltar também às instituições de concurso, que não há por parte do psicólogo de recurso intenção de desqualificar o parecer dado. Sabe-se que existem instituições competentes no julgamento e na análise dos testes e elaboração dos laudos apresentados antes do resultado final. Mas, da mesma forma, os psicólogos da comissão de seleção sofrem pressão por parte da direção da instituição ou mesmo pelo cumprimento do prazo de tempo previsto em edital, para a conclusão final de todo o processo seletivo.

Neste momento, é importante a união, a compreensão, a empatia e, sobretudo, o respeito tanto pelos psicólogos examinadores quanto pelos psicólogos de recurso. Este é um trabalho de todos que estão engajados a proporcionar aos candidatos de concurso uma conquista idônea, fazendo jus a todo o percurso o qual ele esteve destinado.

Referências bibliográficas

Conselho Federal de Psicologia – CFP. (2002). *Resolução nº 01/2002. Regulamenta a Avaliação Psicológica em Concurso Público e processos seletivos da mesma natureza.* Recuperado de https://site.cfp.org.br/wp-content/uploads/2002/04/resolucao2002_1.pdf

Conselho Federal de Psicologia – CFP. (2003). *Resolução CFP nº 02/2003. Define e regulamenta o uso, a elaboração e a comercialização de testes psicológicos e revoga a Resolução CFP n° 025/2001.* Brasília: Conselho Federal de Psicologia. Recuperado de https://site.cfp.org.br/wp-content/uploads/2012/05/resoluxo022003.pdf

Conselho Federal de Psicologia – CFP. (2003). *Resolução CFP nº 07/2003. Institui o Manual de Elaboração de Documentos Escritos produzidos pelo psicólogo, decorrentes de avaliação psicológica e revoga a Resolução CFP º 17/2002.* Brasília: Conselho Federal de Psicologia. Recuperado de https://site.cfp.org.br/wp-content/uploads/2003/06/resolucao2003_7.pdf

Conselho Federal de Psicologia – CFP. (2005). *Código de Ética Profissional do Psicólogo.* Brasília: Conselho Federal de Psicologia.

Conselho Federal de Psicologia – CFP. (2016). *Resolução CFP nº 002/2016. Regulamenta a Avaliação Psicológica em Concurso Público e processos seletivos de natureza pública e privada e revoga a Resolução CFP nº* 001/2002. Recuperado de https://satepsi.cfp.org.br/docs/Resolucao002-2016.pdf

Conselho Federal de Psicologia – CFP. (2018). *Resolução CFP nº 09/2018. Estabelece diretrizes para a realização de Avaliação Psicológica no exercício profissional da psicóloga e do psicólogo, regulamenta o Sistema de Avaliação de Testes Psicológicos - SATEPSI e revoga as Resoluções n° 002/2003, nº 006/2004 e n° 005/2012 e Notas Técnicas n° 01/2017 e 02/2017.* Recuperado de http://crp11.org.br/upload/Resolu%C3%A7%C3%A3o-CFP-n%C2%BA--09-2018-com-anexo.pdf

Conselho Federal de Psicologia – CFP. (2019). *Avaliações Psicológica Compulsória.* Encarte especial da Revista Diálogos. Recuperado de https://site.cfp.org.br/publicacao/revista-dialogos-no10-encarte/

Faiad, C. et al. (2012). *A avaliação psicol*ógica em processos seletivos no *contexto da segurança pública.* Recuperado de http://pepsic.bvsalud.org/scielo.php?script=sci_arttext&pid=S1677-04712012000200008

Urbina, S. (2007). *Fundamentos da Testagem Psicológica.* São Paulo: Artmed.

5. AVALIAÇÃO PSICOLÓGICA EM CASOS DE SUBTRAÇÃO INTERNACIONAL DE CRIANÇAS E ADOLESCENTES: PROPOSTA DE CHECKLIST

Brenda Schwarcz Hoffmann
Cristiane Faiad

Uma das possíveis atuações de psicólogos (as) que trabalham no âmbito da Justiça está no campo da avaliação psicológica, em casos de subtração internacional de crianças e adolescentes. Trata-se de um processo que envolve uma criança ou um adolescente que foi afastada(o) de um dos genitores ou responsáveis sem sua anuência ou autorização, havendo deslocamento para um outro país. Uma das fases previstas no processo é a solicitação de uma avaliação psicológica, por demanda judicial, quando é solicitado que o psicólogo produza um documento psicológico com o registro de sua avaliação. Contudo, muitos são os aspectos envolvidos nesta atuação. Afinal, que documento deve ser produzido a partir dessa avaliação? Que informações devem constar no documento psicológico e como essa avaliação deve ser conduzida? Como lidar com os desafios de uma avaliação psicológica, que implica envolvidos que não se encontram fisicamente em um mesmo país ou região? Qual a qualidade dos documentos produzidos neste contexto? Essas são algumas das questões que permeiam essa prática.

Neste sentido, o presente capítulo tem como objetivo contribuir com um desses pontos, a partir da construção de um checklist que oriente a análise dos documentos psicológicos produzidos em avaliações psicológicas, no contexto da subtração internacional. Esse instrumento foi elaborado com base nas resoluções do Conselho Federal de Psicologia e normativas da área, bem como a partir da Resolução CFP nº 06/2019, atualmente vigente, na orientação da elaboração de documentos psicológicos. Uma importante mudança a ser sublinhada advinda dessa resolução foi a distinção entre os documentos denominados de relatório e laudo psicológico. A partir de então, o laudo será fruto de um processo de avaliação psicológica, diante de uma demanda específica e deve seguir as normas estruturais estabelecidas, com destaque para o procedimento conduzido, a análise realizada e a conclusão gerada a partir desse processo de avaliação. Já o relatório psicológico não envolve um processo de avaliação psicológica (CFP, 2019a).

Apesar dessa diferenciação, as demandas judiciais e a produção de documentos psicológicos, nem sempre estão alinhados a essa atualização, por isso o capítulo faz referência aos documentos e não apenas aos laudos. Embora fique claro que, na orientação em vigência, o produto de uma avaliação psicológica neste contexto deve ser laudo.

O laudo psicológico pericial gerado a partir do processo da avaliação psicológica deve ser claro e credível e responder aos objetivos e quesitos (perguntas escritas formuladas relativas ao objetivo da perícia para delimitação do campo de investigação), tendo como base o que foi elaborado pelo Tribunal (Silva, 2016; Sani, 2017). E antes de entrarmos na temática sobre o documento técnico produzido, vamos entender um pouco mais sobre o contexto dessa atuação profissional?

A subtração internacional e a demanda de uma avaliação psicológica

As vivências e as tecnologias de comunicação contemporâneas aumentaram a facilidade de viajar e o processo de imigração em massa. Houve uma expansão de possibilidades para relações transnacionais, embora se identifique uma maior complexidade dos conflitos decorrentes da dissolução de laços sentimentais (Greif, 2009). Neste cenário, também tem sido crescente as situações nas quais um dos pais de uma criança, que é concebida entre duas culturas, decide retornar ao país de origem. Nas situações em que este genitor o faz sem o consentimento do outro responsável, há a ocorrência do que se denomina uma subtração internacional (Hammer, Finkelhor & Sedlak, 2008).

A violação massiva de direitos humanos durante a Segunda Guerra Mundial foi um elemento propulsor para a redefinição da proteção dos seres humanos – e, em consequência, da infância – no âmbito internacional (Tomuschat, 2003). A *Convenção de Haia* (Brasil, 1980), que versa sobre os aspectos civis dos sequestros internacionais de crianças, teve um importante papel de combater a transferência ou retenção de crianças para um país diferente daquele em que ela habitualmente reside. Nesta concepção, o entendimento é de que a criança deve permanecer no ambiente cultural e familiar que está habituada (Martins, 2013).

A primeira tradução do título da Convenção foi alterada, pois não se trata precisamente do sequestro tal como é conhecido sob o direito penal, no qual objetiva-se fins de ganho material. Hoje, considera-se que o termo teria conteúdo demasiado pejorativo e, por isso, é dada a preferência para o uso de outros termos como "subtração" e "deslocamento" (Martins, 2013). No presente capítulo, utilizaremos o termo subtração internacional.

De acordo com a Convenção, as autoridades centrais devem cooperar com as demais signatárias com vistas a realizar um rápido procedimento de retorno da criança ou facilitar uma conciliação amigável (Brasil, 2000). Em se configurando uma subtração internacional, o denominado "genitor(a) abandonado(a)" poderá solicitar o retorno de seu filho(a) por meio da autoridade central de seu país, para que lhe seja prestada assistência para assegurar o retorno da criança (Brasil, 2000).

Assim, quando ocorre tal solicitação, inicia-se um processo no âmbito das autoridades centrais. Primeiro ocorre uma verificação para identificar se a criança de fato estava vivendo no país para onde se objetiva o retorno, vinculado ao local de moradia do genitor(a) abandonado(a). Para tanto, faz-se uma análise de documentos que comprovem a residência habitual da criança, como exames médicos, históricos escolares, entre outros. Então, notifica-se o(a) genitor(a) que se mudou com a criança, na tentativa de uma conciliação amigável ou retorno voluntário da criança. Essa etapa de conciliação costuma ter uma eficácia muito baixa, sendo necessária, na maioria dos casos, a judicialização a fim de decidir-se sobre onde a criança deve morar, respeitando o conceito de melhor interesse dela. O principal objetivo desse processo jurídico é investigar quais foram os motivos e circunstâncias que fizeram com que o genitor alterasse sua residência, a fim de se avaliar se há algum fator de risco físico ou psíquico, caso a criança seja retornada ao país onde estava morando, de acordo com o artigo 13º da Convenção (Brasil, 2000).

Outro tipo de pedido que também é tramitado por meio das autoridades centrais é o de regulamentação de visitas. Nesta situação, o genitor que não reside no mesmo país que a criança, está de acordo com a permanência dela no novo país. Contudo, requer melhor acesso a ela, que estaria sendo dificultado ou impossibilitado pelo outro genitor, devendo as autoridades centrais tomar providências no sentido de remover, tanto quanto possível, todos os obstáculos ao exercício desse direito (Brasil, 2000). Em alguns casos de pedido de retorno e regulamentação de visitas, é solicitado o auxílio de um psicólogo, para realização de uma avaliação psicológica. Tal demanda tem como objetivo trazer dados que deem subsídios para a tomada de decisão legal (Rovinski & Pelisoli, 2019).

A avaliação psicológica é compreendida como um processo, necessariamente sistemático, "delimitada no tempo, com a finalidade de diagnóstico ou não, que utiliza fontes de informações fundamentais e complementares com o propósito de uma investigação realizada a partir de uma coleta de dados, estudo e interpretação de fenômenos e processos psicológicos" (CFP, 2019a). Quando realizado no contexto de subtração internacional, aplica-se ao contexto da psicologia forense.

A psicologia forense

A psicologia forense é caracterizada como a área de conhecimento psicológico que tem algum tipo de envolvimento com o direito, seja ele civil ou criminal (Gomide, 2016). Neste trabalho, o psicólogo atua como perito e coloca seus conhecimentos técnicos à disposição de um juiz (que exerce a função julgadora), assessorando-o em aspectos relevantes para determinadas ações judiciais (Silva, 2016). Trata-se de uma forma de dar subsídios para decisão a ser tomada, cabendo ao magistrado fazer uso ou não de tal informação.

A prova pericial é produzida pelo perito, profissional habilitado para investigar e analisar fatos específicos, a fim de produzir provas de causa e efeito. Dentre as muitas espécies de perícias tem-se a perícia psicológica (Silva, 2016). Segundo o Conselho Federal de Psicologia

(CFP, 2012), a atuação do psicólogo perito consiste em uma avaliação direcionada a responder demandas específicas, originada no contexto pericial. Conforme apontado por Rovinski e Pelisoli (2019), é importante diferenciar esta atuação das avaliações com foco essencialmente clínico, que visam subsidiar atendimento às necessidades emocionais do avaliando, como descrito:

> Enquanto uma avaliação clínica dirige-se ao enfoque do mundo interno do sujeito avaliado, objetivando compreender a dinâmica psíquica, sofrimentos e possíveis sintomas para formar um diagnóstico com futuras intervenções, na avaliação pericial o foco dirige-se a eventos que são definidos de forma mais restrita ou de interação de natureza não clínica. O diagnóstico do sujeito avaliado pode fazer parte da investigação, mas o resultado deve ultrapassar tais dados, de forma a se fazer inferências à questão legal que deu origem ao processo de avaliação. (Rovinski, 2016, p. 21)

Importante destacar que a metodologia empregada em contextos de avaliação forense exige preocupação com a validade das informações recebidas. O sujeito é encaminhado por um agente legal, sendo mais provável nesta situação sujeitos resistentes e não colaborativos, com possibilidade de manifestarem condutas de simulação ou dissimulação (Rovinski, 2016).

Dentre os contextos dessa prática, inclui-se a perícia psicológica nos casos de subtração internacional de crianças e adolescentes. Aqui configura-se uma situação de grande conflito, uma vez que é comum que subtrações internacionais ocorram em razão de um dos genitores ter seu acesso à criança ou ao adolescente frustrado (Deyer, 1980).

Um outro aspecto recorrente nesses processos judiciais, também no contexto de subtração internacional, é a verificação de alienação parental. De acordo com a Lei nº 12.318/2010, considera-se ato de alienação parental a interferência na formação psicológica da criança ou do adolescente promovida ou induzida por um dos genitores, pelos avós ou pelos que tenham a criança ou adolescente sob a sua autoridade, guarda ou vigilância para que repudie genitor ou que cause prejuízo ao estabelecimento ou à manutenção de vínculos com este. Nesta perspectiva, não se considera a alienação parental como síndrome, conforme postulado por Gardner (2001), mas como fenômeno essencialmente psíquico, decorrente não apenas do genitor alienador, mas da dinâmica familiar e suas inter-relações (Campbell & Johnston, 1999; Refosco & Fernandes, 2018).

A *Convenção de Haia*, em seu artigo 13, parágrafo 1º, alínea "b", veicula a exceção mais recorrente, na prática, em casos envolvendo a subtração internacional de crianças (Brasil, 1980). Ou, ao menos, a alegação mais comumente apresentada pelo(a) genitor(a) subtrator (a), para tentar afastar a ordem de restituição da criança ao seu local de residência habitual (Martins, 2013). Assim, o objetivo da perícia psicológica nos casos de subtração internacional de crianças e adolescentes será de entender as relações interpessoais entre os membros da família, as normas que a organizam e o contexto social ao qual ela pertence (Barbosa & Castro, 2013). Objetiva subsidiar uma tomada de decisão judicial, voltada ao superior interesse da criança (Sani, 2017). E essa atuação, ao se configurar como uma avaliação psicológica, exigirá do profissional envolvido a produção de um laudo psicológico que responda a essas questões.

Conforme exposto anteriormente, apesar da clareza de que o documento produzido para tal avaliação deva ser um laudo psicológico, que possui orientação sobre seu formato em resolução específica do CFP (conforme Resolução CFP nº 06/2019), uma das questões envolvidas está na qualidade do que tem sido produzido no Brasil. Por vezes há discordâncias sobre o documento apresentado, seja pela nomenclatura, por sua estrutura inadequada ou questionamentos técnicos sobre sua qualidade. Por isso, a proposta da elaboração de um checklist de avaliação dos documentos, foi para permitir uma futura orientação para a adequação dos documentos psicológicos produzidos em termos de estrutura e conteúdo.

Afinal, há discussões centrais sobre as consequências e prejuízos que avaliações psicológicas podem causar na vida dos envolvidos. Trata-se de um trabalho importante que pode, quando bem feito, trazer muitos benefícios. Contudo, pode também, exatamente por sua importância, trazer danos consideráveis (Hutz, Bandeira & Trentini 2015). Tal fato exige atuações pautadas nos princípios e dispositivos do Código de Ética Profissional e em um embasamento técnico qualificado sobre o resultado dessa avaliação (Rovinski & Lago, 2016).

Na produção de tais documentos, o profissional deve se atentar para outras importantes resoluções que são basilares em sua prática. Uma delas concerne ao uso de instrumentos adequados para o objetivo da avaliação, como orientado na Resolução CFP nº 09/2018

(CFP, 2018b), além da Resolução CFP nº 11/2018 (CFP, 2018a), que trata sobre atendimento on-line, e da Nota técnica nº 07/2019 (CFP, 2019b), que orienta sobre a utilização de testes psicológicos em serviços realizados on-line.

Importante lembrar que essa área já vivencia há anos importantes questões sobre o contexto da avaliação psicológica em formato remoto, visto que os genitores não se encontram fisicamente em um mesmo local. Esse último aspecto não será foco do presente capítulo, embora requeira importantes investimentos para a melhoria da área. Sobre essa temática, sugere-se que se busque referências, tais como a Resolução CFP nº 04/2020 (CFP, 2020a), que dispõe sobre regulamentação de serviços psicológicos prestados por meio de tecnologia da informação e da comunicação durante a pandemia do COVID-19, a *Nota Orientativa sobre ensino da Avaliação Psicológica em modalidade remota no contexto da pandemia de Covid-19* (CFP, 2020b), a *Cartilha de boas práticas em avaliação psicológica em contexto de pandemia* (2020c), além de *Avaliação psicológica on-line* (Marasca et al, 2020) e *Boas Práticas para a Avaliação Psicológica on-line* (Schneider et al, 2020) e Zanini et al (2020).

Retomando o objetivo do presente capítulo, a seguir será apresentada a proposta do checklist.

Método

Construção do checklist

A construção do checklist foi realizada tendo como base a análise de normativas do Conselho Federal de Psicologia, bem como uma análise de documentos técnicos, produzidos no contexto de subtração internacional. Tais documentos foram produzidos por psicólogos peritos brasileiros e tramitados na Coordenação Geral de Adoção e Subtração (CGAS), do Departamento de Recuperação de Ativos e Cooperação Jurídica Internacional, na Autoridade Central Administrativa Federal (ACAF), dentro do Ministério da Justiça e Segurança Pública. O acesso aos documentos foi autorizado pela área, realizado no âmbito de um estágio supervisionado em psicologia.

Uma das atividades realizadas no CGAS é elaborar uma nota técnica que avalie o documento apresentado pelos peritos. Esta nota, de responsabilidade do discente em estágio de psicologia, não possui um parâmetro para análise dos documentos psicológicos. Assim, propõe-se o checklist com vistas a obter-se uma avaliação mais objetiva e parametrizada de tais documentos.

Para a construção do instrumento foram consideradas as questões principais a serem analisadas no processo de estágio, com o objetivo de conferir se a estrutura e o conteúdo estavam de acordo com o que foi solicitado pelo juízo e quais eram os principais pontos a serem corrigidos no documento. Para isso, as autoras construíram 19 requisitos, como orientação para avaliação dos documentos produzidos neste contexto.

Descrição do Instrumento

O checklist subdivide-se em duas partes. A primeira parte se refere à análise da estrutura/metodologia do documento produzido. A segunda parte refere-se à análise do conteúdo. Cada um dos requisitos avaliados por meio do checklist é apresentado na Tabela 1.

Tabela 1 - Descrição dos aspectos avaliados no checklist.

1. Estrutura/Metodologia	
Linguagem	Identificar se a linguagem utilizada no documento é clara e apropriada para a demanda apresentada
Laudo psicológico	Verificar se o documento é intitulado como laudo psicológico
Identificação	Constatar se se apresenta o nome do(a) autor(a), a inscrição no Conselho Regional de Psicologia (CRP), nome do solicitante, a finalidade do documento e o nome das pessoas atendidas
Descrição da demanda	Certificar se há a apresentação das informações e demandas que motivaram a busca pelo processo do trabalho prestado

1. Estrutura/Metodologia	
Procedimentos na coleta de dados	Analisar se são apresentados os recursos técnicos-científicos utilizados, as pessoas ouvidas, o número de encontros e o tempo de duração do processo de avaliação psicológica
Referências	Certificar se há a especificação do referencial teórico metodológico que fundamentou a avaliação, bem como dos testes psicológicos, caso utilizados
Resultados dos procedimentos	Conferir se há a indicação dos resultados obtidos pelos recursos utilizados
Princípios éticos	Analisar se o documento está de acordo com os princípios do Código de Ética Profissional do Psicólogo
Interpretação dos dados e conclusão	Identificar se há uma exposição descritiva, metódica e objetiva sobre os dados colhidos, bem como uma conclusão a partir do que foi relatado na análise
Quesitos	Examinar se os quesitos foram respondidos de forma adequada, caso tenham sido enviados
Assinatura	Verificar se todas as laudas foram numeradas, rubricadas da primeira até a penúltima e a última assinada com carimbo e inscrição no CRP
Data de validade do documento	Certificar se há a apresentação da data de validade do documento
2. Conteúdo	
Objetivo da avaliação	Verificar se está de acordo com a demanda descrita pelo juiz quando determinou a realização da perícia
Tempo de envio	Detectar se o pedido foi enviado dentro de um ano desde que ocorreu a subtração internacional

2. Conteúdo	
Exceção ao artigo 12 da Convenção	Analisar se cabe à(ao) perita(o) avaliar a adaptação da criança ao novo país
Exceção ao artigo 13, alínea b da Convenção	Apurar se a(o) perita(o) indica existir um risco grave de a criança, no seu retorno, ficar sujeita a perigos de ordem física ou psíquica, ou, de qualquer outro modo, ficar numa situação intolerável
Exceção ao artigo 13 da Convenção	Constatar se a criança já possui uma idade avançada e, por isso, tem maturidade suficiente para se manifestar contra ou a favor do retorno
Imparcialidade	Aferir se o documento é redigido de forma imparcial
Alienação Parental	Examinar se a (o) perita (o) descreve ter verificado atos de alienação parental por uma das partes envolvidas no processo

Orientações para o uso do checklist

Inicialmente, deve-se realizar uma leitura do caso em questão, para entender as singularidades contextuais deste. Então, é preciso fazer uma leitura integral do laudo psicológico, a fim de obter uma visão geral sobre os principais pontos levantados na avaliação. Em seguida, há de se fazer uma segunda leitura, atentando-se aos pontos do checklist, apresentados na Tabela 1, a fim de identificar quais foram as questões que estão em conformidade ou não com o documento. Os resultados devem ser apresentados considerando-se cada um dos itens, quanto à Metodologia/Estrutura e Conteúdo. A seguir, descrevemos um caso real, bem como um exemplo de parecer elaborado a partir do checklist.

Apresentação de um caso

Trata de pedido de retorno a determinado país, solicitado por um dos genitores da criança. Foi, então, solicitado pelo juízo, um relatório para esclarecer a existência ou não de situações gravitantes em torno da criança do ex-casal referentes à violência física, emocional ou quaisquer outras formas de violência sofridas pela criança durante sua permanência no país de residência habitual e na sua atual residência no Brasil. Solicitou-se, também, que fosse verificada a ocorrência ou não de alienação parental e seus efeitos oriundos do pai e/ ou da mãe e investigar a ocorrência de alterações emocionais e/ ou comportamentais relacionados ao litígio de seus pais. O texto da nota técnica elaborada no mencionado caso é apresentado a seguir:

"No que se refere ao laudo apresentado pela psicóloga perita, a análise apresentada por esta ACAF levará em conta fatores de estrutura e de conteúdo, sendo que estes serão apresentados a separadamente a seguir.

Em relação à estrutura do documento produzido, foi possível obser*var que a profissional em questão não atendeu à nova resolução nº 6 do Conselho Federal de Psicologia, publicada em 29 de março de 2019. Tal documento, diferencia a função dos documentos psicológicos identificados como relatório e laudo psicológico, sendo apenas este último, o que decorre de um processo uma avaliação psicológica. Entretanto, as demais exigências foram seguidas, utilizando-se testes compatíveis com a idade da criança, sendo apenas utilizado um inventário validado no Brasil com ambos os genitores, o qual não teve resultados exitosos, devido às diferenças culturais e contextuais.*

No caso em análise, é possível notar sinais de uma certa parcialidade da profissional ao tratar do assunto, em especial na passagem que questiona as exigências feitas pelo genitor antes da viagem da genitora com a criança, levando em consideração a situação que estavam vivenciando no outro país, que estava conflituosa e que, apesar do contrato, a retenção ilícita da criança no Brasil acabou acontecendo. Considera-se insuficientes as análises feitas na avaliação psicológica para compreender como era o convívio da criança com seus genitores no outro país, para entender como era estabelecida a divisão da guarda e, principalmente, se o genitor de fato dificultava o contato entre mãe e filha, como é relatado pela genitora.

Além disso, em outro trecho do documento, a psicóloga afirma que a criança, ao retornar para o antigo país de residência retornaria a uma condição de 'fobia específica'. Ocorre que a psicóloga traz essa afirmação, apenas com base no relato da criança e da genitora para entender como foi o período de vivência naquele mo-

mento. Em seus contatos com o genitor, não se aprofundou nas questões positivas de vivência da criança no outro país, tampouco descreveu detalhadamente os afetos do genitor que está tendo o contato com a filha impossibilitado, sendo que, em contrapartida teria aderido integralmente os relatos da genitora.

É importante frisar, também, que a psicóloga não questionou o genitor sobre o fato da criança ter passado um tempo em um abrigo na companhia de seu pai (após a alegada ocorrência de violência doméstica cometida pela genitora contra o genitor), restando unilateral a versão dos fatos apresentados pela mãe - e aparentemente encampada pela profissional. Considera-se que este tendo sido um acontecimento confuso para a criança, do qual esta última acaba por culpar seu genitor varão - 'no entanto não fica claro, para ela, o motivo pelo qual o pai a retirou de sua casa para dormir com estranhos e não compreendia o porquê da ausência de sua mãe'.

Há uma outra passagem no documento na qual é possível observar indícios de parcialidade da profissional, quando afirma que a criança é 'afetivamente auxiliada' pela genitora, a qual não obriga a criança a conversar com o seu pai, pois não quer obrigá-la algo que ela não queira fazer, comportamento este que não é contestado pela profissional, ao contrário, sendo endossado. Ou seja, a genitora não faz nenhum esforço no sentido de mostrar para a criança a importância de sua comunicação com seu pai, para manutenção do vínculo e isso não é questionado pela perita. A profissional, ao invés de apontar que a relação entre a criança e o pai deve ser mediada, por exemplo, por profissional psicológico, a fim de trabalhar a aversão que a criança teria desenvolvido ao genitor, ela firma que: 'Avalia-se quanto mecanismo de defesa de enfrentamento do que ainda não está pronto para ser trabalhado no nível psíquico', justificando, pelo contrário, que a criança não estaria pronta para passar por tal processo de reconciliação, algo que pode ser muito prejudicial futuramente para a criança. Se tanto prioriza o melhor interesse da criança, é imperativo que ela tenha uma relação saudável com ambos os genitores para seu bom desenvolvimento psíquico.

Em resposta à pergunta sobre a avaliação psicológica evidenciar a possibilidade de a criança ter sofrido atos de violência física ou psicológica, a psicóloga responde: 'Não há comprovação de que o pai da criança, deliberadamente, se comportasse na intenção de causar prejuízos emocionais ou algum dano psíquico à sua filha', assim, a situação exposta não configura nenhuma das possibilidades das exceções previstas no artigo 13, à aplicação da Convenção de Haia pelo Estado brasileiro (Brasil, 1980). Conforme prevê o artigo citado: Artigo 13:

'Sem prejuízo das disposições contidas no Artigo anterior, a autoridade judicial ou administrativa do Estado requerido não é obrigada a ordenar o retorno da criança se a pessoa, instituição ou organismo que se oponha a seu retorno provar: b) que existe risco grave de a criança, no seu retorno, ficar sujeita a perigos de ordem física, ou psíquica, ou de qualquer outro modo, ficar numa situação intolerável'.

Em conclusão, a perita fala sobre a adaptação da criança, e sobre como seria conflituosa a mudança de cultura em caso do retorno, sendo que a criança passou por essa mesma mudança quando foi trazida para o Brasil, o que não justifica a impossibilidade de retorno da criança ao outro país, pois ambos os genitores tinham ciência de tais disparidades culturais e territoriais no momento em que decidiram criar um filho juntos. Desta forma, a vinda da criança para o Brasil não pode ser justificada como a inviabilidade de retorno, no sentido de novas adaptações culturais.

Por fim, assinala-se também que não caberia à profissional verificar a adaptação da criança, uma vez que o pedido de cooperação jurídica internacional foi enviado dentro do prazo de 1 ano estipulado pela Convenção, não podendo ser considerada para a análise a exceção do artigo 12 do referido tratado, relacionado à adaptação da criança no Brasil. Assim, caberia avaliar apenas e tão somente, a exceção prevista no artigo 13°b da Convenção, que se refere à possibilidade de a criança, em seu retorno ao país de residência habitual, ficar exposta à risco de dano físico, psíquico ou situação intolerável, o que foi comprovado pela perícia, não ocorrer".

Considerando-se que a perícia psicológica em processos judiciais como este busca a compreensão da dinâmica familiar e da comunicação existente entre os indivíduos que estão em conflito judicial, através de procedimentos adequados, a fim de fornecer subsídios à decisão judicial e que, na análise desta ACAF, o laudo apresentado pela perita evidencia a inexistência de indício de situação de risco à criança que impeça o retorno da criança ao seu país de residência habitual, como preconiza a *Convenção de Haia*, ratificada pelo Brasil.

Conclusão

O presente estudo teve como objetivo apresentar a proposta de um checklist, que possibilite analisar a qualidade de laudos psicológicos provenientes de processos judiciais envolvendo subtração internacional de crianças e adolescentes. O instrumento foi proposto com base em normativas e análises documentais.

No caso apresentado, foi possível analisar diversos pontos do checklist em referência, sendo que foram identificados alguns pontos em divergência ao que foi elaborado, como o título do documento e a imparcialidade na escrita. Ainda há muitos profissionais que não apresentam documentos de acordo com o que é esperado no contexto de perícia psicológica.

Por esse motivo, justifica-se a importância da criação do presente checklist, de maneira a nortear a escrita da nota técnica, que consiste na análise do laudo psicológico, mas também, para que os profissionais de psicologia possam ser orientados e, além disso, no sentido de qualificar o produto que tem sido por eles elaborados nas suas avaliações psicológicas. Destarte, frisa-se que os profissionais devem estar atentos às atualizações do Conselho Federal de Psicologia, além de tratar a avaliação com a postura de um perito, que é investigativa, imparcial e deve procurar muitas versões da mesma história para que o documento não seja elaborado com uma visão unilateral dos acontecimentos.

Referências bibliográficas

Barbosa, L. P. G; & Castro, B. C. R. (2013). *Alienação parental*: um retrato dos processos e das famílias em situação de litígio. Brasília: Liber Livro.

Brasil. Casa Civil. (1980). ***Decreto nº 3.413, de 14 de abril de 2000.*** *Promulga a Convenção sobre os Aspectos Civis do Sequestro Internacional de Crianças, concluída na cidade de Haia, em 25 de outubro de 1980.* Recuperado de http://www.planalto.gov.br/ccivil_03/decreto/d3413.htm

Brasil. Casa Civil. (2000). ***Decreto nº* 3.413, de 14 de abril de 2000.** *Promulga a Convenção sobre os Aspectos Civis do Sequestro Internacional de Crianças, concluída na cidade de Haia, em 25 de outubro de 1980.* Recuperado de http://www.planalto.gov.br/ccivil_03/decreto/d3413.htm

Brasil. Casa Civil. (2010). ***Lei nº 12.318, de 26 de agosto de 2010.*** *Dispõe sobre a alienação parental e altera o art. 236 da Lei nº* 8.069, de 13 de julho de 1990. Recuperado de http://www.planalto.gov.br/ccivil_03/ _ato2007-2010/2010/lei/l12318.htm

Campbell, L. E. G.; & Johnston, J. R. (1999). *Impasses of divorce*: the dynamics and resolution of family conflict. New York: Simon and Schuster.

Conselho Federal de Psicologia – CFP. (2012). *Resolução CFP nº 017/2012. Dispõe sobre a atuação do psicólogo como Perito nos diversos contextos*. Recuperado de https://site.cfp.org.br/wp-content/uploads/2013/ 01/Resolu%-C3%A7%C3%A3o-CFP-n%C2%BA-017-122.pdf

Conselho Federal de Psicologia – CFP. (2018a). *Resolução CFP nº 11, de 11 de maio de 2018. Regulamenta a prestação de serviços psicológicos realizados por meios de tecnologias da informação e da comunicação e revoga a Resolução CFP N.º 11/2012*. Recuperado de https://e-psi.cfp.org.br/resolucao-cfp-no-11-2018/

Conselho Federal de Psicologia – CFP. (2018b). *Resolução CFP nº 09/2018. Estabelece diretrizes para a realização de Avaliação Psicológica no exercício profissional da psicóloga e do psicólogo, regulamenta o Sistema de Avaliação de Testes Psicológicos - SATEPSI e revoga as Resoluções n° 002/2003, nº 006/2004 e n° 005/2012 e Notas Técnicas n° 01/2017 e 02/2017*. Recuperado de http://crp11.org.br/upload/Resolu%C3%A7%C3%A3o-CFP-n%C2% BA-09-2018-com-anexo.pdf

Conselho Federal de Psicologia – CFP. (2019a). *Resolução CFP nº 06/2019. Institui regras para a elaboração de documentos escritos produzidos pela(o) psicóloga(o) no exercício profissional e revoga a Resolução CFP nº 15/1996, a Resolução CFP nº 07/2003 e a Resolução CFP nº 04/2019*. Brasília: Conselho Federal de Psicologia. Recuperado de https://www.in.gov.br/materia/-/asset_publisher/Kujrw0TZC2Mb/content/id/69440957/do1-2019-04-01 -resolucao-n-6-de-29-de-marco-de-2019-69440920

Conselho Federal de Psicologia – CFP. (2019b). *Nota técnica CFP nº 007/2019. Substitui a Nota técnica Nº 5/2019. Orienta psicólogas (os) sobre a utilização de testes psicológicos em serviços realizados por meio de tecnologias de informação e da comunicação*. Recuperado de www.crprj.org.br/site/wp-content/uploads/2019/10/Nota_0169199_ Nota_Tecnica_CFP_07.2019.pdf

Conselho Federal de Psicologia – CFP. (2020a). *Resolução nº 04, de 26 de março de 2020. Dispõe sobre regulamentação de serviços psicológicos prestados por meio de Tecnologia da Informação e da Comunicação durante a pandemia do COVID-19*. Brasília. Recuperado de http://www.in.gov.br/en/web/dou/-/resolucao-n-4-de-26-de-marco-de-2020-250189333

Conselho Federal de Psicologia – CFP. (2020b). *Nota Orientativa sobre ensino da Avaliação Psicológica em modalidade remota no contexto da pandemia de Covid-19.* Brasília. Recuperado de https://site.cfp.org.br/nota-orientativa-sobre-ensino-da-avaliacao-psicologica- em-modalidade-remota--no-contexto-da-pandemia-de-covid-19/

Conselho Federal de Psicologia – CFP. (2020c). *Cartilha de boas práticas em avaliação psicológica em contexto de pandemia.* Recuperado de https://site.cfp.org.br/wp-content/uploads/ 2020/08/clique-aqui.pdf

Silva, D. M. P. da. (2016). *Psicologia jurídica no brasileiro*: a interface da psicologia com o direito nas questões de família e infância. 3ª ed. Rio de Janeiro: Forense.

Deyer, A. (1980). International Child Abduction by Parents. *Recueil de Cours de l'Academie de la Haye*, tomo 168(3), 231-268.

Gardner, R. A. (2001). *Therapeutic interventions for children with parental alienation syndrome.* Cresskill: Creative Therapeutics.

Gomide, P. I. C. (2016). *Introdução à psicologia forense.* Curitiba: Juruá.

Greif, G. L. (2009). The Long-Term Aftermath of Child Abduction: Two Case Studies and Implications for Family Therapy. *The American Journal of Family Therapy, 37*, 273-286.

Hammer, H.; Finkelhor, D.; & Sedlak, H. C. C. H. (2011). *Statistical analysis of applications made in 2008 under The Hague Child Abduction Convention, Parts I-III (National, Regional and Global Reports).* Recuperado de https://www.hcch.net/en/publications-and-studies/details4/?pid=5421&dtid=32

Hutz, C. S.; Bandeira, D. R.; & Trentini, C. M. (2015). *Questões éticas na avaliação psicológica em: Psicometria.* Porto Alegre: Artmed.

Marasca, A. R.; Yates, D. B.; Schneider, A. M. A.; Feijó, L. P.; & Bandeira, D. R. (2020). Avaliação psicológica on-line: considerações a partir da pandemia do novo coronavírus (COVID-19) para a prática e o ensino no contexto a distância. *Estudos de Psicologia, 37*, e200085.

Martins, C. N. (2013). *Subtração internacional de crianças*: as exceções à obrigação de retorno previstas na Convenção da Haia de 1980 sobre os aspectos civis do sequestro internacional de crianças: interpretação judicial na adaptação da criança. Curitiba: CRV.

Refosco, H. C.; & Fernandes, M. M. G. (2018). Entre o afeto e a sanção: uma crítica à abordagem punitiva da alienação parental. *Revista Direito GV, 14*(1), 79-98.

Rovinski, S. L. R. (2016). Avaliação Psicológica Forense em Situação de suspeita de abuso sexual em crianças: possibilidades e riscos. *Revista Prâksis, 2*, 19-26. Recuperado de https://periodicos.feevale.br/seer/index.php/revistapraksis/article/view/784/952

Rovinski, S. L. R.; & Lago, V. M. (2016). *Elaboração de documentos decorrentes de Avaliação Psicológica em Psicometria*. Porto Alegre, Artmed.

Rovinski, S. L. R.; & Pelisoli, C. L. (2019). *Violência sexual contra crianças e adolescentes*: testemunho e avaliação psicológica. São Paulo: Vetor.

Sani, A. I. (2017). Perícias psicológicas em casos de conflito interparental: recomendações e prática. *Temas em Psicologia, 25*(2), 425-436.

Schneider, A. M. A. ; Marasca, A. ; Yates, D. B. ; Feijo, L. P. ; Rovinsky, S. ; Bandeira, D. R. (2020). *Boas Práticas para a Avaliação Psicológica on-line*. 1Porto Alegre: GEAPAP.

Tomuschat, C. (2003). *Human Rights*: between idealism and realism. New York: Oxford University Press.

Zaia, P.; Oliveira, K. S.; & Nakano, T. C. (2018). Análise dos processos éticos publicados no Jornal Federal. *Psicologia: Ciência e Profissão, 38*(1), 8-21.

Zanini, D. S.; Faiad, C.; Cardoso, H. F. ; Oliveira, K. L. ; Baptista, M. N. ; Mansur-Alves, M. ; Muniz, M. ; Lima, T. H. . Avaliação psicológica no contexto da pandemia de Covid-19. In: Ana Cláudia Souza Vazquez. (Org.). *Protocolos em saúde mental na pandemia de Covid-19: um guia com diretrizes práticas*. 1ed.Porto Alegre: Ed. da UFCSPA, 2020, v. 1, p. 47-59.

Anexo 1 - Checklist de análise documental

1. Estrutura/Metodologia		
1.1	Linguagem	
1.2	Laudo Psicológico	
1.3	Identificação clara do(a) autor(a), solicitante, assunto e partes envolvidas	
1.4	Descrição da demanda	
1.5	Procedimentos coleta de dados	
1.6	Referências	
1.7	Apresentação dos resultados	
1.8	Princípios Éticos	
1. 9	Interpretação dos dados e conclusão	
1.10	Quesitos	
1.11	Assinatura	
1.12	Data de validade do documento	
2. Conteúdo		
2.1	Objetivo da avaliação	
2.2	Prazo do envio	
2.3	Exceção artigo 12	
2.4	Exceção artigo 13, alínea b (Risco)	
2.5	Exceção artigo 13 (Idade)	
2.6	Imparcialidade	
2.7	Alienação Parental	

6. AVALIAÇÃO PSICOLÓGICA NO CONTEXTO DA NEUROPSICOLOGIA CLÍNICA

Kelly Cristina Atalaia da Silva
Pricila Cristina Correa Ribeiro

Pressupostos da avaliação psicológica

O processo de avaliação psicológica pode ser entendido como uma implementação técnico-científica de coleta de dados e interpretação de informações a respeito dos fenômenos psicológicos. Cabe ressaltar que os fenômenos psicológicos são formados pela relação do sujeito com a sociedade. Para o processo de avaliação psicológica, são utilizadas diversas estratégias e técnicas para apreensão do fenômeno psicológico em questão, levando-se em consideração seus determinantes sociais (CFP, 2013). A avaliação psicológica possui caráter processual e não se restringe apenas ao uso de testes. Caberá ao profissional decidir, em função da solicitação e do fenômeno psicológico a ser investigado, qual a melhor metodologia a ser utilizada (Bueno & Peixoto, 2018). O processo de avaliação psicológica deveria ser entendido como a base de trabalho do psicólogo, uma vez que qualquer processo interventivo (seja no âmbito psicoterápico, escolar, institucional, organizacional ou hospitalar), necessita de uma caracterização do fenômeno psicológico, a fim de que as melhores estratégias interventivas possam ser definidas.

A avaliação psicológica realiza uma mensuração para estimar os fenômenos psicológicos. Esta estimativa é feita por meio de instrumentos como testes, entrevistas, estudos de caso, observação comportamental, e procedimentos de medida especialmente desenvolvidos para essa finalidade (Cohen, Swerdlik & Sturman, 2014). Em muitas ocasiões, há, ainda dentro da própria área da Psicologia, uma equiparação de avaliação psicológica à mera aplicação de testes. Tal afirmação denota desconhecimento da área. Os testes podem fazer parte do processo de avaliação psicológica, assim como entrevistas, dinâmicas e outras técnicas de observação do comportamento. Inclusive, é possível que o profissional da Psicologia realize uma avaliação psicológica sem utilizar qualquer teste. Cabe assinalar que, de acordo com Hutz (2015), teste psicológico é um instrumento que avalia (mede ou estima) construtos que não podem ser observados diretamente. Assim, o teste psicológico é um dos instrumentos que podem ser empregados em uma avaliação psicológica.

O teste psicológico tem como objetivo obter informações sobre variáveis psicológicas de um sujeito. É um instrumento de mensuração padronizado calcado em uma teoria. De acordo com Cronbach (1996), o teste psicológico é um procedimento sistematizado para observar um dado comportamento e descrevê-lo por meio de variáveis numéricas ou categóricas. Os testes, para serem confiáveis, devem ser padronizados, fidedignos e válidos. Enquanto os testes dispõem de dados normativos ou indicadores sistematizados para interpretação, outras técnicas utilizadas na avaliação psicológica, como entrevistas, desenhos, encenações têm a confiabilidade dos resultados baseada no arcabouço teórico do profissional.

Todos os testes psicológicos oferecem limitações, uma vez que avaliam apenas uma amostra do comportamento de um sujeito, e não todos os comportamentos possíveis que estão associados a um dado construto (Dourado & Silva, 2016). Este aspecto deve ser levado em consideração, sobretudo, quando se trata da tomada de decisão em relação a uma determinada questão sobre a vida de uma pessoa. Portanto, cabe enfatizar que a avaliação psicológica não é composta apenas de testes. O foco do processo avaliativo deve ser sempre o sujeito, não os instrumentos utilizados.

A utilização de testes psicológicos foi uma das atividades mais empregadas na Psicologia durante o século XX. Cabe ressaltar que o emprego massivo de testes psicológicos durante este período histórico contribuiu para que a avaliação psicológica fosse equiparada à aplicação de testes. Entretanto, essa atribuição de identidade não é verdadeira, tendo em vista que a avaliação psicológica é um processo complexo e abrangente, não sendo reduzida à utilização de testes. A avaliação psicológica requer uma visão crítica que vai além da identificação do que está dentro ou fora dos padrões normativos traduzidos pelos escores ou pela definição de uma condição do que é ou não patológico (Cunha et al, 2000). É necessário compreender a subjetividade e o contexto no qual o sujeito está inserido, considerando sempre a dimensão político-social da pessoa que está passando pelo processo de avaliação psicológica (Cescon, 2013).

O psicólogo que realiza avaliação psicológica deve planejar e realizar o processo avaliativo com base em aspectos técnicos, construtos teóricos e dentro da legislação que norteia essa prática. É necessário que o profissional tenha um sólido conhecimento dos fundamentos psicológicos em diferentes perspectivas teóricas, tenha domínio das psicopatologias, conheça os fundamentos básicos da psicometria, e tenha domínio das normas vigentes do Conselho Federal de Psicologia (CFP, 2010) e do *Código de Ética Profissional do Psicólogo* (CFP, 2005). Além disso, é esperado que o psicólogo tenha competência para integrar as informações coletadas com base no construto avaliado, para, posteriormente, elaborar o laudo e realizar a entrevista devolutiva.

O processo de avaliação psicológica é dinâmico. Para sua realização, apresenta alguns itens essenciais a serem levados em consideração: levantamento dos objetivos da avaliação e particularidades do indivíduo ou grupo a ser avaliado; coleta de informações com o uso de diferentes técnicas, como dinâmicas, entrevistas, observações, testes; integração das informações e desenvolvimento das hipóteses iniciais, que permitirão verificar a necessidade da utilização de novas estratégias avaliativas; compilação e interpretação dos dados, levando à elaboração do laudo; e a entrevista devolutiva. Cabe ressaltar que a escolha dos instrumentos deve ser orientada pela Resolução CFP nº 02/2003, em que há a recomendação de utilização dos testes e instrumentos apenas nos contextos e objetivos para os quais foram elaborados e validados. Logo, a utilização de um instrumento não deve ser restrita apenas aos testes com parecer favorável pelo Sistema de Avaliação de Testes Psicológicos (SATEPSI), mas, também, deve ser empregado para a finalidade para a qual foi delineado (Cescon, 2013).

Como prática exclusiva do psicólogo, a avaliação psicológica ainda sofre resistência e críticas por parte de alguns psicólogos, sobretudo pelo desconhecimento dos seus objetivos, formas de atuação e pelo mau uso de alguns profissionais (Dourado & Silva, 2016). Por atuar em diversas áreas, a Psicologia é convocada a realizar avaliações nos mais variados contextos, tais como no contexto clínico, jurídico, escolar, organizacional, trânsito, orientação profissional, porte de armas, e na área da saúde propriamente dita, como para a realização de alguns procedimentos ci[illegible]rgicos ou para esclarecimentos diagnósticos.

A área de [illegible] psicológica tem uma relevância histórica no desenvolv[illegible]ogia científica e como prática profissional. De a[illegible]tz (2002), a avaliação psicológica beneficia as pessoas quand[illegible]apaz de apontar diretrizes para que estas consigam atingir seus objetivos. Sendo assim, a avaliação pode contribuir para a melhora da qualidade de vida por meio da identificação dos pontos de fortaleza e de fragilidade do sujeito, sugerindo possibilidades de intervenção que sejam mais adequadas para cada caso. Sem treinamento e especialização adequados, o psicólogo pode cometer infrações éticas ao utilizar os instrumentos de forma inadequada, sem o entendimento do que está fazendo, causando prejuízos ao sujeito que está passando pelo processo de avaliação psicológica (Bueno & Peixoto, 2018).

Legalmente, todos os psicólogos registrados no Conselho Regional de Psicologia estão habilitados a realizar avaliações psicológicas de qualquer natureza. Entretanto, do ponto de vista ético, o psicólogo deve considerar se tem o conhecimento suficiente para realizar uma avaliação psicológica específica (Hutz, 2015). A realização de uma avaliação psicológica feita por um especialista permite que a população tenha acesso a um serviço psicológico qualificado e embasado na ciência. Além da escolha dos instrumentos que serão utilizados no processo avaliativo, os aspectos éticos devem permear todo o processo da avaliação psicológica, levando sempre em consideração as concepções de sujeito e de sociedade que o profissional utiliza para realizar a interpretação sobre os fenômenos psicológicos observados e mensurados.

Um aspecto fundamental no processo da avaliação psicológica refere-se ao arcabouço teórico adotado pelo profissional (Urbina, 2007). Os instrumentos e testes são elaborados a partir de uma determinada concepção teórica. Sendo assim, por exemplo, um psicólogo especialista em terapia cognitivo-comportamental não deve utilizar um teste projetivo construído a partir do arcabouço psicodinâmico, uma vez que são teorias com construtos e concepções de ser humano distintas.

O psicólogo deve ser congruente com sua especialidade teórica no momento da realização da avaliação psicológica.

Diferenciação entre avaliação psicológica e avaliação neuropsicológica

A avaliação neuropsicológica é um tipo específico de avaliação psicológica. Compartilha de algumas premissas da avaliação psicológica clássica e apresenta algumas especificidades. A avaliação neuropsicológica é um método minucioso, se comparado ao modelo tradicional de avaliação psicológica. Leva-se em consideração, também, outros exames, como laboratoriais e de neuroimagem (Eling, 2019). É um procedimento de investigação dos diversos aspectos cognitivos, comportamentais e emocionais que compõem o indivíduo. Por outro lado, a avaliação psicológica visa a ampliar a compreensão sobre os aspectos afetivos e emocionais e características de personalidade do indivíduo (Hamdan, Pereira, & Riechi, 2011).

A Neuropsicologia tem como suas principais vertentes de atuação profissional a avaliação e a reabilitação. A avaliação e a reabilitação neuropsicológica contribuem para a identificação, documentação e tratamento das alterações cognitivas e comportamentais presentes em diversas situações onde o sistema nervoso é afetado. A avaliação neuropsicológica é realizada mediante a aplicação de uma bateria de testes psicométricos que procuram identificar o desempenho cognitivo, a partir do conhecimento de suas relações com o funcionamento do sistema nervoso. A avaliação neuropsicológica é o método de investigação para a análise de distúrbios cognitivos e comportamentais produzidos por lesões, doenças ou desenvolvimento anormal do cérebro (Lezak, Howieson & Loring, 2004). Qualifica e quantifica as funções mentais preservadas e comprometidas, através de situações experimentais padronizadas.

O princípio norteador de investigação da avaliação neuropsicológica são as funções cognitivas, tais como: memória, atenção, linguagem, funções executivas, raciocínio, motricidade e percepção, bem como as alterações afetivas e de personalidade. Podemos elencar como objetivos da avaliação neuropsicológica: descrever e identificar alterações do funcionamento psicológico; estabelecer o correlato neurobiológico com o resultado dos testes; determinar se as alterações estão associadas a doenças neurológicas e/ou psiquiátricas; avaliar as alterações através do tempo e desenvolver um prognóstico; oferecer orientações para cuidadores e familiares; auxiliar no planejamento e implementação do tratamento; desenvolver a pesquisa científica; e elaborar documentos legais (Hamdan, Pereira, & Riechi, 2011). Os exames diagnósticos podem ser empregados em situações legais, tais como: interdições, absolvição ou detenção de pessoas, admissão, afastamentos previdenciários e trabalhistas, e indenizações.

A avaliação neuropsicológica caracteriza-se por ser uma das atividades da prática neuropsicológica, prática esta de fundamental importância dentro das equipes interdisciplinares de saúde e educação. Ela não se restringe ao uso de testes, mas utiliza-se também de outros instrumentos diagnósticos que promovem a compreensão do funcionamento cerebral através da observação dirigida ao comportamento (Malloy-Diniz, 2010). O cuidado com o teste e os materiais escolhidos para a avaliação deve contemplar as características socioeconômicas e culturais da população alvo, a qualidade quanto à precisão e validade do teste e o domínio dos paradigmas teóricos do funcionamento cerebral por parte do avaliador.

A avaliação neuropsicológica é um processo de investigação que se utiliza de entrevistas, observações, provas de rastreio e testes psicométricos para identificar rendimento cognitivo e funcional, além de avaliar a integridade ou comprometimento de uma determinada função cognitiva (Mikadze, Ardila & Akhutina, 2019). Podem ser destacados, dentre seus objetivos: identificar e descrever prejuízos ou alterações no funcionamento psicológico, clarificar o diagnóstico em casos de alterações não detectadas por neuroimagem, avaliar a evolução de condições neurodegenerativas, correlacionar o resultado dos testes com aspectos neurobiológicos e/ou dados obtidos por neuroimagem, investigar alterações cognitivas e comportamentais que possam relacionar-se a comprometimentos psiquiátricos e/ou neurológicos. A avaliação neuropsicológica subsidia a elaboração do diagnóstico clínico, o entendimento do perfil cognitivo do paciente, o estabelecimento do prognóstico e de programas de reabilitação e a mensuração da responsividade do paciente ao tratamento (Ramos & Handam, 2016).

Fazendo uma breve retomada histórica sobre o contexto no qual surgiu a Neuropsicologia, precisamos destacar a disputa existente entre localizacionistas e holistas no século XX. Tal disputa foi ampliada com os trabalhos de Paul Broca, que estabeleceu as primeiras correlações entre lesões cerebrais e as patologias de uma habilidade cognitiva, no caso, a linguagem. Por meio de estudos anatômicos, Broca descobriu que a expressão verbal estava associada ao giro frontal inferior esquerdo. A divergência entre localizacionistas e holistas acirrou-se com o trabalho de Vygotsky, que apresentou uma análise inovadora sobre o funcionamento cerebral em relação às visões localizacionistas e holistas, preconizando que as funções das partes e do todo se encontravam organizadas através de relações funcionais complexas que variam em conformidade com os diferentes estágios do desenvolvimento (Vygotsky, 1999). A partir do desenvolvimento e aprimoramento das ideias de Vygotsky, Luria passou a estudar o comportamento dos pacientes com lesão cerebral (Luria, 1981), dando origem à Neuropsicologia.

O século XX foi marcado pela consolidação da Neuropsicologia como especialidade do conhecimento, conseguindo uma posição diferenciada da Neurologia, da Psicologia e da Psiquiatria. Em 1980, a Neuropsicologia foi estabelecida como uma área dentro da American Psychological Association (APA) através da divisão 40 (Clinical Neuropsychology). Em 1996, a APA reconheceu a Neuropsicologia como uma especialidade da Psicologia. No Brasil, a especialidade da Neuropsicologia foi estabelecida pelo Conselho Federal de Psicologia em 2004 (Hamdan, Pereira, & Riechi, 2011).

A avaliação neuropsicológica abrange todos os estratos etários do curso da vida. Dentro dos objetivos específicos da avaliação neuropsicológica infantil, está a identificação precoce de transtornos cognitivos e desordens do desenvolvimento e alterações no processo de aquisição de habilidades. A avaliação neuropsicológica infantil deve ser sensível ao conjunto dos sinais cognitivos e comportamentais demonstrados durante o desenvolvimento da criança. Cabe assinalarmos que o fato de uma criança não conseguir desempenhar uma tarefa ou apresentar um mau desempenho da mesma pode ser tanto compreendido como apenas um atraso na aquisição da habilidade, própria do tempo pessoal de cada sujeito, como um erro propriamente dito, assim demonstrando uma dificuldade real. Para saber realizar essa diferenciação diagnóstica, o neuropsicólogo precisa ter um sólido embasamento teórico sobre neurobiologia do desenvolvimento (Harvey, 2012).

No tocante à avaliação neuropsicológica dos idosos, cabe a diferenciação entre envelhecimento cognitivo saudável e patológico. Para tanto, instrumentos de avaliação neuropsicológica que enfocam em diferentes áreas da cognição são utilizados. Até o momento, temos que a linguagem, a memória, a velocidade de processamento de informação e os processos atencionais são os domínios mais afetados durante a velhice. Entretanto, quando há um impacto acentuado destas funções, associado a um comprometimento funcional nas atividades de vida diária, há a caracterização de um processo de envelhecimento cognitivo patológico (Siedelecki, Honig & Stern 2008).

Atualmente, a avaliação neuropsicológica é útil na investigação clínica de uma ampla variedade de condições neuropsiquiátricas e possibilita obter informações gerais e específicas sobre os níveis de funcionamento cognitivo de um determinado indivíduo. Com o desenvolvimento de técnicas de neuroimagem, a Neuropsicologia clínica passa a preocupar-se com a identificação cognitiva de aspectos preservados e comprometidos do paciente, bem como dos mecanismos compensatórios. Também possibilita obter informações sobre prejuízos no funcionamento cognitivo que não são detectados por neuroimagem (Harvey, 2012).

Os instrumentos neuropsicológicos procuram explorar comportamentos e atividades cujas características sejam similares àquelas desenvolvidas habitualmente pelo paciente em seu meio natural, subsidiando a compreensão do seu funcionamento no mundo real. A correlação entre o desempenho nos testes neuropsicológicos e o funcionamento cotidiano do indivíduo se constitui em um dos grandes desafios da Neuropsicologia contemporânea. Sendo assim, a Neuropsicologia preocupa-se com a validade ecológica das tarefas avaliativas propostas (Mikadze, Ardila & Akhutina, 2019).

Em linhas gerais, a Neuropsicologia preocupa-se com a complexa organização cerebral e suas relações com o comportamento e a cognição, tanto em quadros de doenças como no desenvolvimento normal. É um tipo bastante específico de avaliação psicológica, porque exige do profissional uma sólida formação em psicologia clínica, psicometria e especialização e treinamento em contextos em que seja fundamental o conhecimento do sistema nervoso e de suas patologias (Silva et al, 2016).

Aplicações da Neuropsicologia clínica

A Neuropsicologia clínica se preocupa com a aplicação de conhecimentos oriundos de investigações clínicas e experimentais a problemas específicos da relação cérebro-comportamento, identificando, mensurando e descrevendo mudanças comportamentais relativas à disfunção cerebral e investigando déficits cognitivos e seus efeitos na vida diária de pacientes com comprometimento neurológico (Ramos & Handam, 2016). O interesse principal do neuropsicólogo clínico está em conhecer a amplitude do déficit em um determinado processo ou processos cognitivos e planejar um programa de reabilitação individualizado (Tirapu-Ustarróz, 2011). Além disso, a partir dos avanços no conhecimento sobre o funcionamento cognitivo normal, as aplicações clínicas em neuropsicologia, na atualidade, incluem também a avaliação da funcionalidade cognitiva pré-morbida e as estratégias interventivas de manutenção e otimização funcional, como os treinos e estimulações cognitivas, aplicáveis para melhoria de desempenho mesmo na ausência de patologias.

Um marco importante para a expansão da aplicação do conhecimento da neuropsicologia na prática clínica se deu a partir da demanda crescente por reabilitação entre soldados com traumatismos cranioencefálicos após a Segunda Guerra Mundial. Neste contexto, o pesquisador russo Alexander Romanovich Luria (1902-1977) surge como um precursor com seus programas de reabilitação, nos quais buscava a recuperação e adaptação não só das sequelas motoras, mas também dos prejuízos cognitivos que acometiam soldados com lesões cerebrais (García-Molina & Roig-Rovira, 2013). Apesar da relevância de Luria para o reconhecimento da Neuropsicologia clínica, a falta de padronização e a flexibilização em seus métodos dificultavam a sua reprodutibilidade entre os clínicos e seus pacientes. Por isto, os esforços de Anne-Lise Christensen, que publicou uma versão estruturada da bateria de Luria, e de Charles Golden, que padronizou a Bateria Neuropsicológica Luria-Nebraska (LNNB) (Golden, Purisch, & Hammeke, 1979), são reconhecidos como o que garantiu a sistematização necessária da neuropsicologia para uso na clínica (Casaletto & Heaton, 2017). Em paralelo aos esforços dos russos, nos Estados Unidos outras iniciativas buscaram também a padronização das técnicas de avaliação neuropsicológica. Arthur Benton, na década de 1950, desenvolveu medidas de avaliação neurocomportamental sistemática e avançou na discussão sobre a influência de fatores demográficos, como idade e educação, no desempenho dos testes cognitivos (Casaletto & Heaton, 2017). Na atualidade, os fatores contextuais, como os sociodemográficos, e os fatores intrínsecos, como condição clínica e funcionamento cognitivo pré-mórbido, são utilizados em conjunto nas avaliações neuropsicológicas. Assim, estes fatores auxiliarão na escolha dos testes a serem utilizados e na compreensão das medidas obtidas na avaliação. Não obstante, na prática clínica, o uso de testes padronizados, ao se considerar o efeito dos fatores contextuais no desempenho cognitivo, permanece um desafio e implica em demanda constante por novos estudos de adaptação e validação de instrumentos.

Na atualidade, o surgimento e os avanços das técnicas de neuroimagem implicaram em reformulação das práticas em neuropsicologia - apesar de não significar que o neuropsicólogo deixe de se ocupar das correlações entre os sistemas neurais e as funções avaliadas - e resultaram na ampliação da avaliação que passa a abarcar uma gama mais ampla de dados clínicos para suportar o diagnóstico e também às intervenções que visam mudanças na vida diária dos pacientes (Malloy-Diniz et al., 2010).

No contexto clínico, o diagnóstico ainda é a principal demanda por avaliação neuropsicológica, seja nos atendimentos em consultórios ou domiciliares ou em hospitais. Contudo, além do objetivo diagnóstico, a avaliação neuropsicológica pode ser aplicada para auxiliar nas etapas clínicas de prognóstico; orientação para o tratamento; auxílio no planejamento de reabilitação; na seleção de pacientes para técnicas especiais; e ainda para suporte a perícias (Camargo, Bolognani & Zucollo, 2014).

No suporte à etapa diagnóstica, a avaliação neuropsicológica possibilita aos clínicos a confirmação e a refutação de suas hipóteses. Um exemplo desta aplicação é o auxílio em diagnósticos diferenciais cujos relatos subjetivos de sinais e sintomas são insuficientes ou inconsistentes para conclusões diagnósticas, como nos quadros caracterizados por comprometimento cognitivo leve que podem ser explicados por diferentes transtornos, como uma depressão maior ou uma síndrome demencial em fase inicial. Nestes quadros, uma avaliação neuropsicológica permite uma maior precisão diagnóstica e a adequação da indicação de tratamento e do prognóstico (Goulart, Tarrasconi, Holz, & Kochhann, 2019). Especificamente, na orientação ao tratamento, a avaliação neuropsicológica aplica-se a diferentes contextos, como no educacional, auxiliando no diagnóstico de déficit intelectual, transtornos de aprendizagem e do desenvolvimento, e nos diversos cenários de práticas em saúde nos quais auxiliam na tomada de decisões sobre a melhor intervenção. Nas situações nas quais a intervenção implica em algum tipo de risco para o paciente, como as cirurgias ou mesmo alguns tratamentos medicamentosos, a avaliação neuropsicológica pode ser aplicada desde as etapas de triagem e auxiliar de forma objetiva quanto aos benefícios e possíveis prejuízos decorrentes de tais procedimentos, de forma a facilitar a identificação dos pacientes com indicação ou contraindicação para determinado procedimento (Camargo, Bolognani, Zucollo, 2014).

Ainda no suporte à intervenção, a avaliação neuropsicológica é etapa obrigatória para o planejamento de programas de reabilitação cognitiva e neuropsicológica, pois estes dependem das informações sobre os prejuízos e as potencialidades de um indivíduo após sofrer adversidades que prejudicam o sistema nervoso. A reabilitação neuropsicológica consiste em uma proposta de intervenção ampliada que, diferente de uma reabilitação cognitiva que intervém basicamente nas funções cognitivas, envolve não só a recuperação, compensação e manutenção cognitiva, mas também as estratégias de manejo das alterações emocionais e comportamentais voltadas para o próprio paciente e também para seus familiares (Monteiro, Covre e Fuentes, 2013).

Os traumatismos cranioencefálicos (TCE), as epilepsias, os acidentes vasculares cerebrais (AVC) e as demências são alguns dos acometimentos do sistema nervoso central para os quais a reabilitação neuropsicológica mostra-se como intervenção eficaz na recuperação e/ou adaptação dos prejuízos cognitivos e funcionais. Ao longo de um processo terapêutico, a avaliação neuropsicológica pode ser reaplicada como forma de verificar a eficácia de tratamentos medicamentosos e não-medicamentosos, como avaliar se houve ganhos cognitivos a partir da implantação de um programa de reabilitação em pacientes com prejuízos cognitivos e ainda auxiliar na modulação dos níveis de dificuldade das tarefas planejadas para a intervenção (Abrisqueta-Gomez, 2012).

Apesar do reconhecido crescimento, nas últimas décadas, da neuropsicologia clínica, esta é uma área ainda em expansão e que se transforma junto com as descobertas tecnológicas e com os avanços do conhecimento sobre o funcionamento cerebral (Casaletto & Heaton, 2017). No Brasil, o crescimento e avanço na neuropsicologia acompanham a tendência mundial, mas tem seus desafios particulares para aplicação na clínica, como a ampla demanda por adaptação de testes e escalas criados, originalmente, para populações bem diferentes no que se refere aos fatores culturais e socioeconômicos (Ramos & Handan, 2016).

Avaliação psicológica na Neuropsicologia clínica

Na atualidade, com os avanços das técnicas de neuroimagem, que permitem mensurações de forma cada vez mais precisas das áreas cerebrais, houve uma ampliação do objetivo da avaliação neuropsicológica. A avaliação neuropsicológica, antes aplicada prioritariamente para identificar áreas cerebrais lesionadas, passou a se debruçar também sobre a dimensão e o impacto, cognitivo e comportamental, dos prejuízos cerebrais (Malloy-Diniz et al., 2010). Assim, em uma avaliação neuropsicológica abarca-se diversas dimensões da funcionalidade do indivíduo avaliado, para além de suas funções neurocognitivas, como as dimensões emocionais e sociais relacionadas ao agravo cognitivo, o que inclui, por exemplo, impactos no humor e na interação social.

Os elementos-chave da avaliação psicológica se aplicam à avaliação neuropsicológica de forma a respaldar intervenções para adaptação emocional e social dos pacientes acometidos por prejuízos neurocognitivos (Camargo, Bolognani, Zucollo, 2014). Por isso, nas avaliações neuropsicológicas, uma diversidade de técnicas deve ser empregada, para além dos testes cognitivos. Entre estas técnicas estão as entrevistas para compreensão do histórico clínico e do funcionamento cognitivo prévio; as observações do comportamento em ambiente real; e o levantamento de dados a partir de relatos de informantes, como pais, educadores e cuidadores. Este uso de diversificadas técnicas complementa o levantamento de informações que podem, inclusive, ser relevantes para escolha da bateria de testes e escalas que serão utilizadas para testagem. Algumas destas informações relevantes são: o contexto socioeconômico e cultural, incluindo dados sobre educação e trabalho; interesses pessoais, como atividades e vínculos sociais; e outros aspectos que auxiliem na compreensão do nível de reserva cognitiva. Além disso, devem ser avaliadas as condições do examinando no momento da testagem para compreender desde a presença de estado adverso como desorientações, aumento da ansiedade, cansaço, sonolência, e também se o paciente está sob efeito de fármacos e outras substâncias que podem afetar o desempenho e disposição no momento da avaliação.

Para nortear a escolha e aplicação dos testes e demais ferramentas a serem utilizados em uma avaliação neuropsicológica, o avaliador deve considerar ainda os seguintes aspectos: 1) objetivo da avaliação; 2) características sociodemográficas do indivíduo a ser avaliado, buscando testes adequados à idade e à escolaridade; 3) aspectos culturais da população e coorte da qual faz parte o indivíduo a ser avaliado, pois estes guiam a escolha de testes validados e adaptados para o contexto sociocultural e ainda garantem que a etapa de rapport seja bem-sucedida; 4) normas para aplicação e pontuação. O examinador, principalmente se inexperiente, deve preferir testes de fácil acesso e nos quais possua domínio para aplicação; 5) informações atualizadas sobre os testes disponíveis. Para informações e atualização quanto a indicação do uso dos instrumentos, consultar o SATEPSI (https://satepsi.cfp.org.br/).

Além da escolha dos instrumentos objetivos e complementares, existem outras condições que precisam ser controladas e registradas quanto a sua interferência durante o avaliação, como a motivação do paciente para responder; o domínio do avaliador para administrar os instrumentos e modelar suas instruções conforme as demandas de maior ou menor incentivo durante a aplicação dos instrumentos; a adequação do ambiente, se houve, por exemplo, fatores intervenientes como interrupções, barulhos ou desconfortos para o paciente. Por isto, recomenda-se que o profissional se especialize para que saiba fazer escolhas adequadas dos testes e baterias e para que saiba conduzir com competência seu protocolo de avaliação e o retorno e indicações a serem dadas ao paciente e seus familiares e a outros profissionais.

No que se refere aos procedimentos práticos de uma avaliação neuropsicológica, o profissional deve seguir uma estrutura que, apesar de ser flexível para atender as preferências do avaliador e as necessidades do paciente e da demanda de solicitação da avaliação, deve contemplar: 1) história clínica e hipóteses; 2) avaliação de rastreio; 3) avaliação cognitiva; 4) avaliação comportamental; e 5) avaliação funcional (Malloy-Diniz et al, 2013). Para cumprir esta estrutura de avaliação, o psicólogo escolhe e aplica testes e escalas, que visam a avaliar o desempenho cognitivo global, as funções cognitivas específicas; a presença de sintomas neuropsiquiátricos e a capacidade funcional do paciente; e também se utiliza das informações de outras ferramentas diagnósticas, como exames de neuroimagem (tomografia computadorizada, ressonância magnética, SPECT), exames laboratoriais, por exemplo os de dosagem hormonal; observação do comportamento em ambiente real; relatos de informantes que convivam com o paciente e auxiliarão na compreensão do desempenho pré-mórbido, das queixas e das alterações clínicas.

Para entender a operacionalização da avaliação neuropsicológica, pode-se pensar em alguns contextos práticos nos quais ela se aplica. Na clínica geriátrica, por exemplo, a avaliação neuropsicológica é utilizada como estratégia complementar para fundamentar o diagnóstico dos transtornos neurocognitivos. A partir da identificação dos padrões de prejuízos cognitivos e comportamentais específicos, a avaliação neuropsicológica permite diferenciar entre os diversos tipos de demências, como Demência de Alzheimer, Demência Vascular, Demência por Corpos de Lewy e Demência Frontotemporal (Dias & Melo, 2020). Nestes casos, o objetivo da avaliação pode ser diferenciar entre estes quadros e ainda diferenciar se a manifestação clínica se confunde com outros quadros patológicos, que, em idosos, também podem se apresentar com alterações cognitivas e prejuízos nas atividades de vida diária, como na depressão tardia. Quando o foco é o diagnóstico diferencial, a avaliação será conduzida para verificar desde a funcionalidade cognitiva global até a avaliação de funções específicas com auxílio de baterias de testes que visam auxiliar na confirmação do diagnóstico etiológico (Malloy-Diniz et al, 2013). As informações obtidas com as baterias de testes cognitivos são complementadas por avaliações dos sintomas neuropsiquiátricos, como alterações comportamentais e do humor, e da funcionalidade no dia a dia, que permitirão confirmar/refutar as hipóteses diagnósticas iniciais.

Alguns dos instrumentos utilizados para a avaliação cognitiva de idosos são: para o rastreio de declínio cognitivo global, o Mini-exame do Estado Mental (MEEM) (Folstein, Folstein & Mchugh, 1975), que dispõe de diversas versões para uso no Brasil, e o instrumento de Avaliação Neuropsicológica Breve (NEUPSILIN) (Fonseca, Salles & Parente, 2009); para avaliação de desempenho cognitivo global, específica para demência, a Escala de Avaliação de Demência de Mattis - Dementia Rating Scale (DRS) (Porto et al, 2003) e Alzheimer's disease assessment (ADAS-Cog) (Schultz, Siviero & Bertolucci, 2001); c) para avaliações de funções específicas, Teste dos Cinco Dígitos (FDT) (Paula, Malloy-Diniz & Sedó, 2015) que avalia velocidade de processamento, atenção e funções executivas; Teste de Aprendizagem Auditivo-Verbal de Rey (RAVLT) (Rey, Paula & Malloy-Diniz; 2018) que avalia aprendizagem e memória; Teste Wisconsin de Classificação de Cartas – versão para idosos (Werlang, Trentini, Argimon & Oliveira, 2010) que avalia raciocínio abstrato e estratégias de solução de problemas e Figuras Complexas de Rey (Rigoni & Oliveira, 2010) que avalia percepção visual e memória.

Os subtestes da Escala de Inteligência Wechsler Abreviada (WASI) (Trentini, Yates & Heck, 2014) são instrumentos frequentemente utilizados para avaliação cognitiva em adultos, mas precisam ser analisados dentro de seus limites de validação para as faixas etárias mais avançadas, sendo importante considerar as versões mais atuais e adaptadas para a faixa etária do avaliando. Para avaliação de sintomas neuropsiquiátricos, também existem instrumentos específicos para idosos, como o Inventário Neuropsiquiátrico (NPI) (Camozzato, Kochhann & Simeoni, 2008); a Escala de Depressão Geriátrica (Paradela, Lourenço & Veras, 2005) e a Cornell, específica para depressão em demência (Carthery-Goulart, Areza-Fegyveres e Schultz, 2007). Para medidas de funcionalidade, é comum o uso de instrumentos que visam estruturar e objetivar a avaliação, como a Escala de Katz para Atividades da Vida Diária (versão brasileira adaptada por Lino et al, 2008). Contudo, como em qualquer avaliação psicológica, cabe ampliar a verificação dos aspectos funcionais, avaliando como o indivíduo se comporta em suas interações sociais e em seu ambiente real. Para isso, os instrumentos objetivos apresentam limitada validade ecológica, o que pode comprometer as recomendações com base nas avaliações neuropsicológicas. Desta forma, recomenda-se o uso de observações e entrevistas para validar as impressões clínicas sobre a funcionalidade do indivíduo avaliado.

Uma outra aplicação da avaliação neuropsicológica é o auxílio na etapa clínica de prognóstico, como na avaliação de pacientes com epilepsia a serem submetidos a procedimentos cirúrgicos. Nestes casos, a avaliação neuropsicológica visa complementar/confirmar as informações médicas e de neuroimagem sobre a localização ou lateralização da lesão e sobre o grau e impacto dos prejuízos funcionais, e ainda estabelecer uma linha de base pré-operatória a ser comparada com as mudanças cognitivas pós-operatórias e que também podem ser utilizadas para possível programa de pré-reabilitação, indicado para pacientes com alto risco de declínio cognitivo pós-operatório (Baxendale, 2018). Assim, a avaliação neuropsicológica, juntamente com os exames de neuroimagem, colabora com dados para o prognóstico destes pacientes submetidos a cirurgias.

Nestas avaliações devem ser obtidas medidas de desempenho global e das funções cognitivas específicas, por exemplo, a partir da versão abreviada, WASI (Trentini, Yates e Heck, 2014), para obtenção tanto do nível intelectual do paciente quanto do desempenho em funções específicas fornecidas pelas subescalas destes instrumentos (Mäder-Joaquim, 2015). Não existe um protocolo comum utilizado na avaliação neuropsicológica de pacientes com epilepsia, havendo grande variação da testagem aplicada nas instituições hospitalares. A falta de padronização dos protocolos de avaliação é comum entre os diversos contextos de aplicação das avaliações neuropsicológicas e aponta para necessidade de mais pesquisas que auxiliem na elaboração e verificação dos melhores protocolos para esta prática clínica do psicólogo.

Os rumos da avaliação neuropsicológica vêm mudando desde seu surgimento e, com o avanço de ferramentas computadorizadas, como a realidade virtual, a tendência é a modificação do formato de avaliação e intervenção neuropsicológica (Roberts et al, 2019). Os psicólogos que se dedicam à Neuropsicologia deverão acompanhar os avanços tecnológicos na área da neurociência cognitiva, o que exigirá a capacitação continuada e um compromisso com a prática baseada em evidência.

Considerações finais

A avaliação neuropsicológica é um tipo complexo e específico de avaliação psicológica. Envolve a avaliação de aspectos cognitivos, emocionais, comportamentais e funcionais, associados ao contexto sociocultural no qual o paciente está inserido. O neuropsicólogo deve agregar conhecimentos sólidos e sempre atualizados sobre neurociência cognitiva, psicologia clínica, psicometria e transtornos neuropsiquiátricos. A base primordial da avaliação neuropsicológica é o raciocínio clínico bem elaborado, tendo em vista que os testes e os instrumentos são ferramentas que auxiliam no processo diagnóstico. Todavia, é a inter-relação e a interpretação dos dados que fará com que o neuropsicólogo seja capaz de emitir um determinado diagnóstico neuropsiquiátrico, estabelecendo, também, um plano de intervenção. O desenvolvimento da Neuropsicologia tem ganhado amplitude mundial e, no Brasil, a situação não é diferente. Ainda são muitos os desafios a serem vencidos, porém a Neuropsicologia continua em seu processo de expansão enquanto uma importante área de atuação do psicólogo.

Referências bibliográficas

Abrisqueta-Gomez, J. (Org.). (2012). *Reabilitação neuropsicológica*: abordagem interdisciplinar e modelos conceituais na prática clínica. Porto Alegre: Artmed.

Baxendale, S. (2018). Neuropsychological assessment in epilepsy. *Pract Neurol*, 1-6

Bueno, J. M. H.; & Peixoto, E. M. (2018). Avaliação psicológica no Brasil e no mundo. *Psicologia: Ciência e Profissão, 38*(3), 108-121.

Camargo, C. H. P. D.; Bolognani, S. A. P.; & Zucollo, P. F. (2014) O exame neuropsicológico e os diferente contextos de aplicação. In Cosenza,

R. M.; & Fuentes, D. (Eds.), *Neuropsicologia*: da teoria e prática. 2ª ed. Porto Alegre: Artmed.

Camozzato A.; Kochhann R.; & Simeoni C. (2008). Reliability of the Brazilian Portuguese version of the Neuropsychiatric Inventory (NPI) for patients with Alzheimer's disease and their caregivers. *Int Psychogeriatr, 20*, 383-393.

Casaletto, K. B.; & Heaton, R. K. (2017). Neuropsychological Assessment: Past and Future. *Journal of the International Neuropsychological Society: JINS, 23*(9-10), 778-790.

Carthery-Goulart, M. T.; Areza-Fegyveres, R.; & Schultz, R. R. (2007) Versão brasileira da Escala Cornell de depressão em demência (Cornell depression scale in dementia). *Arq Neuropsiquiatr, 65*, 912-915

Cescon, L. F. (2013). Avaliação psicológica: passado, presente e futuro. *Estudos Interdisciplinares em Psicologia, 4*(1), 99-109.

Cohen, R. J.; Swerdlik, M. E.; Sturman, E. D. (2014). *Testagem e avaliação psicológica*: introdução a testes e medidas. 8ª ed. Porto Alegre: AMGH.

Conselho Federal de Psicologia – CFP. (2003). *Resolução CFP nº 02/2003. Define e regulamenta o uso, a elaboração e a comercialização de testes psicológicos e revoga a Resolução CFP n° 025/2001.* Brasília: Conselho Federal de Psicologia. Recuperado de https://site.cfp.org.br/wp-content/uploads/2012/05/resoluxo022003.pdf

Conselho Federal de Psicologia – CFP. (2005). *Código de Ética Profissional do Psicólogo.* Brasília: Conselho Federal de Psicologia.

Conselho Federal de Psicologia – CFP. (2010). *Avaliação Psicológica*: diretrizes na regulamentação da profissão. Brasília: CFP.

Conselho Federal de Psicologia – CFP. (2013). *Cartilha Avaliação Psicológica.* Brasília, DF: Conselho Federal de Psicologia.

Cronbach, L. J. (1996). *Fundamentos da testagem psicológica.* Porto Alegre: Artes Médicas.

Cunha, J. A. et al. (2000). *Psicodiagnóstico V.* 5ª ed. Porto Alegre: Artmed.

Dias, B. M.; & Melo, D. M. de. (2020). Avaliação neuropsicológica e demências em idosos: uma revisão da literatura. *Cadernos de Psicologia, 2*(3).

Dourado, L. F. M.; & Silva, R. S. (2016). Avaliação psicológica e contextos de atuação: possibilidades na relação teoria e prática. *Revista Diálogos Acadêmicos, 5*(1), 36-45.

Eling, P. (2019). History of neuropsychological assessment. *Front Neurol Neurosci*, 44, 164-178.

Fonseca, R. P.; Salles, J. F.; & Parente, M. A. P. (2009). *NEUPSILIN – Manual técnico.* São Paulo: Vetor.

Folstein, M. F.; Folstein, S. E.; & Mchugh, P. R. (1975). "Mini-mental state": a practical method for grading the cognitive state of patients for the clinician. *Journal Of Psychiatric Research, 12*(3), 189-198.

García-Molina, A.; & Roig-RovirA, T. (2013). Rehabilitación neuropsicológica en tiempo de guerra. *Revista de Neurología, 57*(10), 463-470.

Golden, C. J., Purisch, A. D., Hammeke, T. A. (1979). *The Luria-Nebraska Neuropsychological Battery*: a manual for clinical and experimental uses. Lincoln, NE: University of Nebraska Press.

Goulart, M.; Tarrasconi, M.; Holz, M. R.; Kochhann, R. (2019). Diagnóstico neuropsicológico diferencial entre o Transtorno Depressivo Maior e o CCL. *Neuropsicologia Latinoamericana, 11*(2).

Hamdan, A. C.; Pereira, A. P. A.; Riechi, T. I. J. (2011). Avaliação e reabilitação neuropsicológica: desenvolvimento histórico e perspectivas atuais. *Interação em Psicologia*, 15, 47-58.

Harvey, P. D. (2012). Clinical applications of neuropsychological assessment. *Dialogues in Clinical Neuroscience, 14*(1), 91-99.

Hutz, C. S. (2002). Responsabilidade ética, social e política da avaliação psicológica, *Avaliação psicológica, 1*(2), vii-ix.

Hutz, C. S. (2015). Questões éticas na Avaliação Psicológica. In C.S. Hutz et al (Ed.), *Psicometria.* Porto Alegre: Artmed.

Lezak, M. D.; Howieson, D. B.; & Loring, D. W. (2004). *Neurosychological assessment.* New York: Oxford University Press.

Luria, A. R. (1981). *Fundamentos de neuropsicologia.* São Paulo: Edusp.

Lino, V. T. S.; Pereira, S. R. M.; Camacho, L. A. B.; Ribeiro Filho, S. T.; & Buksman, S. (2008). Adaptação transcultural da Escala de Independência em Atividades da Vida Diária (Escala de Katz). *Cad Saude Publica, 24*, 103-112.

Malloy-Diniz, L. F. (2010). *Avaliação neuropsicológica.* Porto Alegre: Artmed.

Malloy-Diniz, L. F. et al. (2013). O exame neuropsicológico do idoso. In Malloy-Diniz, L.F.; Fuentes, D.; & Cosenza, R. M. (Orgs), *Neuropsicologia do envelhecimento*: uma abordagem multidimensional. Porto Alegre: Artmed.

Mäder-Joaquim, M. J. (2015). A avaliação neuropsicológica em epilepsia. In Santos, F. H. dos; Andrade, V. M.; & Bueno, O. F. *Neuropsicologia hoje.* 2ª ed. Porto Alegre: Artmed Editora.

Mikadze, Y. V.; Ardila, A.; & Akhutina, T. V. (2019). Luria's approach to neuropsychological assessment and rehabilitation. *Arch Clin Neuropsychol, 34*(6), 795-802.

Monteiro, L.C.; Covre, P.; Fuentes, D. (2013). Reabilitação neuropsicológica. In Malloy-Diniz, L.F.; Fuentes, D. & Cosensa, R.M. *Neuropsicologia do Envelhecimento: uma abordagem multidimensional.* Porto Alegre: Artmed Editora.

Paradela, E. M. P.; Lourenço, R. A.; & Veras, R. P. (2005). Validação da escala de depressão geriátrica em um ambulatório geral. *Revista de Saúde Pública, 39*(6), 918-923.

Paula, J. J.; Malloy-Diniz, L. F.; & Sedó, M. (2015). *FDT – Manual técnico.* São Paulo: Hogrefe.

Porto, C. S.; Fichman, H. C.; Caramelli P.; Bahia, V. S.; Nitrini, R. (2003). Brazilian version of the Mattis dementia rating scale: diagnosis of mild dementia in Alzheimer's disease. *Arquivos de Neuro-Psiquiatria, 61*(2B), 339-345.

Ramos, A. A.; & Hamdan, A. C. (2016). O crescimento da avaliação neuropsicológica no Brasil: uma revisão sistemática. *Psicologia: ciência e profissão, 36*(2), 471-485.

Rey, A.; Paula, J. J.; & Malloy-Diniz, L. F. (2018). *RAVLT – Manual técnico.* São Paulo: Vetor.

Rigoni, M. S.; & Oliveira, M.S. (2010). *Figuras Complexas de Rey – Manual técnico.* São Paulo: Casa do Psicólogo.

Roberts, A. C.; Yeap, Y. W.; Seah, H. S.; Chan, E.; Soh, C.-K.; & Christopoulos, G. I. (2019). Assessing the suitability of virtual reality for psychological testing. *Psychological Assessment, 31*(3), 318–328.

Schultz, R. R.; Siviero, M. O.; & Bertolucci, P. H. F. (2001). The cognitive subscale of the andquot "Alzheimer's disease assessment Scaleandquot" in a brazilian sample. *Braz. J. Med. Biol. Res. 34,* 1295–1302.

Siedelecki, K. L.; Honig, L.S.; & Stern, Y. (2008). Exploring the structure of a neuropsychological battery across healthy elders and those with questionable dementia and Alzheimer's disease. *Neuropsychology, 22,* 400-411.

Silva, C. B. et al. (2016). Avaliação neuropsicológica: uma revisão da literatura. *Cadernos de graduação, ciências biológicas e da saúde, 3*(2), 13-28.

Tirapu-Ustárroz, J. (2011). La evaluación neuropsicológica. *Intervención Psicosocial*, *16*(2), 189-211.

Trentini, C. M.; Yates, D. B.; & Heck, V. S. (2014). *WASI – Manual técnico.* São Paulo: Casa do Psicólogo.

Urbina, S. (2007). *Fundamentos da testagem psicológica.* Porto Alegre: Artmed.

Vygotsky, L. (1999). *A formação social da mente.* São Paulo: Martins Fontes.

Werlang, B. G.; Trentini, C. M.; Argimon, I. L.; & Oliveira, M.S. (2010). *Wisconsin – Manual técnico.* São Paulo: Hogrefe

7. AVALIAÇÃO PSICOLÓGICA NO CONTEXTO DA ADOÇÃO

Mariana Braga Fialho

Renata Saldanha Silva

Sara P. Alves Silva

Tatiane Dias Bacelar

A adoção pode ser compreendida como o ato em que o indivíduo estabelece vínculo de filiação com uma pessoa com a qual não possua relação de parentesco (Diniz, 2009). Embora seja uma prática milenar, no Brasil, a adoção só passou a ser regulamentada em 1916. Até então, o que ocorria era a transferência informal dos cuidados da criança entre instituições de caridade e as famílias interessadas, que, muitas vezes, recebiam-nas como uma fonte de mão de obra barata. O Código Civil de 1916 estabelecia que o poder familiar poderia ser transferido para os pais adotivos que deveriam ter no mínimo 50 anos e não possuir filhos. Em 1957, pessoas com idade superior a 30 anos foram autorizadas a adotar. Apenas em 1965 é que a adoção se tornou um ato jurídico irrevogável, contudo, os pais poderiam optar por retirar do filho adotivo os direitos de herança, favorecendo assim os filhos "legítimos" (biológicos). Em 1977, foi estabelecida a adoção plena que garantia aos filhos adotivos todos os direitos de filhos biológicos. (Brasil, 2020; Santos & Lago, 2019)

A Constituição Federal de 1988 reassegurou a igualdade de direitos entre filhos biológicos e adotivos. Além disso, estabeleceu a família como a base da sociedade, sendo sua responsabilidade, bem como da comunidade e Estado, assegurar à criança acesso a direitos como educação, saúde, dignidade, liberdade, convivência familiar, segurança (física, social e emocional), entre outros (Brasil, 1988). Em consonância com os direitos fundamentais estabelecidos na constituição, o Estatuto da Criança e do Adolescente (ECA), publicado em 1990, afirma que é direito da criança ser criada e educada no seio de sua família ou, em casos excepcionais, em uma família substituta. Tal estatuto modificou legalmente a compreensão do objetivo da adoção, que outrora era vista como um recurso para atender ao interesse de "pais inférteis", passando a objetivar a garantia dos direitos da criança e do adolescente, e o atendimento suficiente às suas necessidades.

Em 2009 foi promulgada a vigente Lei 12.010/2009, conhecida como a Lei da Adoção, que modificou algumas diretrizes legais da adoção criando dispositivos como o Cadastro Nacional de Adoção, a fim de tornar os processos mais céleres. O objetivo central da legislação atual é a proteção integral das crianças e adolescentes que devem permanecer em instituições de acolhimento apenas como medida excepcional e provisória (último recurso, por no máximo 2 anos), sendo que a busca pela colocação familiar (retorno à família de origem ou encaminhamento para família substituta) é compreendida como papel de toda a rede de proteção (Brasil, 2020).

A Lei 12.010/2009 estabelece a adoção como recurso à garantia da convivência familiar e comunitária de crianças e adolescentes, sendo responsabilidade da Justiça a busca por uma família que seja adequada à criança, e não o contrário (Cecílio & Scorsolini-Comin, 2018). Podem se candidatar à habilitação como adotantes, brasileiros com idade superior a 18 anos, com qualquer estado civil, que apresentem documentos que comprovem rendimentos, antecedentes criminais, bem como atestados de saúde física e mental. A lei estabelece que seja realizado o estudo psicossocial, conduzido pela equipe multiprofissional a serviço da Justiça, para aferir se os postulantes à adoção demonstram capacidade para o exercício responsável da parentalidade. Também se estabeleceu como responsabilidade da equipe técnica a preparação psicossocial e jurídica dos candidatos (Brasil, 2010).

Assim, as novas regras para a adoção colocam o bem-estar da criança na centralidade do processo e a equipe técnica, geralmente composta por psicólogos e assistentes sociais, recebe a grande responsabilidade de, além de avaliar a aptidão dos candidatos a pais, melhor prepará-los para o desempenho dessa importante tarefa. As etapas de avaliação e preparação psicossocial são imprescindíveis, visam minimizar situações de risco e aumentar as chances de a adoção ser bem-sucedida. Ademais, o relatório elaborado a partir do estudo psicossocial respalda a decisão judicial, dando subsídio para o deferimento da habilitação dos candidatos (Cecílio & Scorsolini-Comin, 2018). Contudo, a lei não descreve ou padroniza como tais procedimentos devem ser adotados. Segundo Santos e Lago (2019), as normas vigentes dão espaço à subjetividade e autonomia do perito, o que pode ser um problema, principalmente, para técnicos inexperientes que devem estabelecer uma prática sem parâmetros norteadores.

A literatura apresenta uma lacuna em relação aos princípios, processos e instrumentos indicados para a adequada avaliação psicossocial de candidatos à adoção (Cecílio & Scorsolini-Comin, 2018). Num estudo exploratório, Santos e Lago (2019) descrevem a prática de psicólogas no processo de avaliação para habilitação e relatam que tais profissionais utilizam como principal instrumento e, por vezes, o único, entrevistas não estruturadas. No geral, tais entrevistas abordam as motivações para a adoção, história pessoal e conjugal (no caso de adoção por casais), nível de suporte social e da família extensa. Dentre os poucos materiais para nortear a avaliação, o Ministério Público (MP) do Estado do Paraná divulgou em seu site uma sugestão de quesitos a serem abordados junto aos pretendentes à adoção. Na página, são descritos quinze fatores a serem investigados relacionados a temas como: significado e motivação da adoção, perfil desejado de criança, condições objetivas e subjetivas do postulante para garantir a educação, sustento e manejo adequado de situações de conflito inerentes ao desenvolvimento do adotado (Guiraud, 2013).

O estabelecimento de quesitos, como os sugeridos pelo MP do Paraná, embora útil, não resolve a questão imposta aos técnicos. Afinal, qual métrica deve ser utilizada para determinar se o candidato possui "conhecimento, maturidade e estabilidade emocional suficientes para desempenhar adequadamente todas as suas obrigações como pai/mãe"? (Guiraud, 2013, s.p.). Que critérios apontarão se as condições objetivas e subjetivas são suficientes para a garantia dos direitos da criança? Em que implica a capacidade do exercício da parentalidade responsável, conforme estabelecido como critério na Nova Lei da Adoção? Antes de responder a tais questões, é importante que sejam realizadas outras perguntas como: qual o conceito de parentalidade?; quais são as responsabilidades implicadas nesse processo?; quais fatores a ciência aponta como indicadores de qualidade no exercício da parentalidade?

O artigo 27 da Convenção dos Direitos da Criança (UNICEF, 1989) estabelece que é função parental proporcionar à criança o acesso a condições necessárias para seu desenvolvimento físico, mental, espiritual, moral e social, segundo as possibilidades e recursos financeiros dos pais. Segundo Barroso e Machado (2010), a parentalidade seria o exercício do conjunto de atividades parentais que visam a sobrevivência e desenvolvimento da criança. Tal tarefa é reportada como um dos maiores desafios do ser humano e, mesmo pais que apresentam uma visão positiva de seus filhos, tendem a descrevê-la como estressante. Fatores culturais determinam a construção de critérios para a avaliação da qualidade da parentalidade. Diferentes contextos implicam em concepções distintas das práticas esperadas.

Hoghughi (2004, citado por Barroso & Machado, 2010) divide a parentalidade em três dimensões, são elas: a) atividades parentais – que se referem ao conjunto de atividades necessárias para uma parentalidade adequada, envolve cuidado (físico, emocional e social), estimulação ao desenvolvimento, controle e disciplina; b) áreas funcionais – refere-se à atenção aos principais aspectos do funcionamento da criança, reduzindo danos e promovendo desenvolvimento de áreas como saúde física e mental, comportamento social, funcionamento educativo e intelectual; c) pré-requisitos – relacionados ao conjunto de especificidades necessárias para o desenvolvimento das atividades parentais como conhecimento e compreensão dos comportamentos e condições da criança, motivação para manter as melhores condições para o desenvolvimento, recursos (qualidades e competências parentais, redes de apoio e recursos materiais) e oportunidades (como tempo junto ao filho que confere a oportunidade de exercer a parentalidade).

Muitos fatores influenciam o comportamento e o desempenho na parentalidade, como fatores individuais dos pais – relacionados às características de personalidade e saúde mental; o contexto social – qualidade da relação conjugal, ocupação profissional, nível de suporte social; e características individuais da criança – compatibilidade entre as características de temperamento entre criança e pais. Com relação aos três fatores apresentados, salienta-se que as características individuais dos pais são mais determinantes que os demais no desempenho parental, seguido pelo nível de suporte social e contexto de apoio (Barroso & Machado, 2010).

Considerando que as práticas parentais tendem a apresentar forte relação com o nível de ajustamento psicológico dos indivíduos e que tais práticas são influenciadas por diversos fatores, a avaliação de tais fatores pode ser de grande importância no processo de realização do estudo psicossocial, conduzido pela equipe técnica no processo de habilitação de pretendentes à adoção.

Na página, são descritos 15 fatores a serem investigados relacionados a temas como: significado e motivação da adoção, perfil desejado de criança, condições objetivas e subjetivas do postulante para garantir a educação, sustento e manejo adequado de situações de conflito inerentes ao desenvolvimento do adotado (Guiraud, 2013).

O que avaliar? Levantamento do perfil dos pretendentes à adoção

Conforme apresentado anteriormente, as orientações acerca das características que devem ser observadas numa avaliação de pretendentes à adoção são pouco claras e não indicam qual seria a métrica mais adequada para tal propósito. De maneira geral, a finalidade da avaliação é identificar se os pretendentes são capazes de oferecer ao adotado condições de desenvolvimento saudável e aumento da resiliência – a capacidade de prevenir, minimizar ou se recuperar dos efeitos nocivos de um estressor, retornando ao padrão saudável após saída da situação (Herrman et al., 2011). Estudos acerca da resiliência em crianças e adolescentes têm apontado uma série de preditores, que envolvem tanto características próprias da criança (como inteligência e temperamento, sequelas congênitas, histórico familiar de transtornos psiquiátricos) quanto características da família e do ambiente em que se desenvolve (qualidade da relação com os pais, visão positiva de si, nível socioeconômico, histórico de traumas). Indivíduos mais resilientes foram expostos a mais preditores positivos (fatores de proteção) e a menos preditores negativos (fatores de risco) (para mais informações sobre fatores de risco e proteção à resiliência consultar Herrman et al., 2011).

Crianças e adolescentes colocados para adoção foram expostos a pelo menos um grande estressor em momento precoce na vida (como a separação da família biológica, institucionalização, troca frequente de cuidador etc), e a apresentar mais fatores de risco ao desenvolvimento de resiliência do que crianças não adotadas (como exposição a drogas ou desnutrição durante a gestação e início do desenvolvimento, histórico de abuso e/ou negligência). Embora tais resultados indiquem maior vulnerabilidade ao estresse para indivíduos adotados – o que é confirmado por diversos estudos que apontam para maior incidência de transtornos psiquiátricos e problemas de adaptação em adotados, comparados aos não adotados – a maioria dos estudos atuais tem mostrado que a família substituta pode fornecer elementos de proteção e desenvolvimento de resiliência, compensando fatores desfavoráveis iniciais (Balenzano et al., 2018; Hartinger-Saunders et al., 2015; Meakings et al., 2018).

Um destes fatores, e talvez o mais importante, é a qualidade da relação de apego com a família. Uma relação de apego se estabelece na díade criança-cuidador, e sua qualidade se refere a quão segura a criança percebe a relação com o adulto de referência, em termos de consistência de afeto, previsibilidade, disponibilidade e segurança física e emocional em momentos de estresse. Tal relação começa a se estabelecer nos dois primeiros anos de vida, e pode influenciar a maneira como a criança se relacionará com outros ao longo de seu desenvolvimento (Waters et al., 2017). Uma relação segura depende, principalmente, da capacidade do adulto de compreender e responder de maneira consistente e imediata aos sinais que a criança fornece, dando a ela o que precisa, bem como de respeitar seus limites e autonomia, encorajando a exploração do ambiente. Dessa forma, crianças que estabeleceram com seu cuidador uma relação segura de apego tendem a explorar mais ambientes novos, a se mostrar mais confiantes e a ter uma visão mais positiva de si e dos outros (Waters et al., 2017).

Quando a relação de apego estabelecida é do tipo inseguro – o que geralmente é resultado de uma combinação de características da própria criança, seu cuidador e do ambiente em que se desenvolve – a criança deixa de perceber o adulto de referência como fonte de suporte incondicional. Como consequência pode desenvolver formas pouco adaptativas de lidar com o estresse, dificuldades para regular as emoções, desenvolver autonomia e criar vínculos afetivos saudáveis. Neste caso, em momentos de estresse, algumas crianças inseguras tendem a buscar afeto e segurança de maneira exagerada, renunciando à exploração e à brincadeira para manter-se focada na atenção do cuidador. Em outros casos, ao invés de buscar afeto, a criança pode desenvolver estratégias de desativação, diminuindo a importância e a sensação de necessidade do outro, evitando ativamente contato e afeto. Outras podem, ainda, apresentar padrões mistos ou ambivalentes, reagindo com raiva e ansiedade diante de situações de falta de afeto. Todas estas estratégias indicam tentativas de adaptação a um ambiente pouco estruturado e seguro, e podem se tornar formas padrão de criação de vínculo ao longo de todo o desenvolvimento.

Quando os adultos de referência se mostram excessivamente inconsistentes, abusivos ou negligentes, a criança pode desenvolver uma variante mais extrema de apego inseguro, denominado Transtorno de Apego Reativo (TAR). Trata-se de um distúrbio comportamental relacionado a abuso ou negligência no início do desenvolvimento, e que se caracteriza por dificuldades na criação de vínculo com outras pessoas, evitando proximidade física e emocional, podendo ser agressivas quando abraçadas ou ao receber demonstrações de afeto. Podem apresentar, ainda, dificuldades para experienciar emoções positivas e regular as emoções, o que pode levar a um padrão de comportamento instável, com dificuldades para confiar nos outros e seguir regras e combinados. Quando adolescentes e adultos, tais padrões podem se estender a outras pessoas e envolver comportamentos de risco – como abuso de substâncias e problemas com a justiça (APA, 2013; Humphreys et al., 2017). Estes padrões são mais frequentemente identificados em crianças e adolescentes institucionalizados ou adotados, e podem dificultar a criação de novos vínculos com a família substituta (McLaughlin et al., 2017; Piermattei et al., 2017).

Apesar das dificuldades frequentes nos padrões de apego de indivíduos institucionalizados ou adotados, a maioria dos estudos sugere que a família substituta pode desempenhar papel importante na promoção de resiliência, mediando a relação entre os fatores de risco iniciais e adaptação psicossocial futura. Um estudo realizado por Ji et al (2010), por exemplo, avaliou 379 pais do California Long Range Adoption Study (CLAS), projeto que teve início na década de 1980 e que tem acompanhado milhares de famílias adotivas com o objetivo de identificar aspectos pré e pós adoção capazes de predizer a adaptação de adotados. Nesse estudo, realizado com dados de um período de 15 anos (1989 a 2004), o senso de coesão familiar foi identificado como importante mediador entre fatores de risco pré-adoção – principalmente exposição pré-natal a drogas – e problemas de comportamento.

O senso de coesão parece resultado de uma combinação de características dos membros da família substituta que a torna capaz de servir como recurso para reparação das relações de apego prejudicadas (Helder et al., 2016; Kriebel & Wentzel, 2011). Dentre estas características pode-se citar a sensibilidade parental, definida como a capacidade de reconhecer e responder de maneira rápida e precisa às necessidades emocionais da criança/adolescente (Van der Voort et al., 2013, 2014). Assim, por exemplo, se uma criança começa a ficar agressiva e se comportar de maneira hostil, um adulto com elevada sensibilidade parental seria capaz de identificar se este é um comportamento inadequado, a ser ignorado ou punido, ou se representa uma tentativa de comunicação de necessidade – fome ou sono, por exemplo – a fim de nomear isso e oferecer à criança o que ela realmente precisa. Tal postura parece capaz de criar na criança/adolescente um senso de segurança e maior capacidade de regular as próprias emoções, que pode modificar os padrões de interação desenvolvidos anteriormente. (Barone et al., 2017; Farrell et al., 2019; Groh et al., 2017; Schoenmaker et al., 2015; Waters et al., 2017)

Maior sensibilidade parental pode estar relacionada, também, ao desenvolvimento de um estilo parental mais democrático. Uma extensa literatura aponta para quatro estilos parentais principais: (1) autoritário, que envolve o uso frequente de estratégias educativas aversivas, como punição pública, agressões verbais e/ou físicas, excesso de controle e pouco espaço para a autonomia; (2) permissivo, que, ao contrário do autoritário, envolve a tendência a oferecer à criança mais afeto e menos disciplina, com recompensas não associadas a comportamentos adequados e punições quase inexistentes; (3) negligente, que envolve pouca disponibilidade do cuidador para com a criança, oferecendo pouco afeto e pouca disciplina; (4) autoritativo ou democrático, que envolve pais que oferecem aos filhos tanto disciplina e organização quanto afeto. Pais democráticos tendem a ser mais sensíveis às necessidades dos filhos, a ouvir e considerar suas necessidades e opiniões, bem como a disciplinar de maneira não agressiva e de forma privada. Alguns cuidadores utilizam estratégias educativas de maneira pouco clara, se mostrando ora autoritários, ora permissivos, comportando-se mais frequentemente de acordo com suas próprias emoções e estados de humor do que com os comportamentos das crianças. Este último, chamado estilo parental inconsistente, tem sido considerado o mais danoso para o desenvolvimento saudável e resiliente (Ruiz, 2017).

Todas as características apresentadas anteriormente são importantes tanto para filhos biológicos quanto adotivos. A pergunta, então, seria se, para além destas, existiriam características necessárias exclusivamente aos pais adotivos? A resposta parece ser sim. Sabemos que indivíduos adotados apresentam, mais comumente do que os não adotados, problemas de comportamento e emocionais (Balenzano et al., 2018; Hartinger-Saunders et al., 2015; Meakings et al., 2018). A família substituta, nestes casos, deve auxiliar na reparação dos vínculos prejudicados e construção de outros mais seguros, o que demanda maior investimento afetivo do que seria necessário a um filho biológico. Mesmo crianças adotadas recém-nascidas podem apresentar mais dificuldades no estabelecimento de relações seguras – embora em menor proporção que crianças e adolescentes adotados tardiamente – haja vista que podem ter sido expostas a fatores de risco pré-natais. Sendo assim, espera-se dos pais adotivos maior nível de tolerância à frustração (ser capaz de dar afeto mesmo na ausência de reciprocidade, por exemplo), maior persistência e sensibilidade, para que seja capaz de compensar dificuldades associadas a características da criança/adolescente.

Adicionalmente, os valores, preconceitos, mitos sobre genética e forma de interpretar a adoção podem ser importantes indicadores de prontidão da família para a adoção. Famílias que consideram a adoção como caridade, e que esperam da pessoa adotada uma postura de gratidão pelo gesto, podem se deparar com dificuldades na criação de vínculos e não ser capazes de incluir a criança como membro de fato da família (Barth & Brooks, 1997; Helder et al., 2016; Santos-Nunes et al., 2018). Além disso, motivos latentes à adoção precisam ser levantados – tais como tentativa de consertar o casamento em crise, necessidade de compensar a perda de alguém, interesses pedofílicos, compensação por falta de interesse ou sucesso na carreira, responder a pressão e expectativas sociais e familiares, necessidade de deixar o parceiro feliz, pela sensação de não estar sendo suficiente ou carência afetiva. Tais motivações contradizem a adoção no momento e indicam necessidade de intervenção e acompanhamento. Em alguns casos, após processo de intervenção, a família pode se tornar apta e manter o interesse pela adoção.

Em resumo, a literatura sugere que crianças e adolescentes mais adaptados foram criados por pessoas mais sensíveis a suas necessidades, que apresentam estilo de educação democrático e com quem estabeleceram uma relação segura de apego. Obviamente não é necessário que todas estas características estejam presentes para que a criança se adapte, mas quanto maior a idade, o nível de desregulação emocional, de tendências oposicionistas e desafiadoras, sintomas psiquiátricos (especialmente TAR), mais destas características seriam necessárias. Dentre todas as características apresentadas, a sensibilidade materna parece ser a mais importante, já que permite o desenvolvimento de uma relação segura de apego. Entretanto, a seleção de instrumentos e métodos de avaliação permanece sendo um desafio aos profissionais responsáveis, o que veremos no tópico seguinte.

Como fazer

Existem instrumentos de avaliação e mapeamento que podem auxiliar os profissionais responsáveis durante todo o processo, que trazem a luz da reflexão, variáveis que podem fazer toda a diferença na condução do caso e no desfecho, na adoção. E como em todo processo de avaliação a entrevista inicial ou anamnese, é de suma importância vez que nela, se tem um indicativo do perfil, da história de vida e do contexto social, no qual o indivíduo está inserido. Um estudo de revisão publicado por Cecílio e Scorsolini-Comin (2018) indicou que a maior parte dos processos descritos no Brasil envolvem o uso de roteiros de entrevistas semiestruturados e questionários.

Portanto, pode se mostrar como um norte para o profissional que pode, a partir de então, criar diretrizes de avaliação a seguir. Veja bem no relato de experiência, realizada em 2019, a seguir, os dados de identificação foram alterados dos para garantir o anonimato dos participantes (parecer do comitê de ética nº 3.177.674):

O caso Luciana

Luciana, uma criança do sexo feminino, 02 anos e oito meses de idade chegou para avaliação psicológica em um ambulatório inserido no contexto Sistema Único de Saúde (SUS). A criança, compareceu ao serviço de psicologia do ambulatório, acompanhada da assistente social do abrigo em que estava há 11 meses. Encaminhada pela equipe médica psiquiatra, por estar em situação de abrigo. Foi agendado então um primeiro atendimento com a pessoa responsável pela criança no abrigo, para a entrevista inicial.

Nesta entrevista, a assistente social informou que a criança foi levada pela polícia, que a encontrou vivendo com a mãe em situação de rua, tanto o pai quanto a mãe com envolvimento com drogas e também havia uma suspeita violência sexual. Luciana apresentava choro constante, comunicação predominantemente não-verbal, além de recusa e medo diante das pessoas no geral. A partir desse cenário, tornou-se possível pensar em uma primeira estratégia para atendimento que fosse capaz considerar as especificidades da criança.

O processo de avaliação

Incialmente, priorizou-se o estabelecimento do vínculo e de uma relação de confiança com a criança, por meio de entrevistas lúdicas com enfoque interventivo, para que fosse possível atendê-la em consultório de forma separada da acompanhante.

Firmado o vínculo, levando em consideração a história de vida da criança e as dificuldades vivenciadas, como socialização e de choro constante e intenso, além do humor que se mostrou predominantemente hipotímico, durante os atendimentos, optou-se por utilizar o instrumento *Baralho das Emoções (Caminha & Caminha, 2008).* Onde a criança demonstrou habilidade para reconhecer as emoções primárias como, "tristeza", "raiva" e "saudade", e dificuldades em emoções como "alegria", "amor" e "nojo". Deste modo, observou-se que Luciana demonstrava uma capacidade de compreensão das atividades durante os atendimentos, mesmo com o déficit na expressão oral. Fato que suscitou mais uma investigação.

Uma vez, constatado em atendimento o déficit na linguagem e a capacidade de compreensão, percebeu-se a necessidade de investigar a dimensão dessa dificuldade, e para isso, foi utilizado o instrumento Son-R 2 ½ 7 a - Teste não-verbal de inteligência (Laros, Tellegen, Jesus, & Karino, 2015). Tal teste se propõe a avaliar o desenvolvimento das habilidades cognitivas de modo geral, de crianças de 02 anos e meio até 07 anos de idade. Neste contexto, por se tratar de uma criança que apresentava um déficit na linguagem oral, era necessário investigar até onde essa limitação se estendia, por isso, optou-se por um instrumento de avaliação que fosse não-verbal, atendendo ao perfil apresentado até então.

Durante a aplicação, a criança conseguiu concluir os exemplos, porém, mostrou-se desmotivada nos próximos itens, diante da distraibilidade, foi necessário interromper a aplicação. Portanto, para este instrumento, os resultados foram inconclusivos. Concomitantemente a isso, a criança foi diagnosticada no serviço médico-psiquiátrico, com Transtorno do Espectro Autista. Neste interim, foi realizada uma reunião para discutir o caso com a equipe, bem como verificar um outro instrumento, que fosse capaz de oferecer mais informações e, portanto, melhores resultados.

O que se tinha em dados e observações, era uma criança vítima de violências, que acabara de ser separada da família, e que teria experimentado um contexto social, econômico e emocional marcado por instabilidade e vulnerabilidade. Não havia dados sobre a história clínica pregressa da criança e todo estudo, estava sendo realizado no modo presente. Como já mencionado, Luciana apresentava choro intenso, dificuldade de socialização e na comunicação oral. Na interação com a terapeuta demonstrava boa capacidade de compreensão, reconhecia as emoções primárias, mas apresentava dificuldades em expressar emoções que remetiam ao afeto a alegria.

Diante desse cenário de informações parciais, foram feitos outros atendimentos lúdicos, não estruturados, visita ao abrigo onde a criança residia e entrevista com outros profissionais que a acompanhavam no cotidiano, como cuidadora da residência e profissionais de apoio nos cuidados cotidianos das crianças.

Como resultado, surgiram novas informações, como, a criança havia ingressado na Escola Municipal de Educação Infantil (EMEI) e não apresentava dificuldades de socialização com as crianças da EMEI ou do abrigo, além de notarem uma ampliação do vocabulário, onde a criança começava a formar frases curtas. Tais fatos reafirmaram a necessidade de se compreender melhor as potencialidades e as dificuldades experimentadas pela criança.

Nesse sentido, decidiu-se utilizar o Inventário Portage Operacionalizado (IPO) (Williams & Aiello, 2001) como um instrumento de trabalho. O Inventário Portage, é um instrumento que tem como objetivo, avaliar o repertório comportamental de crianças de 0 anos a 06 anos de idade. Esse instrumento é composto por sessões comportamentais, sendo elas; Socialização; Cognição; Linguagem; Desenvolvimento; Autocuidado. Além disso, oferece a possibilidade de ser realizado de forma prática, para observação e apuração de resultados no contexto clínico, além de ser mais interativo com a criança, oferecendo uma chance de contornar a desmotivação encontrada na tentativa anterior.

Os resultados relativos à linguagem se encontravam aquém do esperado para a idade. As outras funções permaneciam sem prejuízos significativos, como o autocuidado, cognição, socialização e desenvolvimento. Ao integrar as informações encontradas, como a história de vida, os resultados de instrumentos e a observação clínica, foi possível compreender melhor a dinâmica interna da criança em questão, levando a compreender as dificuldades apresentadas, como desdobramentos de uma depressão infantil em contraste com o diagnóstico médico apresentado. Tais resultados dos procedimentos, respaldaram essa discussão interdisciplinar, que buscou se balizar por procedimentos que favorecessem uma percepção assertiva e singular do fenômeno que se apresentava.

No caso Luciana, houve uma avaliação abrangente, que explorou detalhes até mesmo fora do contexto de atendimento clínico, o que tornou possível, uma compreensão também ampla e minuciosa. Ao final do processo de avaliação foi elaborado laudo psicológico, com todas as informações relevantes para a compreensão do caso e encaminhado ao Ministério Público, subsidiar o processo de adoção da criança.

Considerações finais

A adoção é um investimento de valor emocional e afetivo intenso. No contexto social envolve questões burocráticas e legais, que coexistem em favor de um melhor cenário possível, para a criança e família adotiva, visando a promoção da saúde e bem-estar. Para tanto, pode-se afirmar a partir deste estudo que é necessário estudar criteriosamente todas as variáveis dispostas.

Nesta perspectiva a avaliação psicológica, se faz importante. Haja vista, as propriedades desse processo, por meio do qual é possível coletar informações de forma mais abrangente e detalhada que não surgiriam facilmente em um atendimento isolado, por exemplo, e que corroboram tanto para intervenções clínicas sejam mais assertivas, quanto para compreensão das pessoas envolvidas.

Especificamente, em se tratando do processo de adoção, tal assertividade é indispensável, visto que, cada componente e/ou característica dos envolvidos, transforma-se em uma variável que é capaz de impactar diretamente o desfecho do processo em questão, a adoção. Onde os processos são complexos tanto emocionalmente, quanto burocraticamente e uma incompatibilidade de perfil, pode resultar em frustração e desistência, o que é impactante tanto para a família, quanto para a criança.

A adoção pode ser entendida como um casamento, onde as características da família adotiva e da criança, precisam encontrar uma relação que seja saudável e favorável ao desenvolvimento. Nesse tipo de constituição familiar, o vínculo é criado pela via do afeto, em detrimento do biológico, vez que, na adoção, o que possibilita o laço é um valor simbólico, e não biológico' (Oliveira, Souto e Silva Junior, 2017). Em razão disso, as variáveis emocionais e psicológicas, precisaram mais do que nunca, estarem favoráveis, para o surgimento e estreitamento dos laços afetivos, que irão consolidar essa relação.

Por fim, é importante considerar, também, a necessidade de acompanhamento das famílias e orientações no começo do processo e pós colocação da criança na família: (Meakings et al., 2018). Trata-se de um processo que precisa ser amparado e direcionado. Deste modo, que a avaliação psicológica da criança e da família antes da adoção em si, é importante para subsidiar o processo educacional da família adotiva. Receber orientação e enfrentar os medos e angústias presentes neste momento possibilita que eles flexibilizem as características da criança idealizada como filho, permitindo assim uma maior compreensão da criança que agora faz parte do seu cotidiano (Silva, 2012).

Acredita-se que tal estratégia, pautada em uma avaliação cuidadosa, utilizando tanto de entrevistas semi-estruturadas, instrumentos de avaliação, quanto de uma abordagem investigativa, que permita sair do consultório e buscar ativamente, compreendendo melhor o contexto, é fundamental para evitar, ou diminuir consideravelmente o que, Alvarenga e Bittencourt (2013) descreveram como uma preparação deficiente da criança, e dos candidatos a pais, dificultado o processo de construção da filiação, gerando profundos sentimentos de fracasso em todos os envolvidos. Dessa forma, pode-se observar que processos em que há uma maior criteriosidade em todo o percurso de avaliação, desde a chegada da criança ao abrigo, da intenção da família em se tornar adotiva e após a adoção, contribui significativamente, para que haja uma maior assertividade, em detrimento das falhas e incompatibilidades, favorecendo processos emocionalmente mais saudáveis e estáveis, que atenda aos preceitos idealizados pelo ECA e aos desejos de pertencimento e constituição de família.

Referências bibliográficas

American Psychiatric Association. (2014). *DSM-5: manual diagnóstico e estatístico dos transtornos mentais* (5th ed.). Porto Alegre: Artmed.

Balenzano, C., Coppola, G., Cassibba, R., & Moro, G. (2018). Pre-adoption adversities and adoptees' outcomes: The protective role of post-adoption variables in an Italian experience of domestic open adoption. *Children and Youth Services Review, 85*, 307–318. https://doi.org/10.1016/j.childyouth.2018.01.012

Barone, L., Lionetti, F., & Green, J. (2017). A matter of attachment? How adoptive parents foster post-institutionalized children's social and emotional adjustment. *Attachment and Human Development, 19*(4), 323–339. https://doi.org/10.1080/14616734.2017.1306714

Barroso, R., Machado, C. (2010). Definições, dimensões e determinantes da parentalidade. *Psychologica*. Coimbra: 52 – Vol. 1, p. 211-229. DOI:http://dx.doi.org/10.14195/1647-8606_52-1_10

Barth, R. P., & Brooks, D. (1997). A Longitudinal Study of Family Structure and Size and Adoption Outcomes. *Adoption Quarterly, 1*(1), 29–56. https://doi.org/10.1300/J145v01n01_03

Brasil (1990). Lei no 8.069, de 13 de julho de 1990. Dispõe sobre o Estatuto da Criança e do Adolescente e dá outras providências. *Diário Oficial [da] República Federativa do Brasil*, Brasília, DF, 16 jul. 1990. Disponível em: <http://www.planalto.gov.br/ccivil_03/LEIS/L8069.htm#art266>. Acesso em: 16 dez. 2018.

Brasil. Casa Civíl. (2017). Lei nº 13.509, de 22 de de novembro de 2017. Dispõe sobre **adoção** e altera a **Lei** nº 8.069, de 13 de julho de 1990 (Estatuto da Criança e do Adolescente), a Consolidação das **Leis** do Trabalho (CLT), aprovada pelo Decreto-**Lei** nº 5.452, de 1º de maio de 1943, e a **Lei** nº 10.406, de 10 de janeiro de 2002 (Código Civil).

Brasil (2020). Ministério da Mulher, da Família e dos Direitos Humanos. *Adoção e o direito de crianças e adolescentes à convivência familiar e comunitária.* (1 ed.). Sergipe. p.48.

Brasil. (2010). Novas Regras da Adoção: Guia Comentado. Brasília, DF: Associação dos Magistrados Brasileiros. Disponível em: <http://www.conselhodacrianca.al.gov.br/sala-de-imprensa/publicacoes/NOVAS%20REGRAS%20ADOCaO-COMENTADO.pdf/view>

Brasil. Casa Civil. (1988). *Constituição da República Federativa do Brasil de 1988.* Recuperado de http://www.planalto.gov.br/ccivil_03/constituicao/constituicao.htm

Brasil. Casa Civil. (2009). *Lei nº 12.010, de 3 de agosto de 2009. Dispõe sobre adoção; altera as Leis nos 8.069, de 13 de julho de 1990 - Estatuto da Criança e do Adolescente, 8.560, de 29 de dezembro de 1992; revoga dispositivos da Lei nº 10.406, de 10 de janeiro de 2002 - Código Civil, e da Consolidação das Leis do Trabalho - CLT, aprovada pelo Decreto-Lei nº 5.452, de 1º de maio de 1943; e dá outras providências.* Recuperado de http://www.planalto.gov.br/ccivil_03/_ato2007-2010/2009/lei/l12010.htm

Cecílio, M. S., & Scorsolini-Comin, F. (2018). Avaliação de Candidatos Pretendentes no Processo de Habilitação para Adoção: Revisão da Literatura. *Psico-USF, 23*(3), 497–511. https://doi.org/10.1590/1413-82712018230309

Diniz, M. (2009). *Curso de Direito Civil Brasileiro: Direito de Família* (5th ed.). São Paulo: Saraiva.

Farrell, A. K., Waters, T. E. A., Young, E. S., Englund, M. M., Carlson, E. E., Roisman, G. I., & Simpson, J. A. (2019). Early maternal sensitivity, attachment security in young adulthood, and cardiometabolic risk at midlife. *Attachment and Human Development, 21*(1), 70–86. https://doi.org/10.1080/14616734.2018.1541517

Groh, A. M., Fearon, R. M. P., van IJzendoorn, M. H., Bakermans-Kranenburg, M. J., & Roisman, G. I. (2017). Attachment in the Early Life Course: Meta-Analytic Evidence for Its Role in Socioemotional Development. *Child Development Perspectives, 11*(1), 70–76. https://doi.org/10.1111/cdep.12213

Guiraud, F. (2013). Adoção: Quesitos para habilitação de pretendentes. *Ministério Público do Paraná.* Crianças e Adolescentes. Paraná. Disponível em: < http://crianca.mppr.mp.br/pagina-1546.html>

Hartinger-Saunders, R. M., Trouteaud, A., & Matos Johnson, J. (2015). Post Adoption Service Need and Use as Predictors of Adoption Dissolution: Findings From the 2012 National Adoptive Families Study. *Adoption Quarterly, 18*(4), 255–272. https://doi.org/10.1080/10926755.2014.895469

Helder, E. J., Mulder, E., & Gunnoe, M. L. (2016). A longitudinal investigation of children internationally adopted at school age. *Child Neuropsychology, 22*(1), 39–64. https://doi.org/10.1080/09297049.2014.967669

Herrman, H., Stewart, D. E., Diaz-Granados, N., Berger, E. L., Jackson, B., & Yuen, T. (2011). What is Resilience? *The Canadian Journal of Psychiatry, 56*(5), 258–265. https://doi.org/10.1177/070674371105600504

Humphreys, K. L., Nelson, C. A., Fox, N. A., & Zeanah, C. H. (2017). Signs of reactive attachment disorder and disinhibited social engagement disorder at age 12 years: Effects of institutional care history and high-quality foster care. *Development and Psychopathology, 29*(2), 675–684. https://doi.org/10.1017/S0954579417000256

Ji, J., Brooks, D., Barth, R. P., & Kim, H. (2010). Beyond preadoptive risk: The impact of adoptive family environment on adopted youth's psychosocial adjustment. *American Journal of Orthopsychiatry, 80*(3), 432–442. https://doi.org/10.1111/j.1939-0025.2010.01046.x

Kriebel, D. K., & Wentzel, K. (2011). Parenting as a Moderator of Cumulative Risk for Behavioral Competence in Adopted Children. *Adoption Quarterly, 14*(1), 37–60. https://doi.org/10.1080/10926755.2011.557945

McLaughlin, K. A., Sheridan, M. A., & Nelson, C. A. (2017). Neglect as a Violation of Species-Expectant Experience: Neurodevelopmental Consequences. *Biological Psychiatry, 82*(7), 462–471. https://doi.org/10.1016/j.biopsych.2017.02.1096

Meakings, S., Ottaway, H., Coffey, A., Palmer, C., Doughty, J., & Shelton, K. (2018). The support needs and experiences of newly formed adoptive families: findings from the Wales Adoption Study. *Adoption & Fostering, 42*(1), 58–75. https://doi.org/10.1177/0308575917750824

Piermattei, C., Pace, C. S., Tambelli, R., D'Onofrio, E., & Di Folco, S. (2017). Late Adoptions: Attachment Security and Emotional Availability in Mother–Child and Father–Child Dyads. *Journal of Child and Family Studies, 26*(8), 2114–2125. https://doi.org/10.1007/s10826-017-0732-6

Ruiz, O. F. N. (2017). Parentalidad adoptiva y problemas de conducta infantil. *International Journal of Developmental and Educational Psychology, 1*(1), 159–166. https://doi.org/10.17060/ijodaep.2017.n1.v1.908

Santos, A., & Lago, V. (2019). Práticas Adotadas por Psicólogos Peritos em Processos de Habilitação à Adoção. *Revista Universo Psi*, 1 , 125-149. Disponível em: <https://seer.faccat.br/index.php/psi/article/download/1343/845#:~:text=A%20legisla%C3%A7%C3%A3o%20estabelece%20que%20os,Boris % 20% 26% 20Santos% 2C% 202016).>

Santos-Nunes, M., Narciso, I., Vieira-Santos, S., & Roberto, M. S. (2018). Adoptive versus Mixed Families: Child Adjustment, Parenting Stress and Family Environment. *Journal of Child and Family Studies, 27*(6), 1858–1869. https://doi.org/10.1007/s10826-018-1019-2

Schoenmaker, C., Juffer, F., van IJzendoorn, M. H., Linting, M., van der Voort, A., & Bakermans-Kranenburg, M. J. (2015). From maternal sensitivity in infancy to adult attachment representations: a longitudinal adoption study with secure base scripts. *Attachment & Human Development, 17*(3), 241–256. https://doi.org/10.1080/14616734.2015.1037315

Unicef. (1989). *Convenção sobre os Direitos da Criança*. Recuperado de https://www.unicef.org/brazil/convencao-sobre-os-direitos-da-crianca

Van der Voort, A., Linting, M., Juffer, F., Bakermans-Kranenburg, M. J., Schoenmaker, C., & van IJzendoorn, M. H. (2014). The Development of Adolescents' Internalizing Behavior: Longitudinal Effects of Maternal Sensitivity and Child Inhibition. *Journal of Youth and Adolescence, 43*(4), 528–540. https://doi.org/10.1007/s10964-013-9976-7

Van der Voort, A., Linting, M., Juffer, F., Bakermans-Kranenburg, M. J., & van IJzendoorn, M. H. (2013). Delinquent and aggressive behaviors in early-adopted adolescents: Longitudinal predictions from child temperament and maternal sensitivity. *Children and Youth Services Review, 35*(3), 439–446. https://doi.org/10.1016/j.childyouth.2012.12.008

Waters, T. E. A., Ruiz, S. K., & Roisman, G. I. (2017). Origins of Secure Base Script Knowledge and the Developmental Construction of Attachment Representations. *Child Development, 88*(1), 198–209. https://doi.org/10.1111/cdev.12571

8. AUTÓPSIA PSICOLÓGICA NO CONTEXTO DA AVALIAÇÃO PSICOLÓGICA

Clara Fernandes Rezende Nunes

Carlos Manoel Lopes Rodrigues

Introdução

Crises, guerras e momentos sociais impactantes (tais como pandemias) remontam a história da humanidade e do suicídio, desde o Antigo Egito até a atualidade (Pérez, 2007). Acompanhando a história, a percepção do suicídio, assim como seus significados, mudou, passando de uma perspectiva religiosa para o paradigma científico que, mesmo com as criteriosas diferenças e distanciamento da religião, não foi capaz de elucidar causas ou dissolver preconceitos, além de, a partir do foco nosológico, favorecer a individualização das questões e o olhar do fenômeno como pessoal, relacionado à doença mental, e não como um sofrimento que se constrói dentro do corpo social com suas tecnologias.

Os primeiros estudos sociológicos de Durkheim (1897/2003) sobre o suicídio mostram uma diferenciação entre motivações para o suicídio e incorporam questões sociais pertinentes ao meio em que o suicídio foi realizado, como crises econômicas, funcionamento social alterado em seus valores principais, a influência do fundamentalismo e das ideologias e as questões internas do "suicídio egoísta" ou do "suicídio altruísta obrigatório". Durkheim se afasta assim dos fatores psicológicos em busca dos determinantes sociais do suicídio, por outro lado Marx direciona sua análise para as relações pessoais e fatores como o gênero (Rodrigues, 2009).

Marx (1864/2015) observa que a alteração de pilares de uma sociedade – como os papéis de gênero – na vida particular e na motivação dos indivíduos apresenta-se como determinante do suicídio. O autor tece críticas às normas burguesas que regiam a sociedade, lançando um holofote sobre os casos de suicídio em mulheres, ambos relacionados à sexualidade e o controle do corpo – a possibilidade de realizar um aborto, a humilhação pela perda da virgindade e a restrição do livre ir e vir por ser propriedade do marido. O caso masculino também coloca em foco o papel central do homem como provedor e o sofrimento causado por não corresponder às exigências do papel, questões abordadas ainda atualmente e com resultados alarmantes que apontam para a centralidade do papel de gênero, principalmente o dispositivo de eficácia (Zanello, 2018), na constituição psíquica e nas interações sociais dos homens (Hjelmeland & Knizek, 2016).

Apesar da permanência de fatores como a masculinidade, outros fatores envolvidos no suicídio moderno e contemporâneo se diferenciam frente à constante complexificação da sociedade, fazendo permanecer também a necessidade de identificar fatores subjacentes ao ato, seja pela análise epidemiológica ou individual. Dessa necessidade surge a Autópsia Psicológica como uma forma de investigar o autoextermínio (Hawton et al, 1998; Isometsä, 2001; Sher, 2013; Weinberger, Botello & Gross, 2018).

O termo Autópsia Psicológica foi cunhado por Schneidman nos Estados Unidos ao final dos anos 1950, no Centro de Prevenção ao Suicídio de Los Angeles, a partir de pesquisa com objetivo de diferenciar causas de morte. Cabe destacar que a investigação da vida *post mortem* já era realizada antes de haver uma técnica ou um nome específico (Rodríguez, Mares & Coyaso, 2013), como por exemplo na França na década de 1920 e nos EUA na década de 1930 (Isometsã, 2001). Concomitantemente ao trabalho de Schneidman, Robins et al (1959), na Universidade de Seattle, conduziram a primeira análise moderna sobre suicídios consecutivos a partir de entrevistas com pessoas próximas às vítimas e relacionando a quantidade de suicídios à uma área delimitada.

Atualmente a Autópsia Psicológica constitui-se como uma prática profissional e ao mesmo tempo como uma estratégia de pesquisa, baseada em um conjunto de técnicas oriundas do campo da avaliação psicológica, e da incorporação de técnicas forenses e avanços tecnológicos (Isometsã, 2001; Ceballos-Espinoza, 2015; O'dea, et al, 2017;

Rojas, 2001). A partir destas características da Autópsia Psicológica, sua origem no campo das ciências e seu uso na pesquisa, e dos principais métodos utilizados busca-se neste capítulo fazer uma aproximação inicial à técnica, ainda pouco explorada em nosso contexto.

Autópsia Psicológica na prática profissional e na pesquisa psicológica

As ciências forenses foram o berço da Autópsia Psicológica, tendo surgido como forma de auxílio para médicos na investigação de mortes em que as causas não eram claras podendo ser usada para determinar suicídios, homicídios, acidentes e mortes por causas naturais e é atualmente a principal fonte para reconhecer fatores de risco e de proteção relacionados ao suicídio (Weinberger, Botello, & Gross, 2018). Segundo Werlang (2007), a técnica surge com o objetivo de responder a quatro construtos psicológicos que não competem a outras áreas forenses: a motivação, a intencionalidade, a letalidade e os precipitadores e estressores. Abarcando, portanto, as razões para a busca da própria morte (personalidade, o estilo de vida, a conduta), o planejamento consciente do ato (funções cognitivas, pesquisa sobre uso ou abuso de substâncias, problemas de saúde), os fatores que foram o gatilho ou estopim para levar a cabo o suicídio (relações interpessoais, histórico familiar, aspectos socioeconômicos e ambientais) e o grau de auto dano pretendido com o método utilizado.

Ebert (1991 em Rodríguez, Mares & Coyaso, 2013) define quatro objetivos principais da Autópsia Psicológica, que são: determinar a maneira da morte (no caso, certificar-se de se tratar de um suicídio); encontrar fatores circunstanciais relacionados à época de vida e ao tempo em que o suicídio começou a ser pensado (inclusive implicando avaliação de dinâmicas familiares e comunitárias que possam ter tido influência); coletar dados relacionados à diversos suicídios e tentativas para desenvolver estratégias de prevenção (elementos epidemiológicos e prevenção primária); a própria autópsia pode ser um processo terapêutico para família e amigos envolvidos pela oportunidade de verbalizar a dor e sofrimento pelo qual estão passando e que muitas vezes não têm acolhimento adequado.

Outra questão a ser observada é a "vitimologia" (Rojas, 2001), que se trata da exposição do sujeito a riscos de acidente ou situações de perigo e ameaça à vida de forma voluntária e que poderiam ser evitadas; nesse ponto também podemos pensar nos riscos no ambiente de trabalho aos quais o funcionário é exposto, por exemplo, pelo uso de material inadequado, falta de conscientização e regulamentação (por parte do Estado ou da organização), ou seja, o que determina os acidentes laborais e se eles são de fato acidentes, o nível de sofrimento do sujeito imposto pelo trabalho (Segura, 2016). Questões que se aplicam aos trabalhos de risco, às profissões que necessitam de uma "ideologia da profissão", trabalhos repetitivos, trabalhos que se utilizam do medo e da ansiedade como formas de aumentar a produtividade e inadaptação do conteúdo ergonômico do trabalho (Dejours, 1988). Note-se que no Brasil um dos campos onde a Autópsia Psicológica tem sido aplicada com maior intensidade é o das perícias no âmbito da Justiça do Trabalho (Nunes, Rodrigues & Faiad, 2020).

Por ser um estudo retrospectivo baseado em reconstrução narrativa, o perfil psicológico, estado de saúde e circunstâncias sociais da vida do sujeito são levantados a partir de relatos de terceiros (geralmente parentes e amigos) que conviviam e eram próximos a ele, além da análise de fontes documentais (Segura, 2016; Weinberger, Botello & Gross, 2018). A técnica pode revelar dados importantes tanto para pesquisas qualitativas e estudos de caso como quantitativas. Estratégias qualitativas trazem vantagens interessantes quando comparadas a outras técnicas forenses, abrindo a possibilidade para contextualizar dados da história do sujeito e evidenciar quais fatores e circunstâncias foram cruciais, questões que se destacam quando o tema é suicídio. No campo da pesquisa, as estratégias quantitativas, com maior enfoque em contabilizar fatores de risco, têm tido maior número de publicações aceitas.

Além da utilização da Autopsia Psicológica para diferenciar casos de suicídio, homicídio ou acidente, existem outras questões investigativas em que ela se faz útil como em casos de desaparecimento e pessoas que sofreram acidentes ou crimes e não se encontram em condições de testemunhar. É uma técnica que tem aplicações criminológicas também, servindo para compreender o perfil de vítimas de assassinatos em série, sequestro e crimes violentos procurando compreender, por exemplo, como ocorre a seleção de vítimas e buscar se aproximar do perfil psicológico do autor do crime (Vidal Palmer, Pérez González & Borges González, 2005). Em casos de homicídio ou atentado seguido de suicídio a técnica também auxilia na compreensão do perfil psicológico do autor, bem como ajuda a traçar ligações com grupos e condições de vulnerabilidade, por exemplo, além de auxiliar na tipificação de um homicídio – buscar saber se houve o crime de indução ao suicídio ou investigar a capacidade civil ou administrativa (eficácia jurídica) de uma pessoa (Medrano, Rosales & Gámez-Guadix, 2018; Vidal Palmer, Pérez González & Borges González, 2005).

O papel preventivo também é muito importante e consiste em coletar os dados dos perfis para entender fatores de risco mais relacionados a determinados crimes e compreender formas de prevenção específica que precisam ser reforçadas, como por exemplo: a testagem psicológica obrigatória para ter o porte de arma é uma forma de prevenir que aconteçam crimes violentos e que uma pessoa com intenção suicida fique exposta a um maior risco (Ceballos-Espinoza, 2015; Miranda & Guimarães, 2016; Santos, 2009).

É nesta perspectiva de identificação de fatores de risco que a Autópsia Psicológica tem se desenvolvido como estratégia de pesquisa (Cavalcante & Minayo, 2012; Hjelmeland & Knizek, 2016; Rojas, 2001). As pesquisas têm se concentrado principalmente com populações específicas como idosos (Cavalcante & Minayo, 2012; Cavalcante et al., 2012), população rural (Bhise & Behere, 2016; Sperb, 2003; Zhang, Conwell, Zhou & Jiang, 2004); e adolescentes (Mérelle et al, 2020; Zalsman et al, 2016). Estudos desta natureza tem contribuído, tanto em termos do desenvolvimento do conhecimento sobre o suicídio, quanto no desenvolvimento de políticas direcionadas a sua prevenção (Na, Paik, Yun & Kim, 2015).

Métodos em Autópsia Psicológica

Para guiar a aplicação da Autópsia Psicológica, algumas recomendações vêm sendo utilizadas, discutidas e publicadas com o objetivo de criar um modelo mais fixo utilizando métodos que elevem a fidedignidade e consigam levantar as informações mais relevantes, circunstância e contextos de óbito *post mortem*.

Por ser um comportamento motivado por múltiplos fatores (Bertolote, 2012), as investigações a respeito do suicídio são mais esclarecedoras quando é possível reunir uma quantidade grande de informações confiáveis e de diferentes fontes. A maior parte dos estudos revisados aponta para a busca de pelo menos duas pessoas próximas ao sujeito para a realização da entrevista, utilização de relatórios médicos anteriores (consultas feitas pelo sujeito com profissionais da saúde pouco tempo antes do suicídio), utilização dos resultados da autópsia e registros documentais deixados pelo sujeito (cartas, e-mails, mensagens); em algumas pesquisas também é recomendada a visita ao local do suicídio (Segura, 2016; Ebert, 1987; Annon, 1995 apud Segura, 2016), o que implica no início da Autópsia Psicológica meses antes do recomendado pela maior parte dos estudos para entrar em contato com familiares.

A entrevista, além de parte central do método (Hawton et al, 1998), é a parte que levanta mais questionamentos, tanto éticos quanto relacionados à aplicação. Hawton, et al (1998) indicam a preferência pela aplicação por pelo menos um profissional relacionado à área de saúde mental, enquanto outros defendem a possibilidade de aplicação por pessoas não relacionadas a essas profissões desde que tenham recebido treinamento por pessoas da área (Cavalcante & Minayo, 2012; Segura, 2016). O formato da entrevista também não tem modelo único, há quem recomende entrevista semiestruturada (Cavalcante et al, 2012; Hawton et al, 1998), a utilização de ferramentas para construção de mapas (Rodríguez, Mares & Coyaso, 2013), genograma (Cavalcante et al, 2012) e entrevistas sem roteiros, não estruturadas, porém com objetivos definidos (Cavanagh, Carson, Sharpe & Lawrie, 2003; Hawton et al, 1998)

Os principais objetivos das entrevistas se concentram nos eventos importantes que precederam o suicídio: fatores precipitantes, estado emocional do sujeito (se mudanças foram percebidas pelos convivas), alterações comportamentais, indícios de que o sujeito cometeria suicídio (mensagens claras de ideação, avisos ou ameaças relacionadas ao suicídio ou autoagressão), caracterização social e dados socioantropológicos (incluindo fatores de risco e proteção) (Cavalcante et al, 2012; Rodríguez, Mares & Coyaso, 2013; Cavanagh, Carson, Sharpe & Lawrie, 2003), comorbidades, avaliação de desordem psiquiátrica e de personalidade com o destaque que a personalidade deve ser investigada não apenas em referência a momentos próximos ao suicídio (Hawton et al, 1998; Cavanagh, Carson, Sharpe & Lawrie, 2003; Rojas, 2001; Segura, 2016). Em algumas revisões e pesquisas também foram adicionadas dimensões sistêmicas para a investigação como observação de padrões familiares para lidar com o estresse, fatores estressores horizontais e verticais e fase do ciclo de vida em que o sujeito se encontrava (Ebert, 1987; Rojas, 2001; Yong, 1992 apud Segura, 2016), também foram indicadas como dimensões importantes a letalidade, a intencionalidade e efeitos da morte na família, assim como reflexões dos familiares sobre o suicídio (Minayo & Yong 1992 apud Segura, 2016).

Não há consenso sobre a aplicação da entrevista de forma individual ou em grupo, apesar de em geral serem recomendados dois pesquisadores para a aplicação. O relato de um familiar pode influenciar o de outro e segredos familiares, bem como se o sujeito fazia uso de substâncias, podem acabar sendo encobertos pela vergonha ou sentimento de proteção pela história do sujeito, portanto a maior parte dos estudos recomenda aplicação individual de em média duas horas. Ainda assim é possível que haja influência do viés de recordação – lembrança e esquecimento seletivo de informações (Hawton et al, 1998) – mesmo quando minimizado pela quantidade de pessoas próximas entrevistadas. O estudo do suicídio com base nos relatos de terceiros também pode ser usado para comparar fatores culturais em uma perspectiva antropológica, entendendo os papéis de gênero e seus dispositivos; como a idade influencia e modifica os papéis na cultura e a construção e destruição das identidades como lançam luz Hjelmeland e Knizek (2016) nas comparações entre países ocidentais e não ocidentais.

Foram encontrados indícios de benefícios trazidos para os sobreviventes ao suicídio (familiares e pessoas próximas do sujeito) quando entrevistados durante a Autópsia Psicológica, principalmente como uma oportunidade de falar sobre um tema difícil e poder refletir sobre ele frente a uma equipe preparada para a escuta e o acolhimento como se "participassem da dor da pessoa enlutada" (Ebert, 1987). Caso sejam identificados potenciais riscos de suicídio, ideações e planejamentos por parte dos entrevistados, é recomendável que seja feito o encaminhamento ou que seja indicada a psicoterapia, o que pode ser considerada uma vantagem indireta da aplicação da Autópsia Psicológica.

Em algumas pesquisas são usados casos controle que para serem selecionados dependem das hipóteses de pesquisa (Cavanagh, Carson, Sharpe & Lawrie, 2003; Hawton et al, 1998) e dos quais as informações também devem ser coletadas por meio de terceiros. Casos controle podem ser úteis para determinar uma hierarquia de variáveis e a interação de fatores ligados ao suicídio. Os casos controles também podem ser úteis para traçar as melhores estratégias de entrevista e investigar questionamentos importantes deixados de lado, por exemplo (Ebert, 1987; Wong et al, 2010). É importante salientar que o número de grupos controle deve ser igual ao número de hipóteses a serem investigadas na pesquisa (Hawton et al., 1998).

As recomendações para o local de realização identificam lugares neutros ou a casa do entrevistado como as melhores opções (Hawton et al, 1998) e o contato com a família deve ser realizado entre 1 e 6 meses após o suicídio (Segura, 2016), o mais indicado sendo de 3 a 4 meses, privilegiando as fases do luto e o tempo para processar o suicídio – "despressurização emotiva"- sem perda de detalhes importantes por parte dos sobreviventes (Rodríguez, Mares & Coyaso, 2013; Cavanagh, Carson, Sharpe & Lawrie, 2003). É recomendado que o primeiro contato com a família ou pessoas próximas não seja primeiro pessoalmente e que seja enviado um e-mail, carta ou seja feita uma ligação para primeiro contato (Hawton et al, 1998), esclarecendo o que é a Autópsia Psicológica, a importância da entrevista para a pesquisa ou relatório sobre o caso e questões éticas como a liberdade de interromper a entrevista a qualquer momento.

Em um dos estudos mais importantes na área, Pérez (2007) desenvolveu uma metodologia para fazer a Autópsia Psicológica na cidade de La Havana (Cuba). O Modelo de Autópsia Psicológica (MAP) utilizou dados de casos de suicídio de maiores de 16 anos e de ambos os sexos dos anos de 1990 a 1991. Foram investigados fatores como o estado conjugal, o grupo racial, escolaridade, ocupação, crenças religiosas, antecedentes patológicos na família (histórico psiquiátrico), hábitos tóxicos (divididos em uso de drogas legais, ilegais e uso de álcool- tipo de bebida, frequência etc.), exames psiquiátricos (indiretos e retrospectivos), síndromes (em uma perspectiva semiológica), diagnóstico nosológico, áreas de conflito (socioeconômico, laboral, judicial e de dificuldades materiais seriam os fatores estressores), estado de vida, nível de vida, descrição do parceiro ou parceira, caracterização do suicida e possíveis sinais emitidos antes do suicídio.

Outro modelo foi desenvolvido por Werlang (2000) em sua tese de doutorado e envolve uma entrevista semiestruturada buscando reduzir possíveis vieses subjetivos tanto dos sujeitos quanto dos entrevistadores. Posteriormente, Cavalcante e Minayo (2011) desenvolveram um questionário que abrangia a investigação de questões de cunho social e fatores de risco, dando ênfase à utilidade da Autópsia Psicológica para além da investigação do suicídio no auxílio de médicos forenses, mas para entender focos sociais que necessitam de investimento e intervenção, melhorando a expectativa e a qualidade de vida, e compreensão dos sofrimentos vividos pelos sobreviventes.

Apesar das indicações da necessidade de investigação da presença de sintomas psicopatológicos, ainda não é possível saber o real peso das psicopatologias no suicídio. Segundo Hjelmeland e Knizek (2016), a partir de análises qualitativas dos dados das Autópsias Psicológicas, os sintomas depressivos não foram observados durante a história de vida do sujeito, apenas durante o período mais próximo ao suicídio, resultado que vai de encontro ao resultado de levantamento quantitativo de Cavanagh, Carson, Sharpe e Lawrie (2003) em que as desordens mentais apresentaram a maior associação com o comportamento suicida. Entretanto é importante pensar que a abordagem sistêmica e psicossocial, bem como a utilização da teoria da complexidade nas ciências humanas, são fenômenos recentes e muitas das Autópsias Psicológicas realizadas antes dessa perspectiva poderiam estar enviesadas com perguntas mais relacionadas aos últimos dias de vida (em que apareciam os sintomas depressivos) e diagnósticos (um modelo biomédico).

Grande parte da crítica à Autópsia Psicológica se relaciona à complexidade da avaliação, recursos limitados e possível tendenciosidade dos relatos coletados, o que tem relação direta com a não existência de uma padronização na aplicação da técnica (Sher, 2013; Isometsä, 2001). Assim, diversos autores têm focado no desenvolvimento da Autópsia Psicológica, seja do ponto de vista metodológico e de instrumentação (Rodríguez, Mares & Coyaso, 2013; Werlang, 2000; 2002 Zalsman et al, 2016), nas formas de implantação de serviços eficientes (Na, Paik, Yun & Kim, 2015), seja na incorporação de recursos tecnológicos (Aquila et al, 2018; Oliva et al, 2011), utilização de grupos controle

(Cavanagh, Carson, Sharpe & Lawrie, 2003; Hawton et al, 1998; Wong et al, 2010) ou indicando a necessidade de maior integração da psicologia com as demais ciências forenses (Solomon, 2018). Como mostrado por Hjelmeland e Knizek (2016) as relações lineares entre fatores de risco e suicídio em geral devem ser interpretadas cuidadosamente, já que as pesquisas quantitativas não abarcam a experiência cultural, o significado pessoal do suicídio e o contexto, sendo assim o potencial de denúncia social dos estudos fica reduzido. Um estudo realizado na Noruega e em Uganda mostra o papel decisivo dos dispositivos de eficácia masculinos (bem como gênero e poder) como fatores decisivos para o suicídio. Owens e Lambert (apud Hjelmeland & Knizek, 2016) ressaltam que, mesmo com histórico de transtorno mental, as famílias entrevistadas não davam ênfase a esse fato em seus relatos sobre a vida do sujeito.

Práticas relacionadas a outras áreas do conhecimento têm sido recomendadas para utilização conjunta com a Autópsia Psicológica, como métodos com perspectivas psicossociais (Cavalcante & Minayo, 2012) e técnicas sociométricas, como os mapas socio-cognitivos, sociocognitivos compostos, a sociometria gráfica, a análise funcional da conduta a partir de pistas dos informantes principais, mapas sociocentricos, sistema de registros observacionais, entre outros (Rodríguez, Mares & Coyaso, 2013). A adoção de abordagens multimétodos, além de buscar resolver os problemas indicados pelas críticas a Autópsia Psicológica, são um incremento necessário ante o contexto social cada vez mais complexo (Mérelle et al, 2020).

Aquila et al (2018) propõem um modelo denominado *Social-mobile autopsy* como complementar a Autópsia Psicológica, baseado na obtenção e análise de informações provenientes de telefones celulares a fim de identificar circunstâncias, fatos, locais e eventuais testemunhas relacionadas com o caso investigado. Os autores indicam a importância destas informações em nossa realidade de alto uso de redes sociais, bem como o fato de familiares e amigos nem sempre terem acesso ou conhecimento de todas as informações sobre o investigado. Postagens, fotos, *check-ins*, páginas e grupos seguidos podem fornecer informações importantes sobre o comportamento, principalmente em contextos de *cyberbulling*, *sexting* e *revenge porn*. (Aquila et al, 2018; Medrano, Rosales & Gámez-Guadix, 2018; Ortiz & Khin Khin, 2018; O'dea et al, 2017).

Todos os métodos citados anteriormente podem contribuir para o entendimento sistêmico das questões ligadas ao suicídio, inclusive mapeando relações comunitárias e dinâmicas de poder e influência (Homans, 1974 apud Rodríguez, Mares & Coyaso, 2013), identificando fatores que mantiveram, modificaram e estabeleceram alguns comportamentos do sujeito- fatores de risco e proteção. Entender o contexto macro – descrever uma rede social e o que a compõe- em questões tão individualizadas como o suicídio pode lançar luz sobre aspectos e estruturas sociais adoecidas e, portanto, adoecedoras, indo além de análises sobre fatores de risco com foco em transtornos mentais (Rodríguez, Mares & Coyaso, 2013). Essa perspectiva da utilização da Autópsia Psicológica em uma escala maior foi enfatizada por Diller já em 1979 (apud Pérez, 2007) com a utilização de dados sociológicos para entender as condições de saúde mental em uma comunidade.

Considerações finais

As aplicações da Autópsia Psicológica impactam não apenas os sistemas de justiça criminal, mas podem ter impacto direto na vida das famílias do sujeito, pela influência no pagamento de apólices de seguros, por exemplo, se for possível comprovar que os maiores fatores de risco eram advindos do ambiente de trabalho, e impacto na sociedade como um todo, por ser possível investigar questões de segurança nacional e homicídio (Ebert, 1987; Segura, 2016). Outro impacto social, já previsto por Schneidman (apud Hawton et al, 1998) é a possibilidade de predição, um fator importante quando se trata de avaliação psicológica, pelo levantamento das motivações e identificação de grupos de risco.

A ausência deste tema nos cursos de graduação em psicologia e sua pouca difusão entre profissionais tem prejudicado sua prática e desenvolvimento em nosso contexto (Nunes, Rodrigues & Faiad, 2020). É preciso que temas em suicidologia sejam incorporados aos currículos de graduação e a Autópsia Psicológica componha um dos temas das disciplinas de Avaliação Psicológica e não somente nas raras cadeiras destinadas a Psicologia Jurídica ou Forense.

A condução da Autópsia Psicológica requer o conhecimento e o domínio de ferramentas de avaliação psicológica, notadamente do uso de entrevistas e análise de dados documentais, bem como conhecimento sobre psicopatologia, ciências forenses, e mais recentemente de Tecnologias de Informação e Comunicação (TICs), principalmente em relação às redes sociais (Aquila et al, 2018; Oliva et al, 2011). A compreensão do contexto sócio-histórico, especialmente das características da cultura, das relações e dispositivos de poder de classe, gênero e raça, assim como das influências econômicas e midiáticas apresentam-se como requisitos indispensáveis para o trabalho com Autópsia Psicológica, sob o risco de produção de evidências sem a devida validade.

Referências bibliográficas

Aquila, I., Sacco, M. A., Gratteri, S., Sirianni, M., De Fazio, P., & Ricci, P. (2018). The "Social-mobile autopsy": The evolution of psychological autopsy with new technologies in forensic investigations on suicide. *Legal Medicine, 32*, 79-82.

Bertolote, J. M. (2012). *O suicídio e sua prevenção.* São Paulo: Editora UNESP.

Bhise, M. C.; & Behere, P. B. (2016). Risk factors for farmers' suicides in central rural India: Matched case–control psychological autopsy study. *Indian Journal of Psychological Medicine, 38*(6), 560.

Cavalcante, F. G.; & Minayo, M. C. D. S. (2012). Autópsias psicológicas e psicossociais de idosos que morreram por suicídio no Brasil. *Ciência & saúde coletiva, 17*, 1943-1954.

Cavalcante, F. G., Minayo, M. C. D. S., Meneghel, S. N., Silva, R. M. D., Gutierrez, D. M. D., Conte, M., ... & Vieira, L. J. E. D. S. (2012). Autópsia psicológica e psicossocial sobre suicídio de idosos: abordagem metodológica. *Ciência & Saúde Coletiva, 17*, 2039-2052.

Cavanagh, J. T.; Carson, A. J.; Sharpe, M.; & Lawrie, S. M. (2003). Psychological autopsy studies of suicide: a systematic review. *Psychological medicine, 33*(3), 395-405.

Ceballos-Espinoza, F. (2015). La autopsia psicológica en la investigación criminal: de la praxis clínica al campo forense. *Estudios Policiales, 11*(1), 8-21. Recuperado de https://www.aacademica.org/fceballose/8

Dejours, C. (1988). *A loucura do trabalho*: estudo de psicopatologia do trabalho. São Paulo: Oboré.

Durkheim, E. (2003). *O suicídio*. São Paulo: Martin Claret. (Publicado originalmente em 1987).

Ebert, B. W. (1987). Guide to conducting a psychological autopsy. *Professional Psychology*: Research and Practice, 18(1), 52.

Hawton, K., Appleby, L., Platt, S., Foster, T., Cooper, J., Malmberg, A., & Simkin, S. (1998). The psychological autopsy approach to studying suicide: a review of methodological issues. *Journal of affective disorders*.

Hjelmeland, H.; & Knizek, B. L. (2016). Qualitative evidence in suicide: Findings from qualitative psychological autopsy studies. In *Handbook of qualitative health research for evidence-based practice*. (pp. 355-371). New York: Springer.

Isometsä, E. T. (2001). Psychological autopsy studies–a review. *European psychiatry, 16*(7), 379-385.

Marx, K. (2015). *Sobre o suicídio*. São Paulo: Boitempo Editorial. (Publicado originalmente em 1846)

Medrano, J. L. J.; Rosales, F. L.; & Gámez-Guadix, M. (2018). Assessing the links of sexting, cybervictimization, depression, and suicidal ideation among university students. *Archives of suicide research, 22*(1), 153-164.

Mérelle, S., Van Bergen, D., Looijmans, M., Balt, E., Rasing, S., van Domburgh, L., ... & Franx, G. (2020). A multi-method psychological autopsy study on youth suicides in the Netherlands in 2017: Feasibility, main outcomes, and recommendations. *PLoS one, 15*(8), e0238031.

Miranda, D.; & Guimarães, T. (2016). O suicídio policial: o que sabemos?. *Dilemas-Revista de Estudos de Conflito e Controle Social,* 9(1), 1-18. Recuperado de https://revistas.ufrj.br/index.php/dilemas/article/view/7680/6191

Na, K. S., Paik, J. W., Yun, M. K., & Kim, H. S. (2015). Psychological autopsy: review and considerations for future directions in Korea. *Journal of Korean Neuropsychiatric Association, 54*(1), 40-48.

Nunes, C. F. R.; Rodrigues, C. M. L.; & Faiad, C. (2020). A prática da autópsia psicológica: modelos e desafios na atuação profissional em psicologia. *50ª Reunião Anual da Sociedade Brasileira de Psicologia*. SBP.

O'dea, B.; Larsen, M. E.; Batterham, P. J.; Calear, A. L.; & Christensen, H. (2017). A linguistic analysis of suicide-related Twitter posts. *Crisis, 38*, 319-329.

Oliva, A., Polacco, M., D'Alessio, P., Filograna, L., Tartaglione, T., Zobel, B., & Pascali, V. L. (2011). Will virtual autopsy technology replace the role of forensic pathologist in the future?. *The American Journal of Forensic Medicine and Pathology, 32*(4), e17-e18.

Ortiz, P.; & Khin Khin, E. (2018). Traditional and new media's influence on suicidal behavior and contagion. *Behavioral Sciences & the Law, 36*(2), 245-256.

Pérez, T. G. (2007). Pericia en autopsia psicológica: consideraciones preliminares. Suicidología. Investigaciones criminológicas. Accidentología. Aplicación a la investigación criminal (aplicación criminalística); al derecho penal y al civil, ya la prevención de las muertes violentas en la comunidad. *Manual para el uso del MAPI. La generalización del MAPI a América latina. Glosario*. La Rocca.

Robins, E.; Gassner, S.; Kayes, J.; Wilkinson Jr., R. H.; & Murphy, G. E. (1959). *The communication of suicidal intent: a study of 134 consecutive cases of successful (completed) suicide. American Journal of Psychiatry, 115*(8), 724-733.

Rodrigues, M. M. A. (2009). Suicídio e sociedade: um estudo comparativo de Durkheim e Marx. *Revista Latinoamericana de Psicopatologia Fundamental, 12*(4), 698-713.

Rodríguez, J. H., Mares, A. I. C., & Coyaso, F. J. R. (2013). Propuesta de un protocolo para la ejecucion de autopsia psicologica empleando sociometria conductual. *Archivos de Criminología, Seguridad Privada y Criminalística, 1*(1), 109-120.

Rojas, I. A. J. (2001). La autopsia psicológica como instrumento de investigación. *Revista colombiana de psiquiatría, 30*(3), 271-276. Recuperado de http://www.scielo.org.co/pdf/rcp/v30n3/v30n3a06.pdf

Santos, S. M. D. S. F. M. D. (2009). *Suicídio nas forças policiais: um estudo comparativo na PSP, GNR e PJ*. Dissertação (Mestrado), Universidade do Porto, Portugal.

Segura, J. G. (2016). El uso de la autopsia psicológica para la comprensión y el esclarecimiento de muertes violentas. *Cuadernos de Crisise Emergencias, 15*, 1-11. Recuperado de http://cuadernosdecrisis.com/docs/2016/numero15vol1_2016_3Uso_autopsia_psicologica.pdf

Sher, L. (2013). Psychological autopsy studies: Past, present, and future. *Australian & New Zealand Journal of Psychiatry, 47*(9), 884–884.

Solomon, N. (2018). Redefining the psychological autopsy: A proposal for collaboration between forensic pathology and investigative psychology. *Journal of Investigative Psychology and Offender Profiling, 15*(1), 46-50.

Sperb, I. W. (2003). *Suicídio em população rural e urbana de pequeno porte.* Tese (Doutorado), Universidade Federal do Paraná, Brasil.

Vidal Palmer, L. E.; Pérez González, E.; & Borges González, S. A. (2005). La autopsia psicológica: una mirada desde la perspectiva Cubana. *Revista del Hospital Psiquiátrico La Habana, 2*(3). Recuperado de http://www.revistahph.sld.cu/hph0305/hph03305.htm

Weinberger, L. E.; Botello, T. E.; & Gross, B. H. (2018). Psychological Autopsy: consultative tool for suicide determination. In Sathyavagiswaran, L.; & Rogers, C. B. (Orgs.), *Multidisciplinary Medico-Legal Death Investigation: Role of Consultants.* (pp. 119-137). Rio de Janeiro: Elsevier.

Werlang, B. S. G. (2000). *Proposta de uma entrevista semi-estruturada para autópsia psicológica em casos de suicídio.* Tese (Doutorado), Universidade de Campinas, Campinas, Brasil.

Werlang, B. S. G. (2007). Avaliação retrospectiva: autópsia psicológica para casos de suicídio. In J. A. Cunha, (Org.), *Psicodiagnóstico-V* (196-201). 5ª. ed. Porto Alegre: Artmed.

Werlang, B. S. G. (2012). Autópsia Psicológica, importante estratégia de avaliação retrospectiva. *Ciência & Saúde Coletiva, 17*(8), 1955-1957. Recuperado de https://www.scielosp.org/article/csc/2012.v17n8/1955-1957/pt/

Wong, P. W., Chan, W. S., Beh, P. S., Yau, F. W., Yip, P. S., & Hawton, K. (2010). Research participation experiences of informants of suicide and control cases: taken from a case-control psychological autopsy study of people who died by suicide. *Crisis, 31*(5), 238–246.

Zalsman, G., Tov, Y. S., Tzuriel, D., Shoval, G., Barzilay, R., Fire, N. T., ... & Mann, J. J. (2016). Psychological autopsy of seventy high school suicides: Combined qualitative/quantitative approach. *European Psychiatry, 38*, 8-14.

Zanello, V. (2018). *Saúde mental, gênero e dispositivos*: cultura e processos de subjetivação. Curitiba: Appris.

Zhang, J.; Conwell, Y.; Zhou, L.; & Jiang, C. (2004). Culture, risk factors and suicide in rural China: a psychological autopsy case control study. *Acta Psychiatrica Scandinavica, 110*(6), 430-437.

9. AVALIAÇÃO PSICOLÓGICA EM SITUAÇÕES DE EMERGÊNCIAS E DESASTRES: ASPECTOS TEÓRICOS E PRÁTICOS DO CONTEXTO DE BRUMADINHO-MG

Akauito Elcino Moreira Teixeira
Fernanda Soares dos Santos
Geiscislene Marta Martins

Introdução

Diante dos desastres e emergências vivenciados nos últimos anos, não só no Brasil, como em diversos países, a Psicologia enquanto ciência e profissão vêm ampliando os estudos e discussões acerca do tema. A construção de conhecimento neste campo de atuação visa a constante produção de evidências científicas que permitam maior compreensão por parte dos profissionais, que por sua vez, pode implicar em maior capacidade na identificação de demandas, intervenções precoces e na prevenção na deterioração dos estados psicológicos.

No âmbito nacional, as recentes catástrofes ocorridas em diversos contextos (incêndios, enchentes e deslizamentos), bem como a crescente publicidade desses eventos por parte de noticiários e redes sociais, deixaram em evidência este tema tão caro à saúde mental dos envolvidos. No estado de Minas Gerais, a cidade de Brumadinho sofreu impactos incalculáveis após o rompimento de uma barragem de rejeitos da extração de minérios conhecida como Mina Córrego do Feijão. Ao total, 270 pessoas foram vitimadas, 11 se encontram desaparecidas e inúmeras outras foram impactadas direta ou indiretamente após a deposição imediata de 2 milhões de metros cúbicos de rejeitos na calha do Rio Doce.

Neste cenário, o exercício da Avaliação Psicológica (AP) pode estar presente em distintos níveis e com singularidades teóricas e práticas que serão descritas neste capítulo.

1 Aspectos teóricos

Na exposição a um evento traumático ou estressor, os envolvidos podem desenvolver distintas manifestações, individual ou coletivamente, que por sua vez geralmente estão acompanhadas de alterações psicológicas importantes (Lomeña, 2007). Neste sentido, o psicólogo, enquanto membro da equipe de atuação junto às vítimas possui um papel crucial na construção de intervenções que possam mitigar os impactos do cenário vivenciado em emergências e desastres.

Atualmente, o exercício do psicólogo na Psicologia de Emergências e Desastres (PED) tem contribuído para a consolidação deste campo de atuação e seus desdobramentos. No Brasil, tem datado como início desta prática profissional o ano de 1987, no qual após o acidente radioativo de Goiânia (atualmente considerado o maior acidente radioativo no país) colocou em evidência a necessidade de profissionais capacitados para atuação nestes cenários de emergências e desastres, diversos conhecimentos foram produzidos ao longo dos eventos trágicos que se sucederam.

No que se refere à conceituação teórica, dois aspectos são importantes para compreensão deste campo, o entendimento de emergências e de desastres.

Situações de emergências implicam, de maneira geral em momentos críticos, que envolvem acontecimento perigoso ou fortuito, incidente, e casos de urgência que exigem atendimentos rápidos a uma ocorrência. Diz-se ainda, que uma situação que exige cuidados imediatos, mesmo podendo não estar em estado iminente de morte (Bruck, 2009).

Já com relação aos desastres, Castro (2002) entende que, além do resultado adverso natural ou provocado pelo homem sobre um ecossistema vulnerável, essa situação é caracterizada também pelos danos causados, sejam eles humanos, materiais e/ou ambientais, destacando, ainda, os prejuízos econômicos e sociais. Nesta situação pode-se também classificar os desastres quanto a sua tipologia, intensidade e evolução. A tipologia está relacionada ao agente causal, ou seja, natural ou causado pelo homem, podendo ainda ser misto. A intensidade diz a respeito à classificação do porte, sendo pequeno, médio ou grande, e há também uma interpretação acerca da repercussão do fato sendo ele local, estadual, nacional e até mesmo internacional. Por fim, a evolução, que está correlacionada com o desenvolvimento durante e após o fato. Acrescenta-se ainda os danos, prejuízos sociais e econômicos impactando diretamente os seres humanos e suas relações.

Desta forma, dentre as definições de Psicologia das Emergências e Desastres, para Paranhos e Werlang (2015) o conceito de PED está intimamente relacionado, com a resposta a tais contextos, devendo, portanto, apropriar-se dos pilares que norteiam as intervenções em emergências, delimitando os objetivos e o conhecimento necessário para tal.

Segundo Fonseca et al (2015), os eventos de riscos, emergências e desastres, requerem uma atuação diferenciada especializada dos profissionais inseridos no evento, incluindo o psicólogo. A diferenciação entre a atuação do psicólogo de emergência, com a do psicólogo clínico, por exemplo, está em seu formato de intervenção, no *rapport*, enquadre inicial e contrato. O trabalho é diferenciado quanto ao recebimento de seus clientes, na emergência a abordagem é proativa, é necessária aproximação, pois sobreviventes e familiares de vítimas tomados por emoções, apresentam baixíssima capacidade discriminativa. O papel do psicólogo nesse campo vem mudando e construindo uma nova modalidade do fazer psicológico.

Todo posicionamento do profissional da Psicologia precisa ser embasado por um viés teórico de compreensão do comportamento humano. Fonseca et al (2015), concluiu que, para atuar nesta área, não é necessária seguir uma abordagem específica, e sim a partir de referencial teórico, ter conhecimento sobre : processo de formação e rompimento de vínculos; luto e morte; desastre e trauma; técnicas de comunicação; técnicas *debriefing* e *defusing* e desmobilização psicológica; técnicas de enfrentamento e manejo do estresse; manejo *burnout*; psicoterapia e dinâmica de grupo; técnicas de intervenção comunitária; recuperação de redes e suporte social; resolução de problemas em situação de desastre; técnicas de atendimento em situação de crise; e outras demandas secundárias, como conhecimentos sobre psicopatologia, cognição e aspectos socioemocionais que também contribuem para a atuação profissional.

Para Mattedi (2018), a PED se insere em medidas do trabalho multidisciplinar, medidas estas focadas na promoção, proteção e recuperação da saúde – física e mental – justificando, assim, a inclusão do saber psicológico em tais cenários. Essa inclusão se dá na parceria de diversas categorias profissionais, como aponta documento elaborado pela Secretaria de Política Nacional de Defesa Civil (PNPDEC) para atuação nas seguintes fases: Prevenção/Mitigação; Preparação; Resposta; Reconstrução no pós-desastre.

É possível identificar que, mesmo diante de diversos conceitos de PED e situações de risco, existe uma consonância em pensar nas divisões coletiva e individual, públicas, privadas e principalmente subjetivas dos acontecimentos, uma análise complexa da situação e suas repercussões são fundamentais para a construção da atuação prática dos profissionais em qualquer uma das fases. Neste processo, que pode ser dividido em etapas e/ou de forma dinâmica, a contribuição da Avaliação Psicológica pode ser significativa para construção de intervenções eficazes.

1.1 Avaliação Psicológica

Levando em conta que Avaliação Psicológica compreende um processo dinâmico e limitado (pelo tempo e por outras contingências), diversos tipos de avaliação podem ser aplicados junto ao contexto de emergências e desastres. Esse processo exige dos profissionais conhecimentos e habilidades para identificar a demanda, construir a metodologia que será empregada, elaborar uma hipótese diagnóstica, selecionar instrumentos e técnicas a serem utilizadas, expertise em estatística, capacidade para transmissão das informações colhidas, bem como a tomada de decisão mais assertiva para o caso.

Para isso, compreender os fenômenos envolvidos neste processo relacionado à exposição de situações traumáticas é de fundamental importância para avaliação de indicadores de saúde mental envolvidos nas populações afetadas.

Desta forma, faz-se necessária uma investigação clínica em aspectos que vão desde a identificação de fatores de risco de uma população e/ou indivíduos, ao mapeamento dos danos causados nas esferas emocional, fisiológica, cognitiva e psicossocial. Uma vez que, este difuso impacto em distintas esferas do psiquismo pode ocasionar variados transtornos mentais na população atingida.

Ciente disso, a AP pode ser empregada para compor um campo de investigação, promovendo uma análise complexa e minuciosa das condições psicológicas dos sujeitos pós evento. Podendo também ser realizada com vítimas primárias, vítimas secundárias e todo e qualquer sujeito que tenha sido afetado com o ocorrido. Esse recurso permite ainda que os profissionais se orientarem em relação a um possível diagnóstico e possibilita a construção e condução do projeto terapêutico frente às características encontradas.

1.2 Evidências psicopatológicas relacionada a exposição traumática

Situações traumáticas e/ou estressoras implicam no surgimento de alguns transtornos e comportamentos são esperadas as populações vitimadas. Nesse sentido, Margis (2003) ressalta que a resposta frente a um evento traumático grave frequentemente manifesta-se na forma do Transtorno de Estresse Pós-Traumático (TEPT), podendo também ser comórbida a transtornos de humor, comumente a depressão, transtornos de ansiedade, abuso de álcool e outras substâncias psicoativas.

Em um nível neurofisiológico, sabe-se hoje que na intrínseca relação entre a resposta ao estresse e a síntese de liberação de cortisol, estruturas como hipocampo, amígdala e córtex pré-frontal estão envolvidas no mecanismo biológico durante e após o evento estressor (Gold, Drevets & Charney, 2002). Em especial, estudos indicam que pacientes com TEPT possuem uma hiperativação simpático-adrenal associada a hipofunção no eixo HPA (Hipotálamo, Pituitária, Adrenal).

Desta forma, as estruturas e os processos bioquímicos atuantes no estresse estão presentes tanto em funções cognitivas, quanto emocionais, que por si só, tem um funcionamento intrinsecamente relacionado ao sistema nervoso. Sobre isso, estudos em humanos e animais evidenciam que a formação de memórias tende a ser facilitada por um mecanismo modulatório endógeno, no qual possui forte influência dos hormônios de estresse e ativação da amígdala cerebral (Quevedo, Feier, Agostinho, Martins & Roesler, 2003).

No que se refere aos aspectos neurocognitivos envolvidos no TEPT, Horner e Hamner (2002) ressaltam que, em sua grande maioria, as pesquisas sobre o perfil neuropsicológico destes pacientes demonstram alterações clinicamente importantes na memória (principalmente imediata verbal e visuoespacial), na atenção (verbal e visual) e nas funções executivas (incluindo a resolução de problemas).

Ainda com relação à memória, a sintomatologia apresentada pode incluir lembranças intrusivas angustiantes, recorrentes e involuntárias; sonhos angustiantes recorrentes; reações dissociativas (flashbacks) ou a nível funcional, dificuldade de recordar de algum aspecto do evento traumático (APA, 2013). Achados compatíveis com prejuízos na memória operacional e na memória prospectiva, encontrados em testes psicométricos, também podem se manifestar a depender do quadro (Emygdio et al 2019).

Nos componentes emocionais, uma distinta variabilidade de sinais e sintomas é descrita na literatura sobre o tema. De maneira geral, o sofrimento psicológico intenso ou prolongado, crenças ou expectativas negativas a respeito de si, estado emocional negativo (culpa, pavor, raiva, medo ou vergonha) são reportados como sinais comuns nestes quadros (APA, 2013). Outras respostas emocionais também são descritas por Tull, Barret, McMillan e Roemer (2007), no qual verificou-se que a gravidade dos sintomas de TEPT estava associada a falta de aceitação emocional, dificuldade de engajar-se em metas, dificuldade de controle de impulsos, escassez de estratégias de regulação emocional e a falta de clareza emocional. Em casos com alta sintomatologia para TEPT, Forte, Maia e Kristensen (2018) encontraram maior uso de estratégias desadaptativas como autoculpa, ruminação, catastrofização e culpabilização dos outros. Tanto o comportamento, quanto a ideação suicida também são importantes sintomas a serem investigados na apresentação clínica. Isto porque, no TEPT, evidências apontam para uma maior incidência deste sintoma independente do trauma que originou o quadro (Sher, 2011).

2 Considerações éticas e técnicas

Frente à possibilidade e/ou necessidade de atuação em situações de emergências e desastres, o psicólogo deverá pautar sua prática profissional em parâmetros norteados pelas instituições competentes ao tema. A nível nacional, com a promulgação da Lei nº 12.608/2012, institui-se a Política Nacional de Proteção e Defesa Civil – PNDEC, bem como a criação do Sistema Nacional de Proteção e Defesa Civil – SINPDEC e do Conselho Nacional de Proteção e Defesa Civil – CONPDEC. Essa regulamentação possibilitou importantes ganhos que vão desde a prevenção a prestação de socorro e assistência às vítimas. Devendo o profissional atuante na área, ter ciência das políticas e estratégias coordenadas na forma da lei.

No âmbito da Psicologia, o *Código de Ética Profissional do Psicólogo* estabelece em seu art. 1-a, que o profissional deve "assumir responsabilidades profissionais somente por atividades para as quais esteja capacitado pessoal, teórica e tecnicamente" (CFP, 2005). Ciente disto, a não observância deste preceito básico da atuação profissional pode acarretar sérias implicações negativas tanto para o psicólogo, quanto para a população e equipe envolvida no caso. Isto porque, os conhecimentos necessários neste contexto devem estar amplamente respaldados na literatura científica que abranja aspectos da fronteira entre a Avaliação Psicológica e a Psicologia de Emergências e Desastres. Considerando ainda a ética aplicada à conduta profissional neste cenário, mais à frente, o Código de Ética Profissional ressalta ainda, em seu artigo 1º, que se deve "prestar serviços profissionais em situações de calamidade pública ou de emergência, sem visar benefício pessoal" (CFP, 2005).

Nesse sentido, a prestação de serviços psicológicos no âmbito da avaliação psicológica deve também seguir a Resolução CFP nº 09/2018, que estabelece as diretrizes para realização de avaliação psicológica no exercício profissional (CFP, 2018). E na elaboração do laudo decorrente da avaliação, ou quaisquer outros escritos técnicos, a escrita deverá ser respaldada na Resolução CFP nº 06/2019 (CFP, 2019).

3 Aspectos práticos

A experiência prática em Avaliação Psicológica junto a população atingida pelo rompimento da barragem de rejeitos, na cidade de Brumadinho, possibilitou a identificação de importantes fatores a serem investigados no exercício profissional em contexto de emergências e desastres.

Em primeiro lugar, cabe ressaltar que existe uma particularidade na demanda inicial percebida no contexto investigado. Como as avaliações realizadas foram, em sua grande maioria, solicitadas após um ano do rompimento da barragem, as demandas de avaliação recebidas se caracterizaram para fins judiciais, nos quais se objetivava a mensuração do impacto causado pela tragédia e avaliação do estado psicológico da pessoa. Esta peculiaridade apresentada na demanda revelou-se como sendo uma importante necessidade de atuação imparcial, na qual foi exigida extrema cautela e compromisso ético na execução da AP e na transmissão dos dados aos seus responsáveis.

Nesse sentido, durante o processo de execução das avaliações foi de extrema necessidade a presença de um raciocínio clínico dinâmico e compreensivo, em razão da grande quantidade de informações a serem investigadas e analisadas e do caráter delicado deste processo. A integração de dados, desde a análise documental do histórico de cada paciente, até o entendimento dos fatores ambientais e socioculturais foram cruciais para a compreensão do curso evolutivo da queixa, para o entendimento de sua gravidade e, em alguns casos, no estabelecimento do diagnóstico diferencial.

Em relação à análise documental, os registros médicos foram, na maioria dos casos, a fonte primária de obtenção de dados. Além disso, certidões e demais registros também contribuíram significativamente para o processo como um todo. Sobre os fatores socioculturais, o entendimento do contexto e o nível de apoio social de cada avaliado podem ser importantes preditores para evolução positiva dos casos, uma vez que, como descrito na literatura por Fonseca et al (2015), esse fator pode mitigar o impacto dos eventos traumáticos. Já os fatores ambientais, incidiram de forma global e duradoura sobre a população vitimada. A exposição repetida aos estímulos traumáticos, como a lama, as imagens de destruição e sirenes de treinamento para salvamento, foram relatos descritos com ênfase e indicativos de sofrimento por parte dos avaliados. Ainda sobre os fatores ambientais, cabe ressaltar que a poeira oriunda do ressecamento da lama depositada na área quente da tragédia, pode ter influenciado o aumento da incidência de doenças respiratórias entre a população local, visto que grande parte dos entrevistados informaram esta relação.

Outro aspecto importante observado foi a maior frequência de comorbidades entre a população avaliada. De modo geral, estiveram associados quadro de depressão, transtornos de ansiedade e o Transtorno de Estresse Pós-Traumático. Frente a isso, um julgamento clínico acurado é fundamental para o estabelecimento do diagnóstico diferencial, que a depender da situação, pode melhor explicar a demanda levantada.

Considerando a sintomatologia apresentada em vítimas de estresse ou de episódios traumáticos, é relevante a investigação de aspectos emocionais, de personalidade, cognitivos e de interação social. Desta forma, a escolha dos instrumentos utilizados foi feita de acordo com os construtos a serem avaliados e as características apresentadas pela população. Por exemplo, os instrumentos projetivos de personalidade ajudaram a identificar possíveis casos de simulação de sintomas. Por outro lado, as escalas psicométricas de personalidade forneceram medidas consistentes e rápidas sobre construtos relacionados à demanda investigada.

A partir do exposto, observa-se que o maior letramento científico do profissional implicará em tomadas de decisão mais acuradas e embasadas em evidências.

Conclusão

A crescente demanda de produção de conhecimento na área de emergências e desastres têm revelado importantes aplicações deste conceito em contextos variados e por vezes, iminentes. Para isso, o desenvolvimento de habilidades e competências específicas por parte do psicólogo são cruciais neste exercício profissional. Uma vez que, o alinhamento entre os aspectos teóricos, éticos, metodológicos e práticos das emergências e desastres está presente no raciocínio clínico que embasa esta prática.

No contexto descrito, a prática de avaliação psicológica contribuiu para melhor entendimento de demandas e o estabelecimento de projetos terapêuticos mais assertivos.

Partindo disso, é possível afirmar que um profissional especializado tem mais capacidade técnica para atuar principalmente nesse contexto de fragilidades, cabendo às autoridades e a diretrizes nacionais exigirem profissionais qualificados

Referências bibliográficas

American Psychiatric Association – APA. (2013). *Diagnostic and Statistical Manual of Mental Disorders.* (3ª ed.). Washington, DC: American Psychiatric Association.

Brasil. Casa Civil. (2012). *Lei nº 12.608, de 10 de abril de 2012. Institui a Política Nacional de Proteção e Defesa Civil - PNPDEC; dispõe sobre o Sistema Nacional de Proteção e Defesa Civil - SINPDEC e o Conselho Nacional de Proteção e Defesa Civil - CONPDEC; autoriza a criação de sistema de informações e monitoramento de desastres; altera as Leis nºs 12.340, de 1º de dezembro de 2010, 10.257, de 10 de julho de 2001, 6.766, de 19 de dezembro de 1979, 8.239, de 4 de outubro de 1991, e 9.394, de 20 de dezembro de 1996; e dá outras providências.* Recuperado de http://www.planalto.gov.br/ccivil_03/_ato2011-2014/2012/lei/l12608.htm

Bruck, N. R.V. (2009). *Curso Psicologia*: emergências e desastres. Senasp/MJ. Recuperado de http://www.defesacivil.es.gov.br/files/meta.pdf.

Castro, A. L. C. de. (1998). *Glossário de Defesa Civil*: estudos de riscos e medicina de desastres. (2ª ed.). Brasília, MPO, Departamento de Defesa Civil. Recuperado de http://www.defesacivil.mg.gov.br/images/documentos/Defesa %20Civil/manuais/GLOSSARIO-Dicionario-Defesa-Civil.pdf.

Conselho Federal de Psicologia – CFP. (2005). *Código de Ética Profissional do Psicólogo.* Brasília: Conselho Federal de Psicologia.

Conselho Federal de Psicologia – CFP. (2018). *Resolução CFP nº 09/2018. Estabelece diretrizes para a realização de Avaliação Psicológica no exercício profissional da psicóloga e do psicólogo, regulamenta o Sistema de Avaliação de Testes Psicológicos - SATEPSI e revoga as Resoluções n° 002/2003, nº 006/2004 e n° 005/2012 e Notas Técnicas n° 01/2017 e 02/2017.* Recuperado de http://crp11.org.br/upload/Resolu%C3%A7%C3%A3o-CFP-n%C2%BA--09-2018-com-anexo.pdf

Conselho Federal de Psicologia – CFP. (2019). *Resolução CFP nº 06/2019. Institui regras para a elaboração de documentos escritos produzidos pela(o) psicóloga(o) no exercício profissional e revoga a Resolução CFP nº 15/1996, a Resolução CFP nº 07/2003 e a Resolução CFP nº 04/2019.* Brasília: Conselho

Federal de Psicologia. Recuperado de https://www.in.gov.br/materia/-/asset_publisher/Kujrw0TZC2Mb/content/id/69440957/do1-2019-04-01-resolucao-n-6-de-29-de-marco-de-2019-69440920

Emygdio, N. B. et al. (2019). Efeitos do Transtorno de Estresse Pós-Traumático na Memória. *Psicologia: Ciência e Profissão, 39*. Recuperado de https://www.scielo.br/scielo.php?script=sci_arttext&pid=S1414-98932019000100101&tlng=pt .

Fortes, A. B.; Maia, C. P.; & Kristensen, C.H. (2018). Estratégias cognitivas de regulação emocional: associação com sintomas pós-traumáticos. *Psicologia, Saúde & Doenças*, 19(3), 605-616. Recuperado de http://www.scielo.mec.pt/scielo.php?script=sci_arttext&pid=S1645-00862018000300011

Fonseca, J. P. da et al. (2015). Intervenção psicológicas em emergências: a construção de uma práxis. In Franco, M. H. P. (Org.), *A intervenção psicológica em emergências*: fundamentos para a prática. São Paulo: Summus.

Gold P. W.; Drevets W, C.; & Charney D. S. (2002). New Insights into the Role of Cortisol and the Glucocorticoid Receptor. In *Severe Depression*. Society of Biological Psychiatry. Recuperado de https://www.psychiatry.wisc.edu/abercrombie/pdfs/Gold%20P.W.,%20Biol%20Psychiatry%20 52,%202002.pdf .

Horner, M. D.; & Hamner, M. B. (2002). Neurocognitive functioning in posttraumatic stress disorder. *Neruopsychology Review, 12*, 15-30.

Lomeña, E. (2007). Breve histórico de la psicología de catástrofes. In J. M. Fernández (Ed.), *Apoyo psicológico en situaciones de emergencias*. Recuperado de https://www.scielo.br/scielo.php?script=sci_ links pid=S1414-98932015000200557000018 & lng=en.

Margis, R. (2003). Comorbidade no transtorno de estresse pós-traumático: regra ou exceção?. *Rev.Bras.Psiquiatria*. Recuperado de http://www.scielo.br/scielo.php?script=sci_arttext&pid=S1516-44462003000500005&lng= en.

Mattedi, M. A. (2008). A abordagem psicológica da problemática dos desastres: um desafio cognitivo e profissional para a Psicologia. *Rev. Psicol. Ciência e Profissão, 28*(1).

Paranhos, M. E.; & Werlang, B. S. G. (2015). Psicologia nas emergências: uma nova prática de ser discutida. *Psicol. Cienc. Prof., 35*(2), 557-571. Recuperado de http://www.scielo.br/scielo.php?script=sci_arttext&pid=S141489320150002005578&lng=en

Quevedo, J.; Feier, G.; Agostinho, F. R.; Martins, M. R.; & Roesler, R. (2003). Consolidação da memória e estresse pós-traumático. *Brazilian Jour-*

nal of Psychiatry, *25*(1), 25-30. Recuperado de https://dx.doi.org/10.1590/S1516-44462003000500007.

Sher, L. (2011). Brain-derived neurotrophic factor and suicidal behavior in patients with posttraumatic stress disorder. *Brazilian Journal of Psychiatry*, 33(1), 105-106. Recuperado de https://doi.org/10.1590/S1516-44462011000100024

Tull, M.; Barret, H.; McMillan, E.; & Roemer, L. (2007). A Preliminary Investigation of the Relationship Between Emotion Regulation Difficulties and Posttraumatic Stress Symptoms. *Behavior Therapy*, *38*(3), 303-313. Recuperado de https://www.sciencedirect.com/science/article/pii/S0005789407000214 .

10. AVALIAÇÃO PSICOLÓGICA DO USO INADEQUADO DOS JOGOS ELETRÔNICOS

Fernanda Gonçalves da Silva

Atualmente, a indústria dos videogames apresenta uma das maiores taxas de crescimento e estima-se que crescerá nos próximos anos duas vezes mais que a indústria fonográfica e 7,2% da indústria do cinema. Na busca por fidelizar seus clientes os fabricantes desenvolvem jogos e equipamentos que permitam uma maior imersão digital, o que hoje é possível em razão da ampliação da capacidade gráfica e o aumento do poder dos hardwares (Fleury, Nakano & Cordeiro, 2014). Outra estratégia frequentemente utilizada é a elaboração de jogos que envolvam o jogador na história, geralmente com um conteúdo emocional ou que exija um acesso constante para sua continuidade. Além disso, a realidade virtual potencializou a possibilidade de interagir com algo que não é real, mas que causa sensação semelhante enquanto está sendo usado (Hand, 1994). Trata-se de uma interface que possibilita a simulação de um ambiente real e permite aos participantes interagirem com o mesmo (Latta & Oberg, 1994) por poder visualizar, manipular e interagir com representações extremamente complexas (Aukstakalnis & Blatner, 1992).

Em 2017, segundo pesquisa realizada nos Estados Unidos pela Entertainment Software Association, aproximadamente 1,98 bilhões de pessoas jogam videogames. Os dados revelam que o público é muito homogênio, sendo 56 % dos jogadores homens e 44% mulheres. Além disso, 44% estão acima de 36 anos, o que revela o potencial dos jogos eletrônicos como entretenimento e não mais como brincadeira do público infantil.

É um fenômeno recente, com poucos estudos conclusivos a respeito do tema e que divide opiniões. Apesar de ainda não haver clareza nos critérios de avaliação, sabe-se que o uso inadequado dos jogos eletrônicos pode gerar danos nos aspectos físicos, psicológicos e sócias (King et al, 2013).

Os benefícios dos jogos eletrônicos

As consequências negativas do uso inadequado dos jogos eletrônicos estão nas mais diversas pesquisas, visando mostrar que podem gerar prejuízos à saúde. Porém, os jogos têm se revelado importantes instrumentos para promoção de saúde e aprendizagem, pois são desenvolvidos para o entretenimento e oferecem ao jogador um mundo alternativo e seguro no qual é possível explorar e refletir sobre suas próprias deficiências e habilidades, o que favorece a adesão às intervenções. Dessa forma, os videogames se tornam uma possível forma de inserir as crianças, adolescentes, adultos e idosos na psicoterapia, nos processos de aprendizagem e nos treinamentos cognitivos.

No que diz respeito aos benefícios, pesquisas revelam que jogos eletrônicos podem ser utilizados também como instrumento de auxílio para aprendizagem e reabilitação cognitiva, além de potencial terapêutico para reduzir a ansiedade e auxiliar nos transtornos oriundos desta. Porém, muitos autores sinalizam uma prática frequente do uso excessivo dos games podem resultar em um prejuízo ao bem-estar do indivíduo (Abreu, Karam, Goes & Spritzer 2008; Primack, Caroll & McNamara, 2012; Sim et al, 2012).

Embora seja frequente a associação de jogos a aspectos negativos, o videogame tem se revelado uma ferramenta eficaz na reabilitação cognitiva de pessoas idosas, por aumentar a capacidade da memória operacional (memória presente) atuando na capacidade de manipulação dos estímulos e remoção de itens irrelevantes a memória. Em especial os jogos de estratégias incitam uma melhora na memória de trabalho, memória de curto prazo e raciocínio, pois desenvolve as regiões do cérebro responsáveis pelo uso de uma grande variedade de competências cognitivas.

Ha evidências científicas que os games estimulem o pensamento lógico por envolver resolução de problemas, propor estratégias, organizar elementos e antecipar resultados; a observação tendo em vista que boa parte dos jogos exige que o jogador seja capaz de discriminar na tela os inúmeros objetos, reconhecendo cada um deles e traçando possíveis trajetórias; localização e representação espacial, cartografia e representação espacial que é exigido em mapas, plantas e recursos como bússola comuns em jogos para a orientação do personagem; tomadas de decisão que é um aspecto particularmente importante em jogos de estratégia e onipresente em jogos que envolvem situações difíceis e planejamento que está presente em muitos games que envolvem um alto nível de atividade cognitivas (*Role-playing game*).

Pesquisas revelam a eficiência de jogos eletrônicos como um instrumento que proporciona um relaxamento e não estresse conforme a teoria acima sugestiona. Este potencial dos videogames como um uma fonte de relaxamento tem se evidenciado nas pesquisas que o utilizam como auxilio no tratamento de transtorno de ansiedade em adultos e crianças e no transtorno e estresse pós-traumático (Moore et al, 2002; Marcano, 2008; Sharry et al, 2003).

Embora alguns critérios ainda não sejam bem definidos com relação ao tema, como por exemplo, a nomenclatura deste fenômeno, sendo classificado como: vício (Sim et al, 2012; King et al, 2013); uso problemático (Lemmens, Valkenburg & Peter, 2009); uso excessivo do jogo (Daniel & Delfabbro, 2013); ou engajamento (Van Rooij, Schoenmakers & Vermulst, 2011); e há uma concordância por parte dos pesquisadores de que há um uso desmedido, e que esta falta de controle pode gerar dano psicológico, social ou físico (Starcevic, 2013).

Uso abusivo dos jogos eletrônicos

Inicialmente o impacto ou o uso inadequado dos jogos eletrônicos era mensurado a partir de instrumentos que tinham como objetivo avaliar os distúrbios causados pelo uso compulsivo da internet ou o uso de outras substâncias. Para tal, os critérios utilizados eram: (1) preocupação com jogos, (2) os sintomas de abstinência quando é necessário interromper o acesso, (3) tolerância: a necessidade de aumentar a quantidades de tempo envolvidas em jogos na Internet, (4) tentativas de controlar o uso de jogos na Internet sem sucesso; (5) utilizar os jogos de modo excessivo apesar do conhecimento de problemas psicossociais negativos; (6) perda de interesse em lazer e entretenimento, exceto em jogos na Internet, (7) o uso da Internet para jogos para com intuito de melhorar o humor; (8) enganar os membros da família, terapeutas, ou outros a respeito da quantidade de jogos na Internet, e (9) colocar em risco ou perder um relacionamento significativo, trabalho, educacional ou oportunidade de carreira por causa do uso de jogos na Internet (Starcevic, 2013; Van Rooij, Schoenmakers & Vermulst, 2011).

O uso inadequado dos jogos eletrônicos foi incluído na seção II do *Manual de Diagnóstico e Estatístico de Transtornos Mentais* (DSM-V) relacionado com substâncias e transtornos aditivos. Nele são sugeridos nove critérios de identificação, são eles: agitação ou irritabilidade ao tentar parar de jogar; preocupação frequente com o jogo ou perda de um significativo relacionamento profissional, de educação, ou oportunidade de trabalho em razão do jogo; mente para esconder a extensão e envolvimento com o jogo, faz repetidos esforços sem sucesso para controlar; reduzir ou interromper o hábito de jogar, necessidade de investir quantidades de dinheiro aumentando a fim de alcançar a emoção desejada e depois de perdê-lo no jogo muitas vezes retorna com o objetivo de recuperar a perda e depende dos outros para fornecer dinheiro para saldar a situação financeira causada pelo vicio (APA, 2013) .

O reconhecimento oficial de problemas desadaptativos em relação a jogos eletrônicos desencadeou no surgimento da adição de um novo transtorno, incluído na 11ª edição do *Manual de Classificação Internacional de Doenças* (CID) e no DSM-V. De acordo com a Organização Mundial da Saúde, o Internet Gaming Disorder (IGD) foi estabelecido a partir de um consenso pelos especialistas de diferentes áreas, com base em dados de regiões geográficas diferentes, com uma promessa de atenção especial em trazer visibilidade para tratamentos eficazes dessa nova condição (WHO, 2020).

A relevância do tema tem levado os pesquisadores a desenvolverem instrumentos que permitam avaliar diretamente o uso problemático dos jogos eletrônicos, como, por exemplo, Gaming Addiction Scale (GAS) (Lemmens, Valkenburg & Peter, 2009), Video Game Addiction Test (VAT) (Van Rooij, Schoenmakers & Vermulst, 2011), *Problematic Online Gaming Questionnaire* (POGQ) (Orsolya, et al, 2013) e Cyberchondria Severity Scale (CSS) (McElroy & Shevlin, 2014). O objetivo das referidas escalas é identificar o comportamento inadequado do uso dos jogos. Dentre elas, a POGQ se diferencia por ter como proposta explorar os componentes que definem o que seria um jogo on-line problemático, e medir essas dimensões. As referidas escalas passaram por adaptação transcultural seguindo as orientações do International Test Comission.

Segundo o DSM-V, o transtorno do jogo com muita frequência se relaciona a outros transtornos, como: de personalidade antissocial, transtornos depressivo, transtorno bipolar e outros. Algumas pessoas diagnosticadas com este transtorno tendem a serem impulsivas, competitivas, cheias de energia, inquietas e a sofrerem com distorções do pensamento. Também é frequente sentirem-se deprimidas, solitárias e impotentes quando não conseguem êxito no jogo. Além disso, é alta a incidência de indivíduos em tratamento para transtorno de jogo ter ideação suicida (APA, 2013).

Em contrapartida, diversas pesquisas revelam os jogos como um excelente aliado na promoção de saúde e bem-estar, dentre os aspectos citados na literatura estão seus benefícios à adesão as intervenções por criar um ambiente prazeroso e lúdico; auxílio na retenção e reabilitação de habilidades cognitivas como a memória, atenção e raciocínios; auxilio no tratamento de ansiedade, nos tratamentos de fobias. Desta forma, um dos desafios do profissional psicólogo é o diagnóstico diferencial entre um hábito ou um comportamento prejudicial à saúde (Daniel & Delfabbro, 2013).

As contribuições da Avaliação Psicológica

Em razão dos motivos expostos, faz-se necessário a construção e validação instrumentos que permitam identificar o uso problemático de videogames. Na literatura atual, particularmente na brasileira, existem poucos instrumentos validados com esse objetivo, e, por esse motivo, a pesquisa torna-se relevante por possibilitar um diagnóstico mais preciso, bem como servir como base para novos estudos científicos.

A necessidade da construção de testes psicológicos cada vez mais adequados para contextos específicos, que apresentem uma clara fundamentação teórica, com amostras de padronização nacional tornou-se um requisito mínimo a partir da Resolução CFP nº 02/2003. Tal documento regulamenta o uso, a elaboração e a comercialização de testes psicológicos no Brasil, juntamente com a criação do Sistema de Avaliação Psicológica (SATEPSI).

Os testes psicológicos, segundo Anastasi e Urbina (2000), são "essencialmente uma medida objetiva e padronizada de uma amostra de comportamento". Tem como principal função medir diferenças entre os indivíduos ou entre as reações do mesmo indivíduo em circunstâncias diferentes.

Diante da possibilidade de um uso inadequado dos jogos eletrônicos promoverem prejuízos à saúde, faz-se necessário instrumental que permita avaliar o grau de risco da referida prática para que a proposta da utilização dos jogos como intervenção seja prescrita. A seguir, serão apresentadas escalas com evidências de validade no Brasil, sendo elas: Gaming Addiction Scale (GAS), Video Game Addiction Test (VAT), *Problematic Online Gaming Questionnaire* (POGQ) e Cyberchondria Severity Scale (CSS)

1. *Gaming Addiction Scale* (GAS)

Lemmens, Valkenburg & Peter (2009), com a construção da GAS, trazem como principal contribuição para o campo de pesquisa relacionado ao uso excessivo de videogames o fato da escala avaliar exclusivamente os comportamentos compulsivos relacionados ao uso de vídeo games com base nos critérios patológicos estabelecidos no DSM-V para vícios de jogos. O instrumento é composto por 21 itens que utilizam como critério: importância, tolerância, mudanças de humor, conflitos, fuga, problemas e recaída, sendo 3 itens para cada fator. As respostas são fornecidas em escala que varia de 0 (nunca) a 4 pontos (muito frequentemente) podendo sua aplicação ser individual ou coletiva.

A escala original demonstrou boa validade concorrente e correlação consistente com as medidas satisfação com a vida .87, competência social .84, solidão .90 e agressão .89. A variável tempo gasto com jogos foi mensurada em horas por semana, encontrando a média de 10.5 h para os homens e 4.3 h para as mulheres. Além disso, essa variável foi investigada em duas amostras independentes de holandeses, a primeira com um N=352, e a segunda com N=369, e apresentou alta confiabilidade em ambas com Alpha de Cronbach na primeira 0,94 e na segunda 0,92 (Lemmens, Valkenburg & Peter, 2009).

2. *Video Game Addiction Test* (VAT)

Van Rooij, Schoenmakers e Vermulst (2011), com a construção da VAT, trazem como principal contribuição para as pesquisas relacionadas ao uso excessivo de videogames o fato da escala avaliar exclusivamente os comportamentos compulsivos relacionados ao uso de vídeo games com base nos critérios patológicos estabelecidos no DSM-V para vícios de jogos. A escala é composta por 14 itens e tem como proposta mensurar a dependência de jogos a partir dos critérios: perda de controle; conflitos entre comportamento e os problemas associados com jogos e utilização do jogo como uma maneira de lidar com os problemas ou melhorar o humor e os sintomas de abstinência se o jogador é forçado a parar de jogar. As respostas são fornecidas em escala que varia de 0 (nunca) a 4 pontos (muito frequentemente) podendo sua aplicação ser individual ou coletiva.

A escala original demonstrou boa validade concorrente e pouca variabilidade com relação a sexo, etnia.

3. *Problematic Online Gaming Questionnaire* - PGOQ

O *Problematic Online Gaming Questionnaire* (PGOQ) tem como objetivo identificar e operacionalizar os indicadores do uso inadequado de jogos on-line. Para tal, a pesquisa constou com uma amostra de 3.415 jogadores (90% do sexo masculino, com idade média 21 anos), recrutados através de sites de jogos on-line (Orsolya et al, 2013).

O instrumento foi aplicado nas pessoas consideradas em situação de risco para identificar o perfil latente. Como metodologia, foi utilizada análise fatorial exploratória e análise fatorial confirmatória, revelando a existência de 6 dimensões: Preoccupation (2 itens), Overuse (3 itens), Immersion (4 itens), Social isolation (3 itens), Interpersonal conflict (2 itens) e Withdrawal (4 itens), sendo composto o instrumento final com 18 itens.

A POGQ revelou-se um instrumento adequado de medição para a avaliação diferenciada dos jogos relacionados problemas em seis domínios.

4. *Cyberchondria Severity Scale* - CSS

A *Cyberchondria Severity Scale* (CSS) é uma escala de 33 itens desenvolvida por McElroy e Shevlin (2014), com a proposta de avaliar a gravidade do referido comportamento – *cyberchondria*. A escala foi submetida à análise confirmatória, consistência interna, validade convergente e validade incremental, usando uma amostra de 539 adultos nos Estados Unidos. O comportamento é avaliado pela frequência, utilizando uma Escala de Likert de 5 pontos, de 0 (nunca) a 4 (muito frequentemente).

A análise confirmatória indicou a existência de 5 fatores que se subdividem em compulsão, angústia, excessos, confiança e desconfiança nos médicos, sendo este último o fator menos consistente na escala. O instrumento revela alta consistência interna, juntamente com boa validade simultânea e convergente. As análises indicaram correlação significativa dos fatores angústia, excessos, confiança e desconfiança nos médicos com ansiedade de saúde.

Uma escala que permita mensurar diretamente o fenômeno *cyberchondria* favorece uma ampla variedade de pesquisas futuras bem como contribui para o desenvolvimento e a validação de intervenções em pacientes que apresentem o referido comportamento.

Considerações finais

Este capítulo teve como objetivo apresentar ferramentas, adaptadas para a população brasileira, que possam contribuir para um diagnóstico diferencial entre um hábito ou hobby, por um lado, e um comportamento prejudicial à saúde mental, por outro lado.

Os instrumentos citados neste capítulo possuem estudos de evidências de validade para a população brasileira. Cabe ressaltar que os instrumentos citados apresentam boas propriedades psicométrica, podendo contribuir para o diagnóstico diferencial de comportamentos inadequados de jogos eletrônicos, porém tratam-se de instrumentos de apoio, e não de testes psicológicos.

Tais instrumentos podem, assim, serem utilizados como entrevistas clinicas, uma vez que ainda não apresentam tabelas normativas, mas certamente contribuem para organizar o pensamento na integração dos dados e compreender se se trata de um uso patológico ou não.

Referências bibliográficas

Abreu, C.; Karam, R.; Goes, D.; & Spritzer, D. (2008). Internet and videogame addiction: a review. *Revista Brasileira de Psiquiatria, 30*(2), 156-67.

American Psychiatric Association – APA. (2013). *Diagnostic and Statistical Manual of Mental Disorders (DSM-V)*. Arlington, VA: American Psychiatric Association.

Aukstakalnis, S.; & Blatner, D. (1992). *Silicon mirage*: the art and science of virtual reality. Berkeley: Peachpit Press.

Conselho Federal de Psicologia – CFP. (2003). *Resolução CFP nº 02/2003. Define e regulamenta o uso, a elaboração e a comercialização de testes psicológicos e revoga a Resolução CFP n° 025/2001*. Brasília: Conselho Federal de Psicologia. Recuperado de https://site.cfp.org.br/wp-content/uploads/2012/05/resoluxo022003.pdf

Daniel, L. K.; Delfabbro, P. H. (2013). Issues for DSM-5: Video game disorder. *Aust N Z J Psychiatry, 47*, 20-22.

Fleury, A.; Nakano, D.; & Cordeiro, J. H. D. (2014). *Mapeamento da indústria brasileira e global de jogos digitais*. BNDES, GEDIGames, NPGT, Escola Politécnica PGT-USP.

Hand, C. (1994). Other faces of virtual reality. *First International Conference MHVR'94 - Lecture Notes in Computer Science*. Moscow: Ed. Springer.

Latta, J. N.; & Oberg, D. J. (1994). A conceptual virtual reality model, IEEE Computer Graphics & Applications. *Browse Jounals & Magazines, 14*, 23-29.

Lemmens, J.S.; Valkenburg, P. M.; Peter, J. (2009). Development and validation of a game addiction scale for adolescents. *Media Psychology, 12*, 77-95.

McElroy, E.; & Shevlin, M. (2014). The development and initial validation of the cyberchondria severity scale (CSS). *J Anxiety Disord, 28*(2), 259-65.

Orsolya, P. et al. (2013). Psychometric Properties of the Problematic Online Gaming Questionnaire Short-Form and Prevalence of Problematic Online Gaming in a National Sample of Adolescents. *Cyberpsychol Behav Soc Netw, 16*(5), 340-348.

King, D. L. et al. (2013). Toward a consensus definition of pathological video-gaming: A systematic review of psychometric assessment tools. *Clinical Psychology Review, 33*, 331-342.

Primack, A.; Caroll, M.; & McNamara, M. (2012). Role of Video Games in Improving Health-Related Outcomes. *American Journal of Preventive Medice, 42*(6), 630–638.

Starcevic, V. (2013). What is Internet addiction? *Australian and New Zealand Journal of Psychiatry, 47*, 16-19.

Sim, T. et al. (2012). A conceptual review of research on the pathological use of computers, video games, and the Internet. *International Journal of Mental Health and Addiction, 10*, 748–769.

Van Rooij, A. J.; Schoenmakers, T. M.; & Vermulst, A. A. et al. (2011). Online video game addiction: identification of addicted adolescent gamers. *Addiction, 106*, 205-212.

World Health Organization – WHO. (2020). *Addictive behaviours*: gaming disorder. Recuperado de https://www.who.int/news-room/questions-and-answers/item/addictive-behaviours-gaming-disorder

World Health Organization – WHO. (2022). *Manual de Classificação Internacional de Doenças (CID-11)*. Recuperado de https://www.who.int/classifications/classification-of-diseases

11. AVALIAÇÃO PSICOLÓGICA INFANTIL

Manuela Ramos Caldas Lins

Débora Alves Amorim

Angélica Maria Ferreira de Melo Castro

Atualmente, a Avaliação Psicológica (AP) corresponde a um processo técnico-científico de investigação de fenômenos psicológicos. O Conselho Federal de Psicologia (CFP), através da Resolução CFP nº. 09/2018, descreve que este processo inclui a coleta de informações através de técnicas, métodos e instrumentos, tais como as entrevistas e os testes psicológicos. O processo de AP pode ser realizado em qualquer contexto de atuação do psicólogo, junto a diferentes públicos-alvo.

No que se refere especificamente às crianças, Santos et al (2020) apontam que a Psicologia auxilia sobremaneira no entendimento dos processos intrínsecos ao desenvolvimento infantil e, por esse motivo, o profissional dessa área tem sido solicitado a identificar e tratar de problemas relacionados especificamente a infância. Assim, percebe-se que a necessidade de uma AP infantil é uma demanda frequente na prática do profissional da psicologia, principalmente nos contextos clínicos e educacionais, uma vez que o processo avaliativo colabora com a possibilidade de tomada de decisão. Neste sentido, o processo é flexível, devendo ser considerado o contexto, os propósitos e o construto a ser investigado, a fim de adequar os instrumentos aos indivíduos avaliados (CFP, 2013). Este tipo de avaliação ultrapassa o aspecto diagnóstico, podendo ter um importante caráter preventivo, uma vez que visa compreender a criança, bem como identificar ou predizer dificuldades e/ou facilidades que podem colaborar com o desenvolvimento da mesma (Schelini, 2019).

Por se tratar de uma atividade complexa, a AP exige habilidades e competências específicas dos psicólogos para lidar com as especificidades do sujeito ou grupo a ser avaliado. É relevante destacar que o público infantil possui diversas especificidades, sobretudo, por se tratar de uma população em desenvolvimento. Deve ser levado em consideração a etapa do desenvolvimento e os aspectos cognitivos, emocionais ou motores, quando feita a comunicação com a criança, bem como a seleção das técnicas para avaliá-la (Spreen, Risser, & Edgell, 1995; Aylward, 2013; Pires, 2017). A leitura, por exemplo, representa uma especificidade a ser levada em consideração, uma vez que alguns instrumentos podem ter como requisito esta habilidade que só é adquirida em uma determinada faixa etária da infância. Com relação ao contexto e o motivo da avaliação, destaca-se como exemplo a investigação em casos de abuso sexual, no qual a avaliação necessita de informações tanto para fins diagnósticos como providências legais, ao passo que deve preservar a intimidade e integridade física e psicológica da criança (Albornoz, 2016).

Considerando essas especificidades e as demandas advindas desse público, pode-se utilizar diversas ferramentas, dentre as quais estão os testes psicológicos, a observação e a entrevista. Para auxiliar no uso destas ferramentas, conta-se com as estratégias lúdicas, que vão desde brinquedos estruturados até filmes, como será exposto mais adiante.

Essas ferramentas são importantes por permitirem o acesso a informações sobre o paciente e suas demandas clínicas. É importante que o profissional as conheça e saiba como utilizá-las de forma adequada. A observação clínica situa-se dentre essas ferramentas e pode ser definida como monitorização das ações dos outros ao mesmo tempo em que se registram as informações, sendo também classificada como uma pesquisa comportamental (Cohen, Swedlik, & Sturman, 2014). Durante o processo de AP infantil, a observação pode ser utilizada de duas formas. Na primeira, considerada a mais comum, ela é realizada durante todo o processo avaliativo, já que o psicólogo observa os comportamentos não verbais do avaliando durante o emprego de todas as ferramentas utilizadas. Na segunda, sendo menos comum e muitas vezes mais onerosa quanto ao tempo e recursos financeiros empregados, o psicólogo irá observar os comportamentos do avaliando em ambientes naturais, tais como: escolas, hospitais, ambientes familiares, dentre outros. O registro dos dados observacionais, de acordo com Santos et al (2020), pode ser feito de forma sistemática por meio de protocolos específicos ou não sistemática por meio de notas. Independente da forma de registro, é preciso cautela para que aspectos subjetivos do examinador não interfiram na leitura ambiental e consequentemente nas conclusões obtidas.

A observação pode parecer uma das técnicas menos científica, no entanto, quando utilizada de maneira adequada, é uma ferramenta extremamente útil para a obtenção de informações qualitativas e quantitativas sobre a ação dos avaliandos, por exemplo: ao observar como a criança se comporta durante o intervalo das aulas na escola, o psicólogo constata que quando pegam o brinquedo sem a sua permissão (estímulo externo) ela emite a resposta comportamental de agressão verbal e física. Diante desta situação, o psicólogo pode inferir que a resposta emocional do avaliando foi a raiva, e assim, a avaliação cognitiva frente a situações de conflito precisa ser reestruturada.

Outra ferramenta de coleta de dados essencial é a entrevista, que pode ser realizada tanto com adultos quanto com crianças. No que se refere especificamente aos adultos, quando se trata da coleta de informações na avaliação infantil, diz-se que alguns personagens são importantes como os pais ou responsáveis, pessoas que convivem frequentemente com a criança como babás, professoras, outros parentes (ex. avós, tios, primos), profissionais de saúde (ex. médicos, fisioterapeutas, nutricionistas), dentre outros. Essas pessoas poderão fornecer dados para o entendimento da história de vida da criança, bem como da queixa apresentada e possíveis consequências dela (Silvares & Gongora, 2006).

Como a criança ainda não é responsável por si mesma, de modo geral, os seus responsáveis legais são as principais fontes de informação acerca do seu comportamento, no entanto, este fato não exclui a relevância da obtenção de dados com diferentes pessoas relacionadas à criança, a fim de se obter uma avaliação mais completa e abrangente (Giacomoni & Bandeira, 2016). Os múltiplos informantes, tais como professores, coordenadores de escola, avós, tios, destacam-se, então, como valiosos no processo investigativo por fornecerem opiniões e reflexões únicas da criança nos seus diferentes contextos. A junção destas informações possibilita uma análise mais minuciosa (Schelini, 2019). Informações advindas de outros profissionais, através de avaliações de aspectos não-psicológicos, como médicos e fonoaudiólogos, também são relevantes por fornecer dados sobre aspectos específicos de suas áreas de conhecimento, os quais podem esclarecer fatos observados durante o processo avaliativo (Borsa & Muniz, 2016).

Neste sentido, a inclusão de múltiplos informantes pode trazer bons dados sobre o funcionamento psicológico da criança, auxiliando o profissional responsável pela avaliação a tomar uma melhor decisão quanto à indicação terapêutica (Rocha & Emerich, 2018). Destaca-se ainda a observação situacional, considerando que o público infantil sofre influência significativa de referências externas, logo, os resultados obtidos no processo avaliativo não devem ser taxativos e devem considerar o momento atual de vida da criança avaliada.

A despeito das informações obtidas nessas entrevistas, sejam elas com os pais ou outros adultos, Lins, Muniz e Uehara (2018) destacam que devem ser coletadas já nos encontros iniciais e, sempre que necessário para entendimento de alguma questão, complementadas. Ao iniciar o processo de AP, deve-se coletar o máximo de informações possíveis, as quais podem ser aprofundadas focando nos diversos contextos da vida e nas principais queixas (Morrison, 2010; Silva & Bandeira, 2016). Para obter as informações visando uma melhor compreensão do caso, deve-se realizar quantas entrevistas forem necessárias com o paciente e seus familiares (Arzeno, 1995). Quanto maior a quantidade de informações, melhor será o entendimento do caso e consequentemente mais estruturado o planejamento das sessões. Entende-se que a realização dessas entrevistas é fundamental para o sucesso de todo o processo avaliativo, tendo em vista que as demais etapas estão vinculadas diretamente a esse primeiro passo (Lins, Muniz & Uehara, 2018).

Especificamente, quanto ao tipo de informação que deve ser solicitada, essas últimas autoras informam que um dos primeiros pontos que deve ser investigado diz respeito à queixa, ou seja, ao motivo que levaram a procura pela avaliação. É preciso que se compreenda essa queixa, pois as hipóteses serão traçadas a partir dela. Se os pais chegam para a consulta e informam que estão buscando atendimento, pois o filho é agressivo, é preciso que se entenda exatamente o que estão querendo dizer. O psicólogo pode fazer questionamentos como: quando ele é agressivo? Em que situações? É agressivo verbal ou fisicamente? É agressivo quando alguém faz algo contra ele? Reage de forma agressiva na presença de quem? O que é feito quando ele emite um comportamento agressivo? Forneça um exemplo ocorrido nas últimas semanas.

Estes questionamentos e solicitações ajudam a elucidar a queixa, permitindo que o profissional saiba mais acerca da frequência, duração e intensidade; contexto em que ele acontece; e consequências diretas e indiretas de manifestação sintomática. O psicólogo deve coletar dados também sobre os sentimentos e percepção dos responsáveis, da própria criança e de outros membros da família ou pessoas do convívio mais próximo em relação ao comportamento, bem como o que já foi feito na tentativa de extinguir ou minimizar seus efeitos.

Além de informações sobre a queixa, devem ser coletados dados referentes ao desenvolvimento da criança, os quais devem ser organizados de forma cronológica (Silva & Bandeira, 2016). Para investigação dessas variáveis pode ser utilizado um roteiro de anamnese, lembrando que as questões postas devem servir apenas como orientação e que o profissional não deve se ater de forma rígida e inflexível às questões postas. O profissional deve buscar compreender como se deu a concepção da criança, a gestação e o parto; os primeiros anos e marcos referentes ao desenvolvimento psicomotor e de linguagem; os hábitos de higiene, sono e alimentação; histórico escolar e da saúde; como se efetivam os relacionamentos interpessoais e quais as características afetivo-emocionais da criança; a configuração atual da família, bem como sua rotina da família e práticas educativas (Silva & Bandeira, 2016; Lins, Muniz & Uehara, 2018).

Durante a coleta e registro desses dados o psicólogo deve estar atento às convergências e divergências que podem surgir. Estas podem aparecer quando se entrevista mais de um informante, sendo comum que as pessoas tenham acesso a informações diferentes e também percepções distintas acerca da criança. É preciso cautela para que se investigue e entenda os motivos das discrepâncias, de modo que façam sentido e se tenha uma história mais próxima da realidade vivida pela criança. Essas convergências e divergências podem também advir de um mesmo informante e nessa situação, caso não haja mais pessoas que possam trazer dados, é preciso muito cuidado nas inferências feitas. O psicólogo precisa se questionar o motivo das discrepâncias apresentadas por esse informante: diz respeito apenas, por exemplo, a datas ou a informações mais complexas? Essa pessoa, de fato, convive com a criança? A pessoa tem outros filhos e pode confundir as informações concernentes a um e outro? Se sentiu desconfortável em um primeiro momento e trouxe informações incompletas ou incorretas e só depois revelou a informação verdadeira? A pessoa apresenta algum transtorno mental? São perguntas que o psicólogo pode se fazer para tentar entender as informações diferentes e aí pensar sobre a veracidade das informações e o peso que dará a elas na formulação das hipóteses que guiarão o caso.

No que se refere especificamente à criança, durante o primeiro encontro deve-se informar acerca do processo de AP e do papel do psicólogo, de modo que ela saiba minimamente o que irá acontecer no decorrer das sessões. Pires (2017) sugere que o psicólogo explique como se dará o processo avaliativo (objetivo, quantidade e duração dos atendimentos, sigilo) e estabeleça regras (ex: guardar os brinquedos após a finalização da brincadeira). Assim, é importante que a criança saiba o que faz um psicólogo infantil, quais são as ferramentas que utiliza, o que é o sigilo e a quem e como serão passadas as informações ali colhidas. Deve ser pontuado ainda que, em algumas sessões ou, pelo menos, em alguns momentos da sessão, ela poderá escolher as atividades a serem realizadas, mas que em outros caberá ao psicólogo fazer essa escolha e que não poderão haver trocas. Essa explicação, segundo Lins, Muniz e Uehara (2018), tem por objetivo tornar as tarefas padronizadas (como escalas, inventários e testes psicológicos) como parte das regras de funcionamento, sem chamar demasiada atenção para elas. Ou seja, a ideia é que a criança compreenda que naquele espaço fará diversas atividades, dentre elas as padronizadas. Todas essas informações devem ser passadas para a criança levando em consideração as suas características e utilizando-se de linguagem apropriada para a idade.

Ainda nesse primeiro encontro, o psicólogo pode fazer algumas perguntas a fim de conhecer a criança, seus gostos e preferências, bem como sua família e amigos. Essas informações também o ajudarão a planejar melhor as sessões subsequentes. Segundo Lins, Muniz e Uehara (2018), não existe um roteiro pronto, mas algumas perguntas podem ser feitas a respeito da família (*Quem mora na sua casa? Com quem você dorme? O que acontece quando você desobedece às regras? Seus pais se dão bem? E como é o relacionamento com os seus irmãos? Se você pudesse mudar algo em sua casa, o que seria?*), da escola (*O que você mais/menos gosta na escola? E qual professor(a) você mais gosta/menos gosta? Quando você faz seu dever? Alguém te ajuda? Quais as matérias que você tem mais facilidade/dificuldade?*

Você já teve algum problema na escola? Se você pudesse mudar algo na escola, o que você mudaria?), e dos amigos (*Quem são seus melhores amigos? Quantos anos eles têm? Eles são amigos da escola, da rua, igreja? Do que vocês gostam de brincar? Eles vão até sua casa? E você vai até a casa deles? Você já teve algum tipo de problema com seus amigos? De que tipo? Você já brigou com alguém? Essas brigam envolviam xingamentos ou socos? O que começou a briga? Você já se sentiu sozinho ou deixado de lado? O que você fez quando isso aconteceu?)*.

Outra modalidade de entrevista que deve ser realizada no processo de AP é a devolutiva. A entrevista devolutiva corresponde à última etapa do processo avaliativo. Assim, de maneira geral, sendo a AP um processo investigativo a fim de chegar a um determinado diagnóstico psicológico, a entrevista devolutiva será o momento no qual conclusões, alternativas terapêuticas e/ou encaminhamentos são propostas ao avaliando e/ou a quem de direito se destina a avaliação realizada (Albornoz, 2016). Apesar de ser conduzida majoritariamente como um momento de fechamento do processo avaliativo, deve ser planejada durante todo o processo. Quando realizada com crianças, um erro comum que os psicólogos cometem é não realizar a entrevista devolutiva com as mesmas, por isso é importante destacar que essa modalidade de entrevista é um direito do avaliando e um dever do psicólogo, não importa a idade dos mesmos. Quando se trata de crianças e pais ou responsáveis, não existe unanimidade se a devolutiva deve acontecer em momento único ou em momentos separados, ou seja, um para os pais e outro para crianças. O que sempre se preconiza é que o psicólogo respeite a individualidade e a privacidade dos conteúdos específicos revelados durante o processo, com isso as informações devem esclarecer a demanda.

Por fim, apesar da entrevista devolutiva representar o fechamento da avaliação, a mesma não deve voltar-se apenas para fornecimento de informações, mas sim, ser caracterizada como uma possibilidade de diálogo, na qual o profissional apresenta aos responsáveis o laudo ou relatório psicológico, esclarece dúvidas e, caso necessário, realiza orientações e encaminhamentos (Cunha, 2000). O psicólogo deve se lembrar que o resultado da avaliação pode trazer consequências não só para o avaliando, mas também toda a sua família, por isso deve estar preparado para esse momento (Santos et al, 2020), cuidando para que o bem-estar das pessoas envolvidas seja preservado.

Ao longo do processo avaliativo infantil, como dito anteriormente, o psicólogo pode utilizar-se da observação e da entrevista para coletar dados. Como a criança, por vezes, tem dificuldade para expressar-se, o psicólogo pode contar com o auxílio das estratégias lúdicas. Estas são importantes, pois o brincar é um método alternativo de acesso ao comportamento infantil, permitindo uma melhor compreensão da criança, de seu meio familiar, escolar e social (Silva, Naves & Lins, 2018). Além disso, o brincar tem um potencial reforçador e pode ser utilizado para tornar a vinculação com o paciente mais rápida e efetiva (Del Prette, 2006).

Silva, Naves e Lins (2018) apontam que existem diversas estratégias lúdicas que podem ser utilizadas no atendimento infantil como, por exemplo, os brinquedos, jogos terapêuticos ou comerciais, livros infantis, filmes, dentre outros. O psicólogo infantil precisa estar atualizado, conhecendo os brinquedos e as brincadeiras, bem como os livros e os programas infantis que estão sendo utilizados com mais frequência pelas crianças. Ademais, deve atentar para aspectos como idade, sexo, nível de desenvolvimento, tempo e exposição ao brinquedo, pois são variáveis que influenciam o comportamento de brincar.

Como foi destacado anteriormente, um outro instrumento comumente utilizado no processo de AP infantil são os testes psicológicos, que podem também ser nomeados por escalas, inventários e questionários e métodos projetivos/expressivos. A escolha desses instrumentos de medida deve ser realizada de acordo com algumas características, tais como: objetivo da avaliação (demanda); tempo disponível para aplicação do instrumento e de todo o processo avaliativo; local de aplicação dos testes, características do avaliando (idade e escolaridade), dentre outros (Carvalho & Ambiel, 2017). Outro fator importante a se destacar diz respeito à formação ou nível de conhecimento que o avaliador possui sobre os testes psicológicos, sendo essa umas das considerações destacadas no *Código de Ética Profissional do Psicólogo*, especificamente no Art. 1°, que preconiza que "as psicólogas e psicólogos assumam responsabilidades profissionais somente por atividades para as quais estejam capacitados, pessoal, teórica e tecnicamente" (CFP, 2005). O não cumprimento desta normativa ocasiona em falta de ética no exercício da profissão e pode acarretar em sanções ao profissional por parte do CFP.

Também é considerada falta de ética, no Art.° 1° e na alínea f do Art. 2° do *Código de Ética Profissional do Psicólogo*, a utilização de testes psicológicos com parecer desfavorável ou mesmo que ainda constam na lista de testes psicológicos não avaliados no site do Sistema de Avaliação de Testes Psicológicos – SATEPSI (CFP, 2018). Sendo assim, os profissionais de Psicologia devem fazer uso exclusivamente dos testes psicológicos avaliados e aprovados pelo SATEPSI, com exceção apenas em casos de pesquisas científicas e utilização para fins de ensino nos cursos de Psicologia. Podem ser visualizados na Tabela 1 os testes que, durante a escrita deste capítulo, possuíam o parecer favorável para uso, segundo as informações consultadas no SATEPSI.

Tabela 1 – Testes aprovados pelo SATEPSI para a avaliação psicológica de crianças

Instrumento de medida	Faixa etária ou escolaridade destinada	Constructo psicológico avaliado
Bateria de Provas de Raciocínio (BPR-5)	7° ao 9° ano do Ensino Fundamental; e 1° ao 3° ano do Ensino Médio.	Raciocínio
Bateria Fatorial de Personalidade (BFP)	10 aos 75 anos	Personalidade
Bateria Piaget-Head de orientação direita-esquerda	6 aos 13 anos	Desenvolvimento da lateralidade direita-esquerda
Bateria Psicológica para Avaliação da Atenção (BPA)	6 aos 82 anos	Atenção concentrada, atenção dividida e atenção alternada
Casa – Árvore – Pessoa – Técnica Projetiva de Desenho (HTP)	Dos 8 anos em diante	Personalidade

Instrumento de medida	Faixa etária ou escolaridade destinada	Constructo psicológico avaliado
Desenho da Figura Humana – Escala Sisto (DFH-Escala Sisto)	5 aos 12 anos	Inteligência
Desenho da figura humana. Avaliação do desenvolvimento cognitivo infantil (DFH IV)	5 aos 12 anos	Desenvolvimento
Escala de Avaliação da Motivação para aprender de alunos do ensino fundamental (EMA-EF)	7 aos 16 anos	Interesse, motivações, necessidades e expectativas
Escala Baptista de Depressão - versão Infanto-Juvenil (EBADEP-IJ)	7 aos 18 anos	Processos afetivos/ emocionais, saúde mental e psicopatologia
Escala de Inteligência para Crianças – 4° edição (WISC-IV)	6 aos 16 anos	Inteligência
Escala de Inteligência Wechsler Abreviada (WASI)	9 aos 89 anos	Inteligência
Escala de Maturidade Mental Colúmbia Edição Brasileira Revisada (CMMS 3)	3 aos 10 anos	Inteligência e processos neurológicos
Escala de Motivação para a Aprendizagem (EMAPRE)	6 aos 16	Motivação para aprendizagem
Escala de Traços de Personalidade para Crianças (ETPC)	5 aos 10 anos	Personalidade

Instrumento de medida	**Faixa etária ou escolaridade destinada**	**Constructo psicológico avaliado**
Escala Feminina de Autocontrole (EFAC) e Escala Masculina de Autocontrole (EMAC)	8 aos 15 anos	Autoconceito
Escala Geral (MPR)	10 aos 69 anos	Inteligência
Figuras Complexas de Rey	4 aos 7 anos	Percepção e memória visual
Instrumento de Avaliação Neuropsicológica Breve Infantil (NEUROPSILIN-inf)	6 aos 12 anos	Processos Neuropsicológicos
Inventário de Depressão de Beck (BDI-II)	Dos 10 anos em diante	Depressão
Inventário de Estilos Parentais (IEP)	9 aos 19 anos	Estilo parental
Inventário de Habilidades Sociais, Problemas de Comportamento e Competência Acadêmica para Crianças (SSRS)	6 aos 13 anos	Habilidades/ competências
Inventário de Percepção de Suporte Familiar (IPSF)	11 aos 60 anos	Percepção de suporte familiar
Questionário de Personalidade para Crianças e Adolescentes (EPQ-J)	10 aos 16 anos	Personalidade

Instrumento de medida	**Faixa etária ou escolaridade destinada**	**Constructo psicológico avaliado**
Teste de Apercepção Infantil - Figuras de Animais (CAT-A)	5 aos 10 anos	Personalidade
Teste de Apercepção Infantil - Figuras Humanas (CAT-H)	5 aos 10 anos	Personalidade
Teste de Aprendizagem Auditivo-Verbal de Rey (RAVLT)	6 aos 92 anos	Processos Neuropsicológicos
Teste de Atenção Visual - TAVIS 4 (TAVIS 4)	6 aos 17 anos	Atenção visual
Teste de Criatividade Figura Infantil	2 ao 9° ano de Ensino Fundamental	Criatividade Figural
Teste de Desenvolvimento do Raciocínio Indutivo (TDRI)	5 aos 86 anos	Desenvolvimento e inteligência
Teste d2 - Revisado (d2-R)	7 aos 76 anos	Processos perceptivos/ cognitivos
Teste de Habilidades e Conhecimento Pré-Alfabetização (THCP)	3 aos 8 anos	Habilidades/ competências
Teste de Habilidades Sociais para Crianças em Situação Escolar (Thas-C)	7 aos 15 anos	Habilidades/ competências
Teste de Inteligência Geral - Não Verbal (TIG-NV)	10 aos 79 anos	Inteligência

Instrumento de medida	**Faixa etária ou escolaridade destinada**	**Constructo psicológico avaliado**
Teste de Inteligência Não-Verbal (TONI-3)	6 aos 10 anos	Inteligência
Teste de Pfister em Crianças e Adolescentes	6 aos 14 anos	Personalidade
Teste de Raciocínio Inferencial (Rln)	11 aos 73 anos	Raciocínio inferencial e inteligência (Fator G)
Teste de Retenção Visual de Benton (BVRT)	7 aos 30 anos, 60 aos 75 anos	Memória e percepção visual, praxia visuoconstrutiva
Teste dos Cinco Dígitos (FDT)	6 aos 92 anos	Velocidade de processamento, atenção e funções executivas
Teste Gestaltico Viso-motor de Bender - Sistema de Pontuação Gradual (B-SPG)	6 aos 10 anos	Maturação perceptomotora
Teste Infantil de Memória - Forma Reduzida (TIME-R)	Pré-escolares	Memória
Teste Não Verbal de Inteligência - SON-R 2	2 aos 7 anos	Inteligência
Teste Não-verbal de Raciocínio para Crianças (TNVRI)	5 anos e 9 meses aos 13 anos e 3 meses	Inteligência
Teste Wisconsin de Classificação de Cartas (WCST)	6 aos 17 anos	Raciocínio abstrato e estratégias de solução de problemas.

É importante destacar que os pareceres são temporários, assim novos testes podem surgir, como também existe a possibilidade de que os que já possuam o parecer favorável percam o mesmo. Com isso, é necessário que os psicólogos, antes da aplicação de qualquer um desses instrumentos, entrem no site do SATEPSI (https://satepsi.cfp.org.br/) e consultem as informações atualizadas e tirem as possíveis dúvidas existentes.

Ademais, alguns dos instrumentos descritos possuem diversos subtestes que avaliam habilidades psicológicas mais específicas e que constituem os construtos mais gerais, por exemplo, a Escala de Inteligência para Crianças (WISC-IV) avalia o construto geral da inteligência (Wechsler, 2013), mas, especificamente: o subteste "código" avalia memória visual de curto prazo que está relacionada a atenção sustentada; o subteste "semelhanças" avalia pensamento abstrato; já o subteste "arranjo de figuras" avalia raciocínio sequencial ordenado e capacidade de análise perceptiva, o subteste "aritmética" avalia a habilidade de cálculo, raciocínio lógico numérico e habilidades de resolução de problemas complexos; o subteste "cubos" avalia organização espacial e raciocínio lógico abstrato e não verbal; o subeste "vocabulário" avalia desenvolvimento da linguagem e conhecimento de palavras; o subteste "armar objetos" investiga a integração respectiva e organização viso-espacial, e o subteste "procurar símbolo" avalia o nível de atenção, rapidez de pensamento e discriminação perceptiva. Assim, é necessário que o psicólogo esteja atento para realizar o manejo adequado desses instrumentos, devendo para isso possuir uma boa formação profissional, obtida através de treinamentos, supervisões e o estudo aprofundado de cada um dos instrumentos que se propõe a usar (Tavares, 2012).

Considerando as especificidades da AP infantil e com o objetivo de trazer elementos para reflexão da prática do psicólogo junto a esse público, a seguir será apresentado um caso, o qual foi supervisionado por uma das autoras deste capítulo. O objetivo não é esgotar todas as possibilidades de ação, nem se espera que o caso seja tomado como modelo, tendo em vista que cada caso é único e várias questões precisam ser avaliadas durante o processo avaliativo.

Estudo de Caso

João,[1] 10 anos, foi encaminhado para atendimento psicológico, em agosto de 2020, em decorrência de crises de dores de cabeça que o incapacitavam de realizar atividades cotidianas. Esteve internado para realização de exames em um hospital público de sua região, onde constatou-se que não haviam problemas físicos com ele. Na entrevista inicial, sua mãe (Antônia, 30 anos) relatou que a criança apresentava sintomas de ansiedade como sudorese, cefaleia, náuseas e desconforto respiratório ao realizar atividades escolares, tanto na escola quanto em casa, principalmente as de matemática. Ela se queixou de que João tinha dificuldades na realização das tarefas escolares, não compreendendo as instruções, o que poderia indicar, segundo ela, algum transtorno específico de aprendizagem. A genitora relatou que, desde o começo do isolamento social provocado pela pandemia em virtude do COVID-19, o filho não apresentou mais crises de dores de cabeça. Apesar disso, afirmou que durante a realização das tarefas escolares em casa, mesmo com sua ajuda, o menino apresentava-se nervoso e ela precisava repetir os comandos das atividades minuciosamente para que ele entendesse. Além disso, falou que quando pedia que o filho realizasse atividades domésticas, ele tinha rompantes de raiva, mostrando-se resistente e inconformado. Durante os episódios de agressividade, ele quebrava objetos e gritava. Segundo a genitora, na presença dela mostrava-se mais controlado do que na presença do pai.

O processo de avaliação psicológica foi realizado nos meses de agosto a outubro de 2020, com um total de oito sessões de aproximadamente 50 minutos cada. Foram realizadas entrevistas com a mãe e com a criança. Com a criança também foram realizadas atividades mediadas por estratégias lúdicas, observações e aplicação de instrumentos padronizados: Escala Spence de Ansiedade Infantil (SCAS-Brasil), Matrizes Progressivas Coloridas de Raven (CPM) e Escala Wechsler Abreviada de Inteligência (WASI).

Durante as sessões clínicas João mostrou-se calmo, cooperativo e interessado em todo o processo. Demonstrou compreender os comandos

[1] Todos os nomes referenciados neste estudo de caso são fictícios.

nas atividades lúdicas e aceitou as regras postas no *setting* avaliativo. Apresentou boa capacidade de atenção, memória de curto e longo prazo e raciocínio lógico simples. Tanto nas atividades lúdicas como nos testes psicológicos, apresentou boa concentração e lidou bem com as dificuldades, mostrando persistência e determinação na resolução dos desafios apresentados.

No que concerne aos sintomas de ansiedade, observou-se que nas atividades lúdicas que demandavam velocidade de processamento das respostas, João apresentou desconforto físico, dificuldade para relaxar e movimentos constantes com as pernas e mãos. Apesar disso, manteve-se concentrado e com disposição para realizar o que fora solicitado. Ademais, com a administração da SCAS-Brasil identificou-se dificuldades em lidar com situações escolares como provas e apresentação de trabalhos, dificuldade para lidar também com a ausência repentina dos pais. Nessas situações, foram relatados sintomas físicos como desconforto abdominal, taquicardia e respiração acelerada.

Quanto às questões emocionais, nas sessões, o cliente foi capaz de reconhecer e nomear as emoções. Percebeu-se, porém, que em outros ambientes, como na escola e em casa, ele tem dificuldade para reconhecer seus próprios sentimentos e os dos outros. Demonstra dificuldade na regulação de emoções desagradáveis como, por exemplo, a raiva. Identificou-se que mediante a ativação desse tipo de emoção, tem reações explosivas e desproporcionais, e dificuldade para voltar ao estado de bem-estar, indicando pouca capacidade de se autorregular.

O resultado do CPM do cliente se mostrou desfavorável em comparação a crianças da mesma idade, indicando dificuldades com o raciocínio abstrato. No que tange à avaliação das funções cognitivas realizadas por meio do teste WASI, o cliente também apresentou dificuldade em seu desenvolvimento. Verificou-se que João apresenta habilidades de conhecimento verbal e desenvolvimento da linguagem adequadas para sua faixa etária. Em relação à habilidade de perceber visualmente e analisar figuras abstratas, bem como construir o todo a partir de partes, aparenta dificuldade para compreensão de itens simples. A partir da aplicação dos instrumentos padronizados, observou-se que ele precisa de suporte para perceber comandos de visualização espacial, para desenvolver coordenação visomotora e raciocínio fluido não verbal.

Vale ressaltar que o cliente quando consegue visualizar ou entender a lógica proposta pela tarefa, executa bem a atividade.

Considerando as informações obtidas no processo de avaliação psicológica, sugeriu-se que as dificuldades escolares, referenciadas pela mãe, poderiam estar associadas ao raciocínio abstrato e espacial e por isso faz-se necessário acompanhamento, no intuito de favorecer a desenvoltura desse aspecto. Sugeriu-se a realização de acompanhamento psicoterápico individual ainda com o objetivo de explorar mais profundamente os aspectos emocionais vivenciados pela criança e de ser um aliado em seu processo de desenvolvimento e aprendizagem formal. Ademais, foi indicado que reforço escolar, conciliado com a escola, para que assim João tivesse um espaço individualizado de ensino.

Considerações finais

O objetivo do presente capítulo foi apresentar o processo de Avaliação Psicológica junto a crianças. É uma temática atual e relevante para o profissional da área, pois é frequente que seja chamado a responder acerca das características, potencialidades e dificuldades deste público. Santos et al (2020) afirmam que a diversidade de queixas relacionadas à infância, demanda do profissional conhecimentos científicos e preparo técnico. Logo, para que possa realizar atendimentos adequados e fornecer respostas que permitam a tomada de decisão de forma cientificamente sustentada é preciso conhecer sobre as especificidades da avaliação clínica infantil, mas também ter conhecimentos teóricos em assuntos correlatos como, por exemplo, desenvolvimento infantil, psicopatologia, dentre outros. Tendo isso em vista, é fundamental que busque se qualificar, durante e após a graduação, buscando cursos de qualidade, ministrados por professores conhecedores do assunto.

Referências bibliográficas

Albornoz, A. C. (2016). Devolução das informações do psicodiagnóstico. In C. S. Hutz, D. R. Bandeira, C. Trentini, & J. S. Krug (Orgs.), *Psicodiagnóstico*. (pp. 160-171). Porto Alegre: Artmed.

Arzeno, M. E. G. (1995). *Psicodiagnóstico clínico*: novas contribuições. Porto Alegre: Artmed.

Aylward, G. (2013). Infant and early childhood assessment. In M.G. Tramontana & S.R. Hooper (Eds.), *Assessment issues in child neuropsychology*. (p. 225-246). Nova York: Springer Science/Business Media.

Borsa, J. C.; & Muniz, M. (2016). Testagem psicológica com crianças e adolescentes. In C. S. Hutz, D. R. Bandeira; C. M. Trentini; & J. S. Krug (Orgs), *Psicodiagnóstico*. (pp. 238-246). Porto Alegre: Artmed.

Carvalho, L. F.; & Ambiel, R. A. M. (2017). Critérios para escolha de testes psicológicos. In M. R. C. Lins; & J. C. Borsa (Orgs.), *Avaliação Psicológica*: aspectos teóricos e práticos. (pp. 88-99). Petrópolis: Vozes.

Cohen, R. J.; Swerdlink, M. E.; & Sturman, E.D. (2014). *Testagem e avaliação psicológica*: introdução a testes e medidas. 8ª ed. Porto Alegre: AMGH.

Conselho Federal de Psicologia – CFP (2005). *Resolução nº 010, de 21 de julho de 2005. Aprova o Código de Ética Profissional do Psicólogo*. Brasília, DF: Conselho Federal de Psicologia.

Conselho Federal de Psicologia – CFP. (2013). *Cartilha avaliação psicológica*. Brasília, DF: Conselho Federal de Psicologia.

Conselho Federal de Psicologia – CFP. (2018). *Resolução CFP nº 09/2018. Estabelece diretrizes para a realização de Avaliação Psicológica no exercício profissional da psicóloga e do psicólogo, regulamenta o Sistema de Avaliação de Testes Psicológicos - SATEPSI e revoga as Resoluções n° 002/2003, nº 006/2004 e n° 005/2012 e Notas Técnicas n° 01/2017 e 02/2017*. Recuperado de http://crp11.org.br/upload/Resolu%C3%A7%C3%A3o-CFP-n%C2%BA--09-2018-com-anexo.pdf

Cunha, J. A. (2000). *Psicodiagnóstico V*. 5ª ed.. Porto Alegre: Artmed.

Del Prette, G. (2006). *Terapia analítico-comportamental infantil*: relações entre o brincar e comportamentos da terapeuta e da criança. Dissertação (Mestrado), Universidade de São Paulo, São Paulo.

Giacomoni, C.H.; & Bandeira, C.M. (2016). Entrevista com pais e demais fontes de informação. In C.S. Hutz; D.R. Bandeira; & C.M. Trentini (Orgs.), *Psicodiagnóstico*: avaliação psicológica. Porto Alegre: Artmed.

Morrison, J. (2010). *Entrevista inicial em saúde mental*. Porto Alegre: Artmed.

Lins, M. R. C.; Muniz, M.; & Uehara, E. (2018). A importância da entrevista inicial no processo avaliativo infantil. In M. R. C. Lins; M.

Muniz; & L. M. Cardoso (Orgs.), *Avaliação Psicológica Infantil.* (pp. 143-158). São Paulo: Hogrefe.

Pires, E. U. (2017). Avaliação de crianças e adolescentes: Aspectos cognitivos. In M. R. C. Lins & J. C. Borsa (Orgs.), *Avaliação Psicológica: aspectos teóricos e práticos.* (pp. 213-235). Petrópolis: Vozes.

Rocha, M. M.; & Emerich, D. R. (2018). A importância de múltiplos informantes na avaliação psicológica infantil. In M. Lins; M. Muniz; & L. Cardoso (Orgs.), *Avaliação psicológica infantil.* (pp. 159-177). São Paulo: Hogrefe.

Santos, A. A. A.; Noronha, A. P. P.; Ferraz, A. S.; Rueda, F. J. M.; & Cunha, N. B. (2020). O que é mais frequente avaliar em crianças e como fazê-lo? In K. L. Oliveira, P. W. Schelini, & S. M. Barroso (Orgs.), *Avaliação Psicológica*: guia para a prática profissional (pp.60-72). Petrópolis: Vozes.

Schelini, P. W. (2019). Avaliação psicológica infantil. In M. N. Baptista et al (Orgs.), *Compêndio de Avaliação Psicológica.* (pp. 284-290). Petrópolis: Vozes.

Silva, M. A.; & Bandeira, D. R. (2016). A entrevista de anamnese. In C. S. Hutz; D. R. Bandeira; C. M. Trentini; & J. S. Krug (Orgs), *Psicodiagnóstico.* (pp. 52-67). Porto Alegre: Artmed.

Silva, T. C.; Naves, A. R. C. X.; & Lins, M. R. C. (2018). Estratégias lúdicas na avaliação infantil. In M. R. C. Lins; M. Muniz; & L. M. Cardoso (Orgs.), *Avaliação Psicológica Infantil.* (pp. 179-202). São Paulo: Hogrefe.

Silvares, E. F. M.; & Gongora, M. A. N. (2006). *Psicologia clínica comportamental*: a inserção da entrevista com adultos e crianças. São Paulo: Edicon.

Spreen, O.; Risser, A. H.; & Edgell, D. (1995). *Developmental neuropsychology.* Oxford: University Press.

Tavares, M. (2012). Considerações preliminares à condução de uma avaliação psicológica. *Avaliação Psicológica, 11*(3), 421-334.

Wechsler, D. (2013). *Escala de Inteligência Wechsler para Crianças*: WISC-IV. Manual de instruções para aplicação e avaliação. Adaptação e Padronização Brasileira: Rueda, F. J. M., Noronha, A. P. P., Sisto, F. F., Santos, A. A. A., & Castro, N. R. C. 4ª ed. São Paulo: Casa do Psicólogo.

12. AVALIAÇÃO PSICOLÓGICA DE PILOTOS DA AVIAÇÃO CIVIL

Marcelo Augusto Resende
Maria do Socorro Albergaria

Introdução

O piloto de avião é o responsável por conduzir a aeronave dentro de uma rota pré-estabelecida com segurança e responsabilidade. Ele tem uma carreira desejada por muitas pessoas pela dinamicidade e espírito de aventura. Geralmente recebe alta remuneração e tem um ritmo de trabalho muito dinâmico, com uma rotina bem diferente das demais profissões (CBO, 2020).

Quando entramos no avião, acreditamos que teremos uma boa viagem, afinal, é um dos meios de transporte mais seguros, rápidos e confortáveis do mundo. Confiamos que o piloto e a tripulação estejam em plenas condições de oferecer um serviço eficiente. A chance de morrer em um acidente aéreo é de apenas uma em 8.450.000, enquanto que acidentes de carro têm uma taxa de 1 em 18.800, de acordo com uma pesquisa de Condé Nast nos Estados Unidos (Martins, 2018).

Batista (2018) fez uma análise dos relatórios do Centro de Investigação e Prevenção de Acidentes Aeronáuticos (CENIPA) e neles consta que fatores como planejamento de voo, processo decisório e julgamento de pilotagem, contribuem quase sempre na ocorrência de acidentes aeronáuticos. O planejamento de voo consiste em reunir dados essenciais como condição da aeronave, documentação da aeronave e pilotos, combustível, aeródromos de origem e destino, condições meteorológicas e quaisquer informações que forem pertinentes à realização de um voo seguro. O processo decisório e julgamento de pilotagem são fatores individuais do piloto, pois cada indivíduo reage a uma situação de maneira diferente. Agir na dúvida e na insegurança frente às condições adversas muitas vezes estão entre as principais causas dos acidentes aéreos.

Os acidentes aeronáuticos nunca são resultados de uma causa isolada. Santos (2014) enfatiza que é a sequência ou a combinação de um ou mais riscos, atuando como fatores contribuintes que se unem em um único processo. Os fatores contribuintes de uma ocorrência podem ser: material, operacional ou humano. Fator material engloba a aeronave e o complexo de engenharia aeronáutica. O fator operacional compreende os aspectos que envolvem o homem no exercício da atividade, incluindo fenômenos naturais e a infraestrutura. O fator humano, por sua vez, compreende o homem do ponto de vista biológico, fisiológico e psicológico.

O especialista em Medicina do Trabalho **Marco** Cantero (2017), que também é membro da Aerospace Medical Association (ASMA) e da Câmara Técnica de Medicina Aeroespacial do Conselho Federal de Medicina, afirma que o fator humano na aviação civil é sempre significativo e decisivo na prevenção ou na causa dos acidentes. Nas pesquisas sobre acidentes aéreos, a deficiência de julgamento e dificuldades para tomada de decisões estão frequentemente presentes. Segundo o especialista, "comportamentos arrogantes e intempestivos (como pode ter ocorrido no acidente da Chapecoense), uso de drogas, stress, fadiga e treinamento inadequado são exemplos de condições que propiciam as tomadas de decisões inadequadas".

Acidentes aéreos, apesar de raros, acontecem, e alguns ficam marcados em nossas recordações. Quem não se lembra da tragédia do Airbus da Germanwings que partiu de Barcelona, na Espanha, com destino a Düsseldorf, na Alemanha, em 24 de março de 2015? O avião caiu a cem quilômetros a noroeste de Nice, nos Alpes franceses. Todos os 144 passageiros e seis membros da tripulação foram mortos. Muitas indagações foram feitas na época: se seria um ataque terrorista, falha mecânica ou más condições meteorológicas, entre outras. Mas o que ninguém poderia suspeitar é que tinha sido um ato intencional do copiloto Andreas Lubitz, que fez o avião descer até se chocar com os Alpes. Posteriormente, foi divulgado que ele já tinha sido tratado por tendências suicidas. Os investigadores analisaram os registros de vários médicos consultados por ele nos meses anteriores à tragédia e concluíram que o copiloto sofria de "episódio psicótico depressivo". Nos meses que antecederam a tragédia, Lubitz consultou 41 médicos. Nenhum deles alertou que ele não poderia voar. Nem a companhia aérea nem Andreas Lubitz sabiam que os seus médicos tinham feito esse diagnóstico (Copiloto..., 2016).

A ação suicida do copiloto, em função de seus problemas mentais, lançou dúvidas sobre a forma como os pilotos são avaliados psicologicamente. Todos nós acreditamos que os pilotos que comandam os aviões tenham passado por exames rigorosos, já que são responsáveis por centenas de vidas, entre passageiros e comissários de bordo.

Diante dos fatos apresentados, pretendemos neste trabalho verificar como é feito o exame psicológico de pilotos da aviação civil, quem pode fazer e quais técnicas podem ser usadas pelo psicólogo, além de rever a legislação referente a este contexto da avaliação psicológica.

1. A avaliação psicológica

A avaliação psicológica é um processo técnico e científico que tem por objetivo descrever da melhor maneira possível os aspectos relevantes de uma pessoa ou de um grupo, de acordo com o que motivou a avaliação, fornecendo informações que levem à compreensão das características psicológicas e que possam subsidiar a tomada de decisão sobre aqueles que foram avaliados. Essas características podem se referir tanto à forma como as pessoas irão desempenhar uma dada atividade, ao nível de controle sobre as emoções, quanto à qualidade das interações interpessoais que elas apresentam, dentre outros aspectos. Sua presença pode ser constatada em diversos contextos da sociedade, como, por exemplo, nos psicotécnicos para aquisição da carteira nacional de habilitação, nas disputas judiciais e perícias técnicas, nos hospitais, nas escolas, no sistema prisional, nos processos seletivos das organizações, na orientação profissional, nas avaliações clínicas direcionadas ao tratamento terapêutico e nos exames para pilotos da aviação (CFP, 2013; Fensterseifer & Werlang, 2008; Tavares, 2010).

A avaliação psicológica é uma função exclusiva do psicólogo que, segundo Resolução CFP nº 07/2003, é definida como um processo técnico-científico de coleta de dados, estudos e interpretação de informações a respeito dos fenômenos psicológicos, que são resultantes da relação do indivíduo com a sociedade, utilizando-se, para tanto, de estratégias psicológicas – métodos, técnicas e instrumentos (CFP, 2003). Esta é considerada um processo flexível e não padronizado, que tem por objetivo chegar a uma determinação sustentada, a respeito de uma ou mais questões psicológicas, através da coleta de dados de uma pessoa (Urbina, 2007). A avaliação pode também ser definida como um processo no qual se descreve e classifica-se o comportamento de uma pessoa, reconhecendo os fenômenos e os processos psíquicos. De acordo com Pasquali (2001), utiliza-se de métodos científicos como a observação e os testes que podem auxiliar a elaboração de um diagnóstico e um prognóstico. Segundo Alchieri e Cruz (2003), se refere ao modo de conhecer fenômenos e processos psicológicos por meio de procedimentos de exame propriamente ditos, para que sejam criadas condições de aferição ou dimensionamento dos fenômenos e processos psicológicos conhecidos.

O processo envolve a integração de dados provenientes de diversas fontes, dentre elas, testes, entrevistas, observações e análise de documentos. Os testes psicológicos propõem tarefas específicas às pessoas como meio de observar a manifestação do comportamento e, por meio dessas, inferir características psicológicas. Partindo-se da maneira como as pessoas se comportam nessas tarefas, os profissionais inferem características psicológicas associadas (Primi, Gatas & Souza, 2013). O psicólogo deve utilizar estratégias de avaliação psicológica, com objetivos bem definidos para encontrar os resultados de acordo com aquilo que foi proposto pelo teste, não esquecendo que o teste é apenas um instrumento utilizado para auxiliar o processo (Cunha, 2002).

No contexto da avaliação psicológica para pilotos da aviação é preciso que os instrumentos psicológicos aplicados promovam resultados compatíveis com o que será exigido na execução do trabalho e desempenho no voo. Trata-se de um estudo que requer um planejamento prévio e cuidadoso, de acordo com a demanda e os fins aos quais a avaliação se destina. O psicólogo deve estar ciente das diretrizes específicas emitidas para esta avaliação, segundo a Agência Nacional de Aviação Civil (ANAC), conforme veremos no próximo tópico.

1.1. Avaliação psicológica de pilotos

A avaliação psicológica para pilotos, segundo Boschi (2020), surge no contexto do Certificado Médico Aeronáutico (CMA), como um exame complementar da perícia médica, sendo considerada um fator imprescindível que atesta a aptidão ou inaptidão para que o sujeito exerça suas atividades como profissional da aviação em condições de saúde e segurança. Segundo o CFP (2019a), é uma avaliação compulsória, ou seja, de caráter obrigatório.

Todo o candidato a piloto, que pretende ingressar na Agência Nacional de Aviação Civil, tem que demonstrar que possui boa saúde física e mental, afirma Linhares (2020). Entre outros atestados, deverá apresentar um de avaliação psicológica, que pode ser realizada em qualquer uma das clínicas médicas e entidades da administração pública credenciadas pela ANAC no Brasil. Ressalta-se que não há credenciamento de psicólogos, mas estes podem ser requisitados pelas clínicas médicas para este tipo de avaliação, caso a clínica não tenha sua própria equipe.

A avaliação psicológica neste contexto pode ser realizada por qualquer psicólogo capacitado em avaliação psicológica do mercado de trabalho e devidamente registrado no Conselho Regional de Psicologia de seu Estado. De acordo com a ANAC (2020a), devem realizar esta avaliação: pilotos de linha aérea, piloto comercial e piloto privado com habilitação IFR (CMA de 1ª classe); piloto privado, comissário de voo, operador de equipamentos especiais, mecânico de voo e piloto de balão livre (CMA de 2ª classe); piloto de aeronave leve e piloto de planador (CMA de 4ª classe); e piloto de veículo aéreo não-tripulado – VANT (CMA de 5ª classe). Para os CMA de 1ª e 2ª classe, as avaliações psicológicas devem ser realizadas a cada 5 anos e nos casos de pós acidentes.

A avaliação psicológica deve ser subsidiada por dados colhidos e analisados, à luz de um instrumental técnico (entrevistas, dinâmicas, testes psicológicos, observação) consubstanciando em referencial técnico e científico adotado pelo psicólogo. Segundo o psicólogo Sávio Valviesse da Motta (2019), especialista em regulação de aviação civil e gerente técnico em fatores humanos na ANAC, são fatores imprescindíveis que o piloto apresente em sua avaliação: elevada resistência a frustrações, sólido controle emocional, habilidade para resolução de crises com tomada de decisões assertiva, resiliência e conduta profissional irrepreensível, entre outros. Motta (2019) ressalta também a relevância do piloto ter "uma estrutura psíquica que suporte, relativamente bem, a constante carga de estresse profissional a que estará submetido ao longo de sua vida profissional".

Os construtos a serem avaliados são: personalidade, atenção, memória e raciocínio, ficando a cargo do profissional a escolha das ferramentas a serem utilizadas, desde que estejam de acordo com o Conselho Federal de Psicologia e aprovadas pelo Sistema de Avaliação Psicológica (SATEPSI) (CFP, 2018). É importante salientar que o psicólogo deve estar devidamente capacitado na aplicação das técnicas a serem utilizadas na bateria, seguir as normas do Regulamento Brasileiro de Aviação Civil (RBAC) nº 67, assim como redigir o documento final conforme os preceitos do código de ética (CFP, 2005).

A Resolução ANAC nº 547/2020 aprova as emendas aos regulamentos brasileiros da aviação civil. No item nº 67.115, constam os requisitos mentais e comportamentais, que devem ser avaliados no processo de avaliação psicológica, a saber:

> (a) O candidato não pode sofrer de nenhum transtorno que possa levar ao aumento da probabilidade de não aptidão repentina, seja para operar uma aeronave com segurança ou para executar com segurança tarefas a ele designadas.
>
> (b) O candidato não pode possuir histórico médico ou diagnóstico clínico de:
>
> (1) transtorno mental orgânico;
>
> (2) transtorno mental e comportamental devido ao uso de substância psicoativa, o que inclui a síndrome de dependência induzida pelo álcool ou outras substâncias psicoativas;
>
> (3) esquizofrenia, transtorno esquizotípico ou delirante;
>
> (4) transtorno do humor (afetivo);
>
> (5) transtorno neurótico, transtorno relacionado com o estresse ou transtorno somatoforme;
>
> (6) síndrome comportamental associada com distúrbios fisiológicos e fatores físicos;
>
> (7) transtorno de personalidade ou de comportamento em adultos;

(8) retardo mental;

(9) transtorno do desenvolvimento psicológico;

(10) transtorno do comportamento ou transtorno emocional, com início usualmente na infância e adolescência; ou

(11) transtorno mental não especificado nos parágrafos anteriores, de tal forma que possa tornar o candidato não apto para o exercício seguro das prerrogativas da licença para a qual se aplica ou que detém.

(c) Um candidato com depressão, sendo tratado com medicamentos antidepressivos, deve ser julgado não apto, a menos que o psiquiatra, com acesso aos detalhes do caso em questão, considere que a condição do candidato não vai trazer prejuízo para o exercício seguro das prerrogativas da licença e da habilitação do candidato.

(d) Os transtornos mentais e comportamentais, apresentados no parágrafo (b) desta seção, devem ser definidos conforme as descrições clínicas e orientações nosológicas da Organização Mundial de Saúde, tal como consta na Classificação Estatística Internacional de Doenças e Problemas Relacionados à Saúde, Décima Revisão - OMS de 1992, ou mais recente.

(e) Avaliações psicológicas devem subsidiar os exames de saúde periciais com atestados psicológicos, conforme definido pelo Conselho Federal de Psicologia.

(f) Os testes psicológicos podem ser aplicados individual ou coletivamente, a critério do psicólogo e o laudo deve, no mínimo, conter parecer sobre a personalidade, a atenção, a memória e o raciocínio do candidato.

(g) O psiquiatra deve emitir parecer em todos os exames de saúde periciais iniciais, pós-acidente, pós-incidente grave, ou quando solicitado pela ANAC ou por um profissional de saúde.

(h) A avaliação psicológica deverá ocorrer nos exames de saúde periciais iniciais, pós-acidente, pós-incidente aeronáutico grave e a cada 5 (cinco) anos nos exames de saúde periciais de revalidação ou, a qualquer tempo, se solicitado pela ANAC ou por um profissional de saúde. (ANAC, 2020b)

Após a realização da avaliação psicológica, o psicólogo fará a integração de todos os dados obtidos nas técnicas utilizadas no processo e emitirá o seu parecer de Apto, Apto com restrição ou Inapto para obtenção ou renovação do CMA. Caso o piloto não tenha conseguido êxito no seu intento, poderá requerer um recurso em relação ao parecer dado.

1.2. Recurso de avaliação psicológica

Após a obtenção de julgamento desfavorável, inapto ou apto com restrições, em exame de saúde pericial previamente realizado para avaliar a concessão de Certificado Médico Aeronáutico, é previsto a solicitação de recurso, caso o piloto não concordar com o julgamento proferido. Por ser este julgamento de incapacitação, devido aos requisitos mentais e comportamentais, é necessária uma nova avaliação psicológica que deverá ser externa ao sistema, conforme termos do RBAC 67 (ANAC, 2020a).

Visando a composição do processo administrativo, é necessário que o atestado a ser emitido com base nos resultados da avaliação psicológica respeite alguns parâmetros elaborados de acordo com requisitos aplicáveis na RABAC 67 e nas Resoluções do CFP (2005, 2018). O atestado é o documento a ser exarado como registro dos resultados obtidos na avaliação psicológica, visando posteriormente fornecer subsídios aos médicos peritos em relação aos requisitos mentais e comportamentais estabelecidos. Este documento psicológico deverá conter, no mínimo, pareceres específicos quanto aos construtos psicológicos: personalidade, atenção memória e raciocínio. Além disso, são necessárias informações relativas a cada um dos testes aplicados e/ou manuais utilizados para emissão de cada parecer específico relativo ao construto avaliado. Deve ser mencionado o nome/título de cada um dos testes ou manuais utilizados, além de informações sobre autor, editora e ano de publicação. Um formulário específico, a ser preenchido pelo psicólogo, foi criado e aprovado para esta finalidade pelo Conselho Federal de Psicologia.

A Resolução CFP nº 06/2019 (CFP, 2019b), que dá orientações sobre elaboração de documentos escritos produzidos pela(o) psicóloga(o) no exercício profissional, determina que esses materiais (impressos e digitalizados) devem ser guardados pelo prazo mínimo de 5 anos, observando-se a responsabilidade por eles tanto do psicólogo quanto da instituição em que ocorreu a avaliação psicológica., no caso, as clínicas credenciadas pela ANAC. Em caso de extinção de serviço psicológico, o destino dos documentos deverá seguir as orientações definidas no Código de Ética do Psicólogo (CFP, 2005). Após o prazo determinado de guarda, é preciso que o psicólogo destrua completamente o material, de forma que não seja possível a leitura ou visualização.

2 Estudo de caso

Em uma clínica credenciada pela ANAC, um empresário aposentado contando com a idade 85 anos compareceu para revalidação de seu CMA. Foram aplicados testes que contemplavam os construtos: personalidade, memória, atenção e inteligência geral, conforme estipulado pela legislação da ANAC.

Nos testes da bateria psicológica, foram identificados: a presença de aspectos depressivos, baixo índice de memória e deficiência em sua atenção concentrada. Associado a isso, na avaliação da inteligência geral obteve-se escore inferior em dissonância com sua escolaridade de nível superior. O avaliado era ex-diretor de uma multinacional, tinha uma vida profissional atuante, dotado de grande capacidade intelectiva na época de suas atividades laborais, antes da aposentadoria. Foram também constatados tremores sutis durante toda a execução do teste expressivo, além de grande dificuldade de entendimento geral quanto às normas e a execução das tarefas. Diante disso, foi solicitado à empresa uma avaliação psiquiátrica do mesmo.

Este exame psiquiátrico complementar não fazia parte da avaliação padrão, pois ele não estava pleiteando um CMA inicial, mas uma revalidação. No entanto, a título de resguardar o resultado da avaliação psicológica, foi feita esta solicitação, que foi prontamente atendida pela empresa, até mesmo em respeito ao piloto, pela sua idade e por sua posição dentro da sociedade empresarial.

Ao exame psiquiátrico fora constatado que o candidato realmente tinha um discurso evasivo, não respondendo as questões com firmeza e precisão. A profissional aplicou um teste psiquiátrico para verificação de sua capacidade mnêmica e cognitiva, que resultou na presença de comprometimento. A devolutiva, com o parecer de Inapto, foi dada ao piloto, que não aceitou seu resultado. O mesmo fez a interposição de recurso, o qual ainda tramita na instituição.

Considerações finais

A avaliação psicológica para piloto comercial se faz obrigatória pela responsabilidade, que o mesmo tem, na condução segura dos passageiros que buscam realizar uma viagem tranquila. Assim como um carro, um avião pode se tornar uma arma letal em mãos erradas. Muitos exemplos confirmam essa possibilidade, como o voo do time da Chapecoense, que caiu por falta de combustível por uma decisão equivocada do piloto, e o Airbus que espatifou nos Alpes, devido ao suicídio do copiloto.

Medidas devem ser tomadas para que tais acontecimentos não se repitam. À Psicologia compete avaliar se os pilotos apresentam os requisitos necessários para exercerem suas atividades de forma eficaz, demonstrando por meio das técnicas psicológicas como entrevistas, testes e observações, entre outros, as competências estipuladas pela ANAC.

Esse é um campo que o psicólogo, devidamente inscrito no Conselho Regional de Psicologia do seu estado, pode atuar utilizando a avaliação psicológica, sendo um nicho no mercado de trabalho. Para tal finalidade, deve se comprometer em realizar uma formação sólida e permanente na área, além de atualização constante. A capacitação na aplicação, correção e interpretação das técnicas a serem utilizadas na bateria, torna-se imprescindível. Conhecimentos específicos sobre a Psicologia da Aviação devem ser aprendidos, embora os cursos são mais comumente oferecidos no exterior (Ribeiro, 2016). Mas será que isso é suficiente?

Por ser uma área pouco divulgada, constata-se uma escassez de pesquisas e trabalhos relativos ao tema, exigindo-se um maior comprometimento da comunidade científica. Não se sabe se os testes que o psicólogo escolhe, na sua avaliação, de fato estão mensurando de forma eficaz os construtos elencados, assim como não se sabe quais seriam os parâmetros esperados. Não se sabe, também, se haveriam outros construtos importantes na atuação dos pilotos que não estão sendo contemplados. Não há diretrizes do Conselho Federal ou mesmo da ANAC que orientam esta prática de forma mais específica, como é o caso de avaliação psicológica para obtenção de Carteira Nacional de Habilitação pelo Departamento Nacional de Trânsito (DETRAN) e concessão de porte de arma de fogo pela Polícia Federal. Diante de tantos desafios, espera-se que a categoria se mobilize para que possamos oferecer um trabalho digno e confiável, para que quando entrarmos num avião estejamos, de fato, em boas mãos.

Referências bibliográficas

Alchieri, J. C.; & Cruz, R. M. (2003). *Avaliação psicológica*: conceito, métodos e instrumentos. São Paulo: Casa do Psicólogo.

Batista, P. de M. S. (2018). Riscos e conflitos nas operações aéreas entre Aeródromo Brigadeiro Mário Eppinghaus e o Aeroporto Santa Genoveva. Monografia de Conclusão de Curso (Ciências Aeronáuticas), Universidade do Sul de Santa Catarina, Santa Catarina. Recuperado de https://www.riuni.unisul.br/bitstream/handle/12345/6133/PEDRO_DE_MELLO_SARDINHA_BATISTA_AD2VF_PDFA.pdf?sequence=1&isAllowed=y

Agência Nacional de Aviação Civil – ANAC. (2020a). *Regulamento Brasileiro da Aviação Civil RBAC nº 67. Emenda nº 01. Resolução ANAC nº420, de 02 de maio de 2017.* Recuperado de https://www.anac.gov.br/assuntos/legislacao/legislacao-1/boletim-de-pessoal/2017/17s1/anexo-ii-rbac-no--67-emenda-no-01

Agência Nacional de Aviação Civil – ANAC. (2020b). *Resolução ANAC nº 547/2020. Aprova emendas aos Regulamentos Brasileiros da Aviação Civil - RBACs nºs 67 e 61.* Recuperado de https://www.in.gov.br/web/dou/-/resolucao-n-547-de-19-de-marco-de-2020-249026602

Boschi, L. (2020). *Avaliação Psicológica para ANAC.* Recuperado de https://domgraphein.com/avaliacao-psicologica-para-anac/#:~:text=A%20ANAC%20n%C3%A3o%20credencia%20psic%C3%B3logos%2C%20e%20sim%20m%C3%A9dicos.&text=A%20avalia%C3%A7%C3%A3o%20psicol%C3%B3gica%2C%20portanto%2C%20faz,de%202%C2%AA%20e%204%C2%AA%20Classes

Cantero, M. (2017). *A segurança nos transportes aéreos e terrestres.* Recuperado de http://transitolivre.org.br/seguranca-aerea-e-terrestre/

Classificação Brasileira de Ocupações – CBO (2020). *Profissionais da pilotagem aeronáutica*. Recuperado de https://www.ocupacoes.com.br/cbo-mte/2153-profissionais-da-pilotagem-aeronautica

Conselho Federal de Psicologia – CFP. (2005). *Código de ética profissional do psicólogo*. Recuperado de http://site.cfp.org.br/wp-content/uploads/2012/07/codigo_etica1.pdf

Conselho Federal de Psicologia – CFP. (2003). *Resolução CFP nº 07/2003. Institui o Manual de Elaboração de Documentos Escritos produzidos pelo psicólogo, decorrentes de avaliação psicológica e revoga a Resolução CFP º 17/2002*. Brasília: Conselho Federal de Psicologia. Recuperado de https://site.cfp.org.br/wp-content/uploads/2003/06/resolucao2003_7.pdf

Conselho Federal de Psicologia – CFP. (2013). *Cartilha Avaliação Psicológica*. Recuperado de http://satepsi.cfp.org.br/docs/cartilha.pdf

Conselho Federal de Psicologia – CFP. (2018). *Resolução CFP nº 09/2018. Estabelece diretrizes para a realização de Avaliação Psicológica no exercício profissional da psicóloga e do psicólogo, regulamenta o Sistema de Avaliação de Testes Psicológicos - SATEPSI e revoga as Resoluções n° 002/2003, nº 006/2004 e n° 005/2012 e Notas Técnicas n° 01/2017 e 02/2017*. Recuperado de http://crp11.org.br/upload/Resolu%C3%A7%C3%A3o-CFP-n%C2%BA--09-2018-com-anexo.pdf

Conselho Federal de Psicologia – CFP. (2019a). Avaliação Psicológica Compulsória. *Encarte especial da Revista Diálogos*. Recuperado de https://site.cfp.org.br/publicacao/revista-dialogos-no10-encarte/

Conselho Federal de Psicologia – CFP. (2019b). *Resolução CFP nº 06/2019. Institui regras para a elaboração de documentos escritos produzidos pela(o) psicóloga(o) no exercício profissional e revoga a Resolução CFP nº 15/1996, a Resolução CFP nº 07/2003 e a Resolução CFP nº 04/2019*. Brasília: Conselho Federal de Psicologia. Recuperado de https://www.in.gov.br/materia/-/asset_publisher/Kujrw0TZC2Mb/content/id/69440957/do1-2019-04-01-resolucao-n-6-de-29-de-marco-de-2019-69440920

Cunha, J. A. (2002). *Psicodiagnóstico V*. Porto Alegre: Artmed.

Copiloto da Germanwings derrubou o avião intencionalmente. (2016). *Revista Época Negócios*. Recuperado de https://epocanegocios.globo.com/Mundo/noticia/2016/03/copiloto-da-germanwings-derrubou-o-aviao--intencionalmente-diz-investigacao.html

Fensterseifer, L.; & Werlang, B. (2008). Apontamentos sobre o status científico das técnicas projetivas. In A. E. Villemor-Amaral & B. S. G.

Werlang (Orgs.), *Atualizações em métodos projetivos para avaliação psicológica.* (p. 15-33). São Paulo: Casa do Psicólogo.

Linhares, T. (2020). *Como é a avaliação psicológica no CMA?*. Recuperado de https://www.thiagolinhares.com/avaliacao-psicologica-cma-anac-em-sao-luis

Martins, J. P. (2018). *Qual o meio de transporte mais seguro?*. Recuperado de http://sites.correioweb.com.br/app/noticia/encontro/atualidades/2015/01/07/interna_atualidades,1959/qual-o-meio-de-transporte-mais-seguro.shtml

Motta, S. (2019). Segurança no ar: a importância da avaliação psicológica na aviação civil. *Avaliação Psicológica Compulsória. Encarte especial da Revista Diálogos.* Recuperado de www.cfp.org.br

Pasquali, L. (Org). (2001). *Técnicas de exame psicológico – TEP: manual.* São Paulo: Casa do Psicólogo/ Conselho Federal de Psicologia.

Primi, R.; Gatas, R.; & Souza, A. (2013). *Critérios para avaliação dos testes psicológicos.* Recuperado de http://www2.pol.org.br/satepsi/CD_testes/pdf/relatoriotestes_cap4.pdf

Ribeiro, S. (2016). Psicologia da aviação: desafios de uma área em constante crescimento. *Jornal do CFP.* Recuperado de https://site.cfp.org.br/wp-content/uploads/2016/12/CFP_JornalFed_Dez16-web.pdf

Santos, P. R. dos. (2014). *Segurança da aviação.* Palhoça: UnisulVirtual.

Tavares, M. (2010). Da ordem social da regulamentação da avaliação psicológica e do uso dos testes. In *Avaliação psicológica: diretrizes na regulamentação da profissão.* Brasília: CFP.

Urbina, S. (2007). *Fundamentos da Testagem Psicológica.* São Paulo: Artmed.

13. AVALIAÇÃO PSICOLÓGICA NA ATENÇÃO PRIMÁRIA

Isabella Pippa Ferreira Freitas
Irene Teresa Vieira Fabretti
Natália Maria Fernandes Fagundes
Elza Maria Gonçalves Lobosque

Introdução

A Avaliação Psicológica no contexto da Atenção Primária vem nos mostrar como é o papel do(a) psicólogo(a) no Sistema único de Saúde (SUS). Através deste estudo pretende-se apresentar a importância de analisar os usuários com a escuta diferenciada utilizando os critérios psicológicos da avaliação: através do acolhimento, da anamnese, da escuta clínica, da observação, da utilização de instrumentos e da análise de documentos. Nos dias atuais falar sobre avaliação psicológica ainda é um tabu entre os profissionais pela falta do conhecimento, pois não se compreende a transversalidade dentro da psicologia para tal critério.

Entendemos como avaliação psicológica o conjunto de ações que irão realizar considerações sobre o paciente, independente da linha de atuação utilizada pelo profissional de psicologia. A avaliação começa desde o primeiro contato com o indivíduo, para que se realize o tratamento ou intervenção necessária. O processo de avaliação psicológica no contexto da atenção primária, é conduzido através de dinâmicas, entrevistas, observações e escalas. Já os testes psicológicos não são usados dentro do contexto da Atenção Primária, pela falta de verbas, e/ou por falta de previsão de custo que gera em alguns casos uma certa demora para enquadrar o paciente em seu tratamento adequado.

Mas a avaliação psicológica é de extrema importância na Atenção Primária, pois grande parte dos pacientes precisam de colocar para fora suas emoções por intermédio da fala, e não de um atendimento clínico medicamentoso, essa escuta técnica e diferenciada conta com a experiência do profissional psicólogo(a) que através da fala do paciente/usuário, alivia os consultórios médicos para outras intervenções. Para isso, a avaliação psicológica deverá ser bem estruturada através do método de observação, já que a falta da disponibilidade de instrumentos como os testes psicológicos pode ocasionar uma demora na hipótese diagnóstica do paciente. E, nesse caso, o atendimento multidisciplinar e o matriciamento fazem todo a diferença nos casos dos atendimentos.

O atendimento multidisciplinar é articulado por um grupo de profissionais da saúde habilitados com a estratégia para qualificar o melhor atendimento trabalhando juntos para chegar a um diagnóstico, tratamento e recuperação do paciente.E não é possível falar de matricialmente se não citarmos equipes de referência. Segundo Campos e Domitti (2007, p. 400), equipe ou profissional de referência "são aqueles que têm a responsabilidade pela condução de um caso individual, familiar ou comunitário" prestando "atenção ao longo do tempo, ou seja, de maneira longitudinal" com objetivo de ampliar as possibilidades de construção de vínculo entre profissionais e usuários"

Essas equipes estão envolvidas na atenção a necessidades as famílias, são compostas por distintos profissionais para condução de problemas de saúde dentro do seu campo de conhecimento. As equipes de matriciamento são formadas por profissionais especializados para as equipes de referência e desenvolvem um trabalho no cuidado da atenção clínico-técnica (ação clínica direta ao usuário), assistencial, técnico e pedagógico (apoio educativo para as equipes. Assim, as ações do Núcleo Ampliado de Saúde da Família (NASF) têm dois públicos as equipes de referências apoiadas e os usuários, diversificando as ações em promoção a saúde e intervenções pedagógicas.

O SUS e suas divisões

Foi instituído pela Constituição Federal de 1988 o Sistema Único de Saúde (SUS), para atender a determinação constitucional que classifica a saúde como um direito de todos(as) e dever do Estado, regulado pela Lei n.º 8.080/1990. A partir da sua criação, toda a população brasileira passou a ter direito à saúde universal gratuita, financiada com recursos da União, dos estados, do Distrito Federal e dos municípios, em conformidade com o artigo 195 da Constituição.

O SUS é considerado um dos maiores sistemas públicos de saúde existentes no mundo. O atendimento pelo SUS é realizado por meio das Unidades Básicas de Saúde (UBS), dos hospitais públicos – incluindo os universitários, os laboratórios e hemocentros (bancos de sangue) –, dos serviços de Vigilância Sanitária, Vigilância Epidemiológica, Vigilância Ambiental, além de fundações e institutos de pesquisa acadêmica e científica.

A Constituição Federal também estabelece sete princípios básicos que norteiam o SUS juridicamente, sendo eles:

- Universalidade: princípio que assegura o direito á saúde de todo e qualquer cidadão através do acesso aos serviços públicos em seus níveis de assistência;
- Integralidade: é entendida como um conjunto articulado e contínuo das ações e serviços preventivos e curativos, individuais e coletivos, exigidos para cada caso , em todos os níveis de complexidade do sistema. Isso significa dizer que a atenção deve ser integral, abrangendo ações de promoção , proteção ou recuperação da saúde de modo indivisivel. As pessoas também devem ser enxergadas como um todo indivisível e integrante de uma comunidade.
- Equidade: faz referência ao "acesso universal e igualitário", que pressupõe que deve haver igualdade da assistência a saúde a todos os cidadãos, sem preconceito ou privilégios de qualquer espécie, porém levando em consideração o direito das pessoas de serem atendidas de acordo com as suas necessidades de saúde. Assim, deve-se assegurar ações e serviços de todos os níveis de acordo com o objetivo de diminuir as desigualdades sociais.
- Descentralização: distribuição das responsabilidades e ações e serviços de Saúde entre os níveis federal, estadual e municipal. São definidas competências específicas união e a gestão com ênfase na municipalização de gestão.

- Regionalização: trata-se organização e distribuição dos serviços a partir de recortes espaciais para planejamento, organização e gestão da rede de serviços.
- Hierarquização: os serviços são organizados por níveis (primária, secundária e terciária) de atenção, de acordo com a complexidade dos problemas.
- Participação da comunidade: a diretriz regulamentada pelo SUS na Lei nº 8142/90 foi criada para garantir a participação dos usuários na condução da política de saúde.

O SUS é dividido em níveis de atenção, sendo elas: Atenção Primária, Secundária e Terciária (Hupsel & Schintman, 2017):

> 1. Atenção primária: se constitui como primeiro nível de atenção à saúde, ou seja o primeiro contato das pessoas com o sistema de saúde (porta de entrada).
> 2. Atenção secundária: refere -se a ações e serviços especializados que visam atender os principais problemas de saúde da população.
> 3. Atenção terciária: são unidades de atendimento de especializações que possuem serviços ambulatoriais e hospitalares.

Neste contexto, a Atenção Primária em Saúde é a principal porta de entrada e o centro articulador do acesso dos usuários ao Sistema Único de Saúde (SUS) e às Redes de Atenção Primária da Saúde (RAPS), orientada pelos princípios da acessibilidade, coordenação do cuidado, vínculo, continuidade e integralidade.

A Atenção Primária em Saúde

Atenção primária é considerada o primeiro nível de assistência ao usuário dentro do sistema do SUS, sendo caracterizada por um conjunto de ações de longitudinalidade e integralidade, com foco na coordenação da assistência, da atenção centrada na pessoa e na família, da orientação comunitária das suas ações e da existência de recursos humanos com atitude cultural voltada para a APS com o foco de abranger a proteção e promoção à saúde (MS, 2020).

A proteção e a promoção da saúde estão relacionadas à prevenção de agravos, tratamento, diagnóstico, redução de danos, reabilitação, com o objetivo para desenvolver uma atenção integral que impacta de forma positiva na situação da saúde coletiva. (MS, 2020).

Neste contexto, a Atenção Primária em saúde é a principal porta de entrada e o centro articulador do acesso dos usuários ao Sistema Único de Saúde (SUS) e às Redes de Atenção à Saúde, orientada pelos princípios da acessibilidade, coordenação do cuidado, vínculo, continuidade e integralidade.

As Unidades Básicas de Saúde (UBS), que são as principais estruturas físicas da Atenção Primária em Saúde (APS), são instaladas próximas da vida dos usuários, desempenhando um papel central na garantia de acesso a uma saúde de qualidade. As unidades oferecem uma diversidade de serviços realizados pelo SUS, incluindo: acolhimento com classificação de risco, consultas de enfermagem, médicas, saúde bucal, saúde mental, distribuição e administração de medicamentos, vacinas, curativos, visitas domiciliares, atividade em grupo, nas escolas, educação em saúde, entre outras ações (Böing; Crepaldi, 2010).

Atenção básica é uma das principais características do SUS, tendo como enfoque de trabalho o Programa de Saúde da Família (PSF), cujo objetivo principal são as estratégias de ações que envolvem o trabalho de equipe e a educação em saúde. O PSF foi criado pelo Ministério da Saúde no ano de 1994 e foi implantado no território nacional com o foco de estratégia de reordenação e reorientação da atenção à saúde, na perspectiva de consolidação do SUS (Maciel et al, 2007). O PSF tem como objetivo de contribuir para uma reorientação do modelo de assistência a partir da atenção básica, fazendo parte dos princípios do Sus, constituindo uma nova dinâmica de atuação nas unidades básicas de saúde, com de responsabilidades entre os serviços de saúde e a população (MS, 1997). Seu maior objetivo é dividido em 6 diretrizes principais e específicos para o serviço de saúde:

> 1) Prestar, na unidade de saúde e no domicílio, assistência integral, contínua, com resolubilidade e boa qualidade às necessidades de saúde da população adscrita. Intervir sobre os fatores de risco aos quais a população está exposta.

> 2) Eleger a família e o seu espaço social como núcleo básico deabordagem no atendimento à saúde.
>
> 3) Humanizar as práticas de saúde através do estabelecimento de um vínculo entre os profissionais de saúde e a população.
>
> 4) Proporcionar o estabelecimento de parcerias através do desenvolvimento de ações intersetoriais. Contribuir para a democratização do conhecimento do processo saúde/doença, da organização dos serviços e da produção social da saúde.
>
> 5) Fazer com que a saúde seja reconhecida como um direito de cidadania e, portanto, expressão da qualidade de vida.
>
> 6) Estimular a organização da comunidade para o efetivo exercício do controle social. (MS, 1997)

Nos anos 1960/1970, a proposta de trabalho em equipe era remota, em que os modelos de atenção a saúde era de forma unipro fissional ou seja, um atendimento individualizado e que a equipe não era associada a prática colaborativa e saúde. Só em 1990 o contexto de atenção a saúde começa a ter uma medicina preventiva , comunitária e integral e essa mudança inclui a educação interprofissional que é quando a equipe trabalha de forma colaborativa para melhor atendimento ao usuário (Peduzzi & Agreli, 2018).

O trabalho em equipe vem sendo tratado de forma associada desde os anos 2000, uma vez que não bastaria apenas haver equipes integradas e efetivas para melhorar o acesso e a qualidade em atenção de saúde mais, sim, seria necessário haver equipes de um mesmo serviço que colaborem entre si e que os profissionais e equipes de serviços diferenciados colaborem entre si (Peduzzi & Agreli, 2018).

A partir da criação do PSF a equipe vendo sendo multiprofissional, composta por: médico generalista ou especialista em saúde da família, generalista ou especialista em saúde da família, auxiliar ou técnico de enfermagem , agentes comunitários de saúde, assistente social. Pode-se acrescentar a esta composição, os profissionais de saúde bucal (ou equipe de Saúde Bucal), cirurgião-dentista generalista ou especialista em saúde da família, auxiliar e/ou técnico em saúde bucal (Maciel et al, 2007).

Os profissionais das equipes de saúde serão responsáveis por sua população dentro de cada comunidade, devendo ter atividade desenvolvidas de formas dinâmicas, tendo avaliações permanentes através de acompanhamento de indicadores da saúde e de cada área de atuação (MS, 1997).

O processo de saúde-enfermidade-intervenção não é monopólio e nem ferramenta exclusiva de nenhuma especialidade, pertencendo a todo o campo da saúde. Por isso, demanda uma solução nas atividades da Atenção Primária de forma mais assertiva. Um modo de produzir saúde situa-se dentro da perspectiva do pensamento construtivista que trabalha com a hipótese de uma eterna reconstrução de pessoas e processos em virtude da interação coletiva ou individual do sujeito (Böing; Crepaldi, 2010). O matriciamento é uma ferramenta utilizada de forma multidisciplinar para elaboração reflexiva das experiências dentro do contexto vivenciado por cada paciente em que o profissional pode contribuir com um olhar diferenciado ampliando a compreensão e a capacidade de intervenção das equipes, pensando na importância de ofertar a sociedade mais qualidade no atendimento do serviço do SUS (Böing; Crepaldi, 2010).

Psicologia da Saúde

A Psicologia da Saúde é considerada uma área recente, tendo seu início na década de 70, sendo considerada uma área ainda em processo de construção, expansões, que vem ganhando destaques nos últimos anos na sociedade Brasileira (Hupsel & Schintman, 2017). A Psicologia da Saúde trabalha diretamente na forma que o sujeito experimenta e vive o seu estado de doença e saúde, na relação com o mundo, com os outros e com si mesmo. Seu objetivo traz como ênfase incluir um projeto de vida para as pessoas, um conjunto de comportamentos, atitudes para prover saúde e a prevenir doenças (Almeida & Malagris, 2011).

A Psicologia foi afetada drasticamente com o surgimento da política pública no Brasil, principalmente por causa da criação do SUS, sendo que até o final da década de 80 o foco de atuação da Psicologia era voltado às práticas clínicas individuais e em consultórios privados (Hupsel & Schintman, 2017). Após toda a crise referente a reforma psiquiátrica, ditadura militar e reforma sanitária, ocorreram novas oportunidades para a inserção dos psicólogos (as) na área da saúde, um exemplo a ser dado é :o surgimento das equipes de saúde mental (Hupsel & Schintman, 2017).

Com a Constituição de 1988 e a implantação SUS no ano de 1990, o mercado de trabalho cresceu de forma significativa para os psicólogos (as), efetivando a necessidade da presença do psicólogo(a) na saúde e em políticas públicas. Nos dias atuais a Saúde Pública está sendo a área que emprega muitos profissionais no Brasil, atuando em: Saúde Mental, Unidades Básica de Saúde e nos hospitais (Paulin & Luzio, 2009). Com o novo programa de saúde do SUS, a transdisciplinaridade passou ter uma grande valorização para a atuação em equipes multiprofissionais, com isso a Psicologia ganhou o novo campo de atuação, contribuindo de modo importante para esse processo de concretização dos princípios do SUS (Böing; Crepaldi, 2010). Desde a regulamentação da profissão de psicólogo(a) no Brasil, nota-se uma identificação, por parte dos profissionais, com o fazer clínico, assim como os próprios alunos de graduação de Psicologia já privilegiam essa atuação profissional (Dimenstein, 1998).

Nesse período, houve uma reorganização dos serviços públicos de saúde, sendo instaurado programas com ênfase na área ambulatorial e na formação de equipes multiprofissionais. Soma-se a isso o fato de que, no setor de saúde mental, havia um movimento de crítica ao modelo asilar: a reforma psiquiátrica brasileira invocava a desospitalização e a criação de serviços substitutivos que requerem novos recursos humanos, dentre os quais o psicólogo(a) (Dimenstein, 1998).

Franco e Mota (2003), ao estudarem a distribuição e a atuação do psicólogos(a) na rede pública no Brasil, constataram um descompasso entre as regiões brasileiras e suas possibilidades de proporcionar uma atuação do psicólogo(a) aos habitantes, e identificaram uma forma limitada de registro das ações dos psicólogos(as) através do Sistema de Informações do Ministério da Saúde, principalmente as realizadas no piso da Atenção Primária, o que dificulta o conhecimento da ação desses profissionais. Estudos que invocam a atuação do psicólogo(a) na Atenção Primária à Saúde (APS) buscaram somar não só conhecer como os psicólogos (as) atuam nesse nível de atenção bem como refletir sobre suas ações e contribuições.

Quanto ao papel do psicólogo(a) no nível da Atenção Primária em saúde, assentimos, com Spink (2003), que sugere que a atuação do psicólogo(a) nas instituições de saúde deve se fundamentar em uma prática ampliada, principalmente, em relação ao referencial de trabalho utilizado e exercido, abrange duas principais questões: contextualização da intervenção e reconhecimento da alteridade. As intervenções do psicólogo(a) em uma instituição de saúde devem levar em conta a interface da cultura e do social, no processo de construção da identidade e da inserção da pessoa na vida. Trata-se de uma atuação centrada em uma perspectiva coletiva de comprometimento com os direitos sociais e com a cidadania. Focaliza a prevenção da doença e a promoção da saúde e incentiva os atores sociais envolvidos para a geração de propostas de transformação do ambiente em que vivem, acarretando em um processo de transformação crítica e democrática que potencializa e fortalece a qualidade de vida. Podendo também contribuir com ferramentas disponibilizadas para melhor auxiliar o atendimento e conhecimento da estruturação no que tange a saúde mental dos sujeitos que buscam a Atenção Primária em saúde.

Avaliação Psicológica

Ao falarmos de Avaliação Psicológica, nos pautamos em nosso Código de Ética Profissional, que engloba os aspectos éticos, legais e técnicos no que se refere às responsabilidades do psicólogo, e, especificamente no Artigo 1º, preconiza como dever fundamental "Prestar serviços psicológicos de qualidade, em condições de trabalho dignas e apropriadas à natureza desses serviços, utilizando princípios, conhecimentos e técnicas reconhecidamente fundamentados na ciência psicológica, na ética e na legislação profissional" (CFP, 2005).

A avaliação psicológica pode ser representada como resultante em três critérios, a saber: a medida, o instrumento e o processo de avaliação (Pellini & Leme, 2019). Alchiere e Cruz (2010) dizem que os processos descritos mencionam critérios teóricos e metodológicos para a compreensão do objeto a ser investigado que denominamos processos ou fenômenos psicológicos.

Na metodologia envolvemos: narração de histórias, encenações, desenhos, brincadeiras com bonecos, utilizando a forma lúdica de interpretação que não caracteriza testagem psicológica, porém nos traz resultados confiáveis desde que o psicólogo esteja condicionado ao um referencial teórico válido que sustente interpretações segundo pressuposto científico. Independente de ser utilizado testagem psicológica ou outros formatos de avaliação, a experiência do profissional, o conhecimento clínico do constructo a ser investigado e o embasamento teórico consistente, utilizando outros meios de análise e observações são imprescindíveis para garantir a confiança dos resultados, que se integram uma avaliação coerente (Rabelo et al, 2019).

A avaliação psicológica no âmbito da saúde é de grande importância, pois nos permite tomar decisões referente ao psicodiagnóstico encontrado de cada paciente, além de ajudar na coleta de dados relevantes para buscar o tratamento adequado e avaliar o prognóstico. Sua importância vai da detecção precoce do comportamento ou distúrbios psicológicos/psiquiátricos em pacientes, dando então o diferencial para o atendimento médico (Capitão, Scortegna & Baptista, 2005).

Avaliação Psicológica se baseia no método científico desde a entrevista, anamnese clínica, a aplicações de instrumentos psicológicos, como a testagem, sendo um processo que pode ou não incluir testes padronizados como: coleta de dados, instrumentos em diversas formas para medir ou mensurar a demanda diagnóstica do paciente (Capitão, Scortegna & Baptista, 2005).

Discussão

Ainda é enraizado no discurso de muitos profissionais que a visão de que o fazer do psicólogo(a) é clínico, pautado no modelo biomédico. Passando uma compreensão errônea de que essa atuação é a principal, senão a única, maneira de atuação na qual a Psicologia possa contribuir com os usuários do sistema de saúde e com a comunidade (Amarante, 2007). No entanto, as barreiras vêm sendo desconstruídas a partir do convite que alguns profissionais iniciam uma desafiadora atuação ao Sistema Único de Saúde a partir de uma aproximação das comunidades locais e apresentam uma prática diferenciada em relação à tradicional (Amarante, 2007). Acreditamos que a inserção dos profissionais da Psicologia nas construções multiprofissionais e atuação direta com as equipes da saúde nas unidades básicas de saúde vem contribuindo no direcionamento positivo aos usuários da saúde mental nas Unidades Básica de Saúde. Público antes tido como desafiadores, hoje com as frentes participativas, apresentam mais ferramentas nas quais são utilizadas para melhor acolher e identificar a real necessidade daquele/a indivíduo que precisa dos cuidados da Atenção Primária (Amarante, 2007).

É importante enfatizar que a conquista deste espaço na Atenção Primária foi através de muitas discussões, iniciado em 1978 na cidade de Alma-Ata, na Conferência Internacional sobre os cuidados Primários em Saúde, que se tornou o marco na tentativa de se promover a saúde em uma perspectiva mais ampla e complexa (OMS, 1978). Nessa conferência, discutiram-se os parâmetros básicos da atenção primária à saúde (APS) como uma estratégia de assistência, baseando-se no conceito ampliado de saúde. A APS seria um nível importante não somente para a prevenção e a promoção da saúde, mas também como estratégia que objetiva o desenvolvimento socioeconômico dos países (Starfield, 2002).

A utilização dos métodos de avaliação na Atenção Primária se faz através de entrevista estruturada com perguntas definidas que direcionam toda a entrevista dentro de um ou mais tópicos, semiestruturada com perguntas e tópicos direcionadas, porém possíveis de ser alteradas ao longo do diálogo e não estruturada sem perguntas ou tópicos previamente definidas. Outra possibilidade que utilizamos é a observação comportamental, com o possibilidade das entrevistas, o usuário também se atenta aos componentes não verbais (Starfield, 2002).

O uso da avaliação psicológica pode contribuir no recurso do atual modelo de um clínica ampliada e da humanização em saúde ao SUS. Segundo Carvalho e Cunha (2006), o uso do termo "singular", em substituição a "individual", outrora mais utilizado, baseia-se na premissa de que nas práticas de saúde coletiva, em especial na atenção primária é fundamental levar em consideração não só o indivíduo, mas todo o seu contexto social. Ao nosso olhar notamos a importância das informações e no diálogo com a equipe de saúde da família (ESF), pois, é muito importante não fazer julgamentos bruscos, cuidando sempre para reforçar atitudes positivas, especialmente aquelas que denotem autonomia com responsabilidade e clareza técnica. Para além disso, em toda discussão devemos buscar uma formulação diagnóstica, lembrando que na saúde mental os diagnósticos são frequentemente temporários e que, mais importantes do que acertar o código diagnóstico, é compreender a situação em suas várias facetas (Carvalho & Cunha, 2006).

Considerações finais

Nos dias atuais, pode-se observar a importância da avaliação psicológica e do profissional psicólogo(a) dentro do SUS. Durante a escrita percebemos o quanto faltam estudos, pesquisas e profissionais aptos dentro da Atenção Primária que detém o conhecimento no âmbito da avaliação psicológica . Diante de todo o percurso e mudanças da história da saúde no Brasil e no mundo, a inserção do psicólogo(a) se torna essencial na equipe multiprofissional, com um olhar crítico priorizando todo o conjunto biopsicossocial do indivíduo. A avaliação psicológica nesse momento tem um importante papel para auxiliar a equipe no diagnóstico do paciente. O processo de avaliação além de ser importante, ajudará no restante dos pilares que será seguido pelo indivíduo dentro do sistema.

Nas últimas décadas a construção de políticas públicas de saúde vem caminhando no sentindo de valorizar a participação popular, o controle social e o protagonismo das comunidades. As ações passam a ser focadas mais na promoção da saúde do que na intervenção curativa e de reabilitação. Assim, ainda que a promoção de saúde mental esteja invariavelmente inserida na compreensão de promoção da saúde em geral, há que se aprofundar a especificidade deste campo de atuação no que diz respeito à Atenção Primária.

Uma das problemáticas centrais é o importante papel do psicólogo(a) no âmbito do saber/fazer nos modelos de atenção à saúde contemporânea, consiste no enfrentamento das condições crônicas, na mesma lógica dos agravos agudos, ou seja, por meio de tecnologias destinadas a responder aos momentos das necessidades referentes às UBSs. A partir deste olhar, atribuímos a avaliação psicológica como fundamental no papel dos psicólogos(as) seja dentro do sistema ou fora dele. Atribuindo a prevenção a saúde mental especialmente relevante considerando a autonomia e capacidade do usuário/paciente que quando é avaliado de forma coerente tem suas capacidades mentais renovadas e prevenidas, no contexto. E cabe considerar não apenas a autonomia e participação dos indivíduos, mas também das comunidades, como fator definidor das condições de saúde da área de abrangência. Tal estratégia de empoderamento se dá pelo compromisso da educação permanente em saúde, e da inclusão e valorização dos saberes e necessidades dos usuários e dos grupos que os representam.

Concluímos que Avaliação Psicológica é realizada na Atenção Primária através de alguns contextos, mas contando com um fator fundamental que é a experiência do psicólogo(a). Identificamos a falta de profissionais que utilizem a avaliação de forma abrangente por não reconhecerem sua transversalidade dentro de todas as áreas da Psicologia, sendo utilizada dentro do sistema através de: anamnese, observação, dinâmicas, escalas e muitas vezes no processo multidisciplinar que garante a juntada de todas as evidências e fatores referentes ao usuário/paciente para que se chegue a um diagnóstico coerente. Tendo a escuta psicológica como forte aliada, o ponto fraco se torna a falta das testagens psicométricas que vão garantir um tempo e um diagnóstico mais assertivo em menor tempo, por ter um custo elevado não é disponível para acessibilidade dos psicólogos(as) e usuários no sistema., havendo assim um recurso a menos para facilitar nos atendimentos de um diagnóstico assertivo devido ao pouco tempo que é possível e disponível a cada sujeito em seus consultórios. Seria uma ferramenta fundamental para todo o processo conjunto para resolução de cada caso, mas mesmo por sua ausência não impacta nas conclusões pois se pode utilizar outras ferramentas da avaliação.

Um ponto a se tocar é a grande demanda que se tem diante da saúde, deixando a desejar os atendimentos por conta de poucos profissionais existente na Atenção Primária. Com essa falta, se tem o aumento de espera na assistência para a população, que acaba sofrendo com a falta de atendimento, isso podendo agravar a sua patologia clínica e acarretando problemas psicológicos. Diante a todos esses pontos citados, faltam ainda estudos e pesquisas que podem ajudar a trazer estratégias diante do atendimento na Atenção Primária, ajudando assim na implantação da psicologia em saúde e avaliação psicológica de forma que pudesse trabalhar além do que hoje se torna um limite pra nós.

Referências bibliográficas

Almeida, R. A.; & Malagris, L.E.N. (2011). *A prática da psicologia da saúde.*

Amarante, P. (2007). *Saúde Mental e Atenção Psicossocial.* Rio de Janeiro: Fiocruz.

Böing, E. (2009). O psicólogo na atenção básica: uma incursão pelas políticas públicas de saúde brasileiras. Dissertação de Mestrado, Universidade Federal de Santa Catarina, Florianópolis, SC.

Böing, E., Crepaldi, M. A., & Moré, C. L. O. O. (2009). A epistemologia sistêmica na atuação do psicólogo na atenção básica à saúde. Psicologia: Ciência e Profissão, 29(4), 828-845.

CAMPOS, G.W.S.; DOMITTI, A.C. Apoio Matricial e Equipe de referência: uma metodologia para gestão do trabalho interdisciplinar em saúde. Cad. Saúde pública, Rio de Janeiro, 23(2):399-407, fev. 2007.

CARVALHO, Sérgio Resende; CUNHA, Gustavo Tenório. A Gestão da Atenção na Saúde: Elementos para se Pensar a Mudança da Organização na Saúde. In: G. W. S. Campos et al., Tratado de Saúde Coletiva; Rio de Janeiro: Fiocruz, pp. 843, 2006;

Capitão, C. G.; Scortegna, S. A.; & Baptista, M. N. (2005). *A importância da avaliação psicológica na saúde.*

Conselho Federal de Psicologia – CFP. (2005). *Código de Ética Profissional do Psicólogo.* Brasília: Conselho Federal de Psicologia.

Dimenstein, M.D.B. (1998). O psicólogo nas Unidades Básicas de Saúde: desafios para a formação e atuação profissionais. *Estudos de Psicologia, 3,* 53-51.

Franco, A.; & Mota, E. (2003). Distribuição e atuação dos psicólogos na rede de unidades públicas de saúde no Brasil. *Psicologia: Ciência e Profissão, 23*(3), 50-59.

Hupsel, T. M.; & Schintman, L. V. (2017). *Psicologia da Saúde*: da Atenção Primária à Atenção Hospitalar.

Maciel, R. H. M. O.; Lima, A. F. A.; Albuquerque, A. M. F. C.; Aguiar, A. S. W.; & Santos, J.B. F. (2007). O multiprofissionalismo em saúde e a interação das equipes do programa de saúde da família.

Ministério da Saúde – MS. (1997). *Saúde da família: uma estratégia para a reorientação do modelo assistencial.* Secretaria de Assistência à Saúde. Coordenação de Saúde da Comunidade. Brasília, DF: Ministério da Saúde.

Ministério da Saúde – MS. (2020). Versão Eletrônica (1º edição) Brasília,DF: Autores.

Organização Mundial da Saúde – OMS. (1978). *Relatório da Conferência Internacional sobre Cuidados Primários de Saúde.* Genebra: OMS.

Peduzzi, M.; & Agreli, H. F. (2018). Trabalho em equipe e prática colaborativa na Atenção Primária à Saúde.

Paulin, T.; & Luzio, C, A. (2009). *A Psicologia na Saúde Pública*: desafios para a atuação e formação profissional.

Pellini, M. C. B. M.; & Leme, I. F. A. S. (2019). A ética no uso de testes no processo de Avaliação Psicológica. In *Avaliação Psicológica. Guia de Consulta para Estudantes e Profissionais de Psicologia.*

Starfield, B. (2002). *Atenção Primária*: equilíbrio entre necessidades de saúde, serviços e tecnologia. Brasília : UNESCO, Ministério da Saúde.

Brasil. Lei 8080 de 19 de setembro de 1990, http://www.planalto.gov.br/ccivil_03/leis/l8080.htm, e o Decreto 7508/11, de 28 dejunho de 2011 que dispõe sobre a organização do SUS. http://www.planalto.gov.br/ccivil_03/_ato2011-2014/2011/decreto/D7508.htm. Obtido em 01/12/2020.

Brasil. Lei 8142/90 de 28 de dezembro de 1990. Dispõe sobre a participação da comunidade no SUS. In: http://www.planalto.gov.br/ccivil_03/leis/l8142.htm, obtido em: 01/12/2020.

OS AUTORES

Organizadores

ELZA LOBOSQUE

Psicóloga e Pedagoga. Mestre em Avaliação Psicológica pela Universo Niteroi. Especialista em Avaliação Psicológica e em Psicologia do Trânsito pelo CRP/MG. Conselheira XVI Plenária, Coordenadora da Comissão de Orientação em Avaliação Psicológica, Coordenadora da Comissão de Analise para concessão do Título profissional de especialista CRP 04/Sede. Coordenadora da COMORG/MG. Conselheira referência na Comissão de POT, Transito, Avaliação Psicológica, Comissão de Apoio. Docente e Supervisora de estágio do Centro Universitário Estácio/JF. Coordenadora e docente da pós-graduação em Avaliação Psicológica (IESPE). Avaliadora psicológica credenciada pela Polícia Federal. Consultora de RH. Membro da Comissão Cientifica do CONAP.

DÉLCIO FERNANDO GUIMARÃES PEREIRA

Mestre em Psicologia Clínica. Pós-graduado em Docência do Ensino Superior. Pós-graduado em Psicologia Clínica e Saúde Mental. Ex-professor e coordenador de Curso de Psicologia e Clinica Escola. Ex-Conselheiro do XIV e XV Plenário do CRP 04/MG. Ex-Conselheiro Secretário XV Plenário CRP 04 MG. Ex-Presidente da comissão de Orientação e Fiscalização (COF). Ex-Presidente da Comissão de Orientação e Ética (COE). Membro da Comissão de Orientação e Formação Profissional. Membro da Comissão de Orientação e Avaliação Psicológica. Membro da Associação Brasileira de Ensino de Psicologia – Minas Gerais.

Autores

AKAUITO ELCINO MOREIRA TEIXEIRA

Psicólogo, especialista em Avaliação e Diagnóstico Psicológico. Mestre em Ensino pela PUC - Minas. Docente da área de Avaliação Psicológica da Faculdade Ciências da Vida (FCV). Coordenador do GT em Neuropsicologia do CRP-MG. Membro da Comissão de Avaliação Psicológica do Conselho Regional de Psicologia. Possui experiência em Avaliação psicológica, Neuropsicológica, atendimento clínico, consultoria e supervisão profissional.

ANGÉLICA MARIA FERREIRA DE MELO CASTRO

Psicóloga pela Universidade Estadual da Paraíba (UEPB). Mestre em Psicologia pela Universidade Federal de Minas Gerais (UFMG). Doutora em Psicologia Cognitiva pela Universidade Federal de Pernambuco (UFPE) com período de estudos na Universidade do Minho (Portugal). Pesquisadora membro do NEAP/UFPE e GICAD/UMinho.

BRENDA SCHWARCZ HOFFMANN

Psicóloga, graduada em psicologia pela Universidade de Brasília. Experiência na área de Avaliação Psicológica, estágio realizado durante dois anos no Ministério da Justiça, na área de adoção e subtração internacional de crianças e adolescentes. Participação no projeto de pesquisa de construção de instrumentos de avaliação psicológica para o Exército Brasileiro. Atual profissional de saúde residente do Programa Multiprofissional em Atenção Oncológica.

CLARA FERNANDES REZENDE NUNES

Graduada em Psicologia pela Universidade de Brasília (UnB). Estagiária do Centro de Atendimentos e Estudos Psicológicos da Universidade de Brasília (CAEP/UnB).

CLÁUDIA REGINA FERREIRA DE CARVALHO DIAS

Psicóloga graduada pela Universidade Federal de São João del-Rei (UFSJ). Pós-Graduada em Psicopedagogia (UEMG) e em Psicologia e Desenvolvimento Humano (UFJF). Especialista em Psicologia Escolar/Educacional e Especialista em Psicopedagogia (Título Profissional). Psicóloga Fiscal do CRP/MG Experiência como docente do curso de Pós-Graduação em Psicologia e Saúde (UFJF) e em Avaliação Psicológica (IESPE).

CARLOS MANOEL LOPES RODRIGUES

Psicólogo pela Universidade Federal de Uberlândia (UFU). Mestre e Doutorando em Psicologia Social do Trabalho e das Organizações pela Universidade de Brasília (UnB). Professor Adjunto do Centro Universitário de Brasília (UniCEUB).

CRISTIANE FAIAD

Doutora em Psicologia. Professora do Departamento de Psicologia Clínica e dos Programas de Pós-Graduação em Psicologia Social, do Trabalho e das Organizações e de Psicologia Clínica e Cultura, da Universidade de Brasília. Coordenadora do LabPAM/UnB; Coordenadora do Grupo de Pesquisa em Avaliação Psicológica no Contexto da Segurança Pública e Privada (Grupo Perfil) e Coordenadora do Centro de Pesquisa em Avaliação e Tecnologias Sociais (Cepats). Atua em pesquisas na área de Psicometria, Avaliação Psicológica, voltadas principalmente para construção e evidência de validade de instrumentos psicológicos em diferentes contextos.

DÉBORA ALVES DE AMORIM

Graduação em Psicologia (UNIVASF). Mestre em Psicologia Cognitiva (UFPE). Doutora em Psicologia Cognitiva pela Universidade Federal de Pernambuco (UFPE) com período de estudos na Universidade do Minho (Portugal). Docente do Curso de Psicologia da FACESF e integrante do Núcleo de Estudos em Avaliação Psicológica (UFPE).

FLAVIA SANTANA DA SILVA

Psicóloga. Pós-graduada em Direitos Humanos e Especialização em estudos da violência contra crianças e adolescentes. Gerente técnica do CRP/MG.

FERNANDA GONÇALVES DA SILVA

Mestre em Avaliação Psicológica. Doutora em Psiquiatria e Saúde Mental pelo Instituto de Psiquiatria da Universidade Federal do Rio de Janeiro (IPUB). Diretora da FGS Consultoria, Cursos e Psicodiagnóstico. Editora da Revista Psicologia e Conexões. Docente e coordenadora de cursos superiores na modalidade presencial e remota Centro Universitário Estacio. Pesquisadora e autora de livros e artigos no contexto da Avaliação Psicológica.

FERNANDA SOARES DOS SANTOS

CRP-04/52077. Pós Graduada em Avaliação Psicológica pelo IEC-PUCMinas. Participa do Grupo de Psicologia de Emergências e Desastres do CRP-MG. Atuou no Projeto de Suporte aos Trabalhadores da Saúde no período da Pandemia, da Unimed BH.

GEISCISLENE MARTA MARTINS

Psicóloga (CRP 04/47012). Pós Graduada em Avaliação Psicológica pelo IEC-PUCMinas. Pós graduanda em Neuropsicologia e Desenvolvimento - Faveni. Pós graduanda em Neuropsicologia e problemas de Aprendizagem- Faveni. Membro da comissão de orientação em avaliação psicológica CRP-MG.

ISABELLA PIPPA FERREIRA FREITAS

Graduada em Psicologia pela Faculdade Estácio de Sá. Especialista em Avaliação Psicológica (IESPE). Especialista em Terapia Cognitiva Comportamental (FAVENI). Especialista em Psicologia Hospitalar (FAVENI). Especialista em Psicologia Organizacional e do Trabalho (FAVENI). MBA em Gestão de Saúde e Administração Estratégica (Faculdade Estácio de Sá). Coordenadora da Comissão de Avaliação Psicológica (CRP subsede sudeste /JF). Membro da Comissão de Avaliação Psicológica CRP/MG. Membro da Comissão de Trânsito CRP/MG

IRENE TERESA VIEIRA FABRETTI

Graduada em Psicologia. Especialista em Avaliação e Diagnóstico Psicológico (PUC/MG). Psicóloga do NASF/AB (Prefeitura de Belo Horizonte). Membro da Comissão de Avaliação Psicológica CRP/MG.

JULIANE ALVES MENDONÇA

Graduação em Gestão de Recursos Humanos pelo Centro Universitário UNA. Graduação em Psicologiapela Faculdade Ciências Médicas de Minas Gerais (CMMG). Analista de Gestão com Pessoas no Hospital SOCOR. Pós-graduanda em Gestão Estratégica da Saúde.

KELLY CRISTINA ATALAIA DA SILVA

Graduada em Psicologia pela Universidade Federal de Juiz de Fora (UFJF). Mestre em Ciências Médicas pela Universidade do Estado do Rio de Janeiro (UERJ). Mestre em Neurociência e Biologia do Comportamento pela Universidad Pablo de Olavide (Sevilla-España). Mestre em Neuropsicologia Clínica pela Universidad Pablo de Olavide (Sevilla-España). Doutora em Neurociências pela Universidad Pablo de Olavide (Sevilla- España). Professora Adjunta da Universidade Federal do Recôncavo da Bahia (UFRB).

LILIANE MEIRE FIGUEIREDO

Graduação em Psicologia pela Faculdade Ciências Médicas de Minas Gerais (CMMG). Atualização e Aperfeiçoamento em Psicologia Hospitalar. Residente em Psicologia Hospitalar com ênfase em intensivismo na Santa Casa de Belo Horizonte.

MANUELA RAMOS CALDAS LINS

Psicóloga pela Universidade Estadual da Paraíba (UEPB). Especialista em Terapia Cognitivo-Comportamental pelo Instituto de Terapia Cognitivo-Comportamental (InTCC-RS). Mestre em Psicologia pela Universidade Federal do Rio Grande do Norte (UFRN). Doutora em Psicologia pela Universidade de Brasília (UnB). Professora da graduação e da pós-graduação do curso de Psicologia do Centro Universitário de Brasília (UniCEUB).

MARCELO AUGUSTO RESENDE

Especialista em Psicologia Clínica e Perícia pelo CFP. Mestre e Doutor pela Universidade Federal de Minas Gerais (UFMG). Professor Adjunto da PUC/MINAS na área de Avaliação Psicológica.

Tenente Coronel PM QOS psicólogo da reserva. Coordenador e professor da pós-graduação em Avaliação Psicológica do IEC/MG. Membro da Comissão de Avaliação Psicológica do CRP 04. Membro da Associação Mineira de Avaliação Psicológica (SAPSI/MG) e do Instituto Brasileiro de Avaliação Psicológica (IBAP).

MARIA DO SOCORRO ALBERGARIA DE CASTRO

Graduada em Psicologia pela Faculdade Newton Paiva; Graduada em Pedagogia pela Pontifícia Universidade Católica de Minas Gerais; Especialista em Avaliação Psicológica pela Pontifícia Universidade Católica de Minas Gerais; Pós-Graduanda em Psicologia Jurídica pelo Instituto de Pós-Graduação Goiano – IPOG; Docente em Gestão Estratégica na Polícia Militar do Estado de Minas Gerais; Docente em Gestão de Pessoas na Faculdade Arnaldo; Responsável Técnica em Avaliação Psicológica da ANAC; Elaboradora de Recursos Administrativos em Concursos Públicos.

MARIANA BRAGA FIALHO

Mestre pelo Programa de Pós-Graduação em Psicologia: Cognição e Comportamento da Universidade Federal de Minas Gerais na linha de Mensuração em Psicologia (2019), possui graduação em Psicologia pela Faculdade de Ciências Médicas de Minas Gerais (2015). Leciona as disciplinas de Avaliação Psicológica e Psicometria, Estágio Supervisionado em Terapia Cognitivo-Comportamental no curso de Psicologia da Faculdade Ciências Médicas de Minas Gerais (FCMMG). Atua com avaliação psicológica e Terapia Cognitivo-Comportamental (TCC).

NATÁLIA MARIA FERNANDES FAGUNDES

Graduada em Psicologia pela Faculdade Estácio de Sá. Especialista em Psicologia Hospitalar (Universidade Veiga de Almeida/RJ). Pós-Graduação em Terapia Cognitiva Comportamental (Dom Alberto/SC). Psicóloga da APAE/Juiz de Fora. Membro da Comissão de Orientação em Avaliação Psicológica (CRP subsede sudeste /JF).

PHILIPE GOMES VIEIRA

Psicólogo pela Universidade Presidente Antônio Carlos (Ipatinga/MG). Especialista em Avaliação e Diagnóstico Psicológico pela PUC/MINAS. Doutor em Avaliação Psicológica voltada à Saúde Mental pela Universidade São Francisco (Campinas/SP), com período de estudos na California School of Professional Psychology da Alliant International University (San Diego/CA). Membro da Therapeutic Assessment Institute e da Society for Personality Assessment. Certificação internacional de proficiência na administração do teste de Rorschach pelo Rorschach Performance Assessment System (EUA). Membro da Associação Brasileira de Rorschach e Métodos Projetivos. Professor na especialização Lato Sensu em Avaliação Psicológica do Instituto de Graduação e Pós-Graduação (IPOG). Consultor para distribuidoras de testes psicológicos e professor de cursos de capacitação para utilização de testes psicológicos e supervisor em psicodiagnóstico.

PRICILA CRISTINA CORREA RIBEIRO

Graduada em Psicologia pela Universidade Federal de Juiz de Fora (UFJF). Mestrado em Gerontologia pela Universidade Estadual de Campinas (UNICAMP). Doutora em Saúde Coletiva pelo Instituto de Medicina Social da Universidade do Estado do Rio de Janeiro (UERJ). Professora do departamento de Psicologia da Universidade Federal de Minas Gerais (UFMG) na área de Psicologia Clínica em Gerontologia.

RENATA SALDANHA SILVA

Possui graduação (2007) e mestrado em Psicologia pela Universidade Federal de Minas Gerais (2010). Atualmente, é professora do curso de Psicologia da Faculdade Ciências Médicas de Minas Gerais (FCMMG), onde leciona disciplinas de avaliação psicológica, orientação profissional e Terapia Cognitivo-Comportamental. É terapeuta cognitiva associada à Federação Brasileira de Terapias Cognitivas (FBTC) e membro da diretoria da Associação de Terapias Cognitivas de Minas Gerais (ATC-Minas). Tem experiência na área de Psicologia, com ênfase em Psicologia do Desenvolvimento

Humano, Avaliação Psicológica e Terapia Cognitivo-Comportamental, atuando principalmente nos seguintes temas: diferenças individuais em inteligência e personalidade, construção de instrumentos psicológicos, transtornos de ansiedade e de personalidade, psicopatologia infanto-juvenil.

SARA P. ALVES SILVA

Psicóloga CRP 04/63462. Psicóloga da Clínica de Psicologia da Faculdade Ciências Médicas de Minas Gerais (FCMMG). Estagiária da Clínica de Psicologia no Ambulatório CMMG (2019–2020). Diretora da Liga Acadêmica de Saúde Mental-Faculdade Ciências Médicas de Minas Gerais (2019).

TATIANE DIAS BACELAR

Psicóloga CRP 04/19226, psicoterapeuta Humanista-fenomenológica. Graduação em Psicologia Pontifícia Universidade Católica de Minas Gerais (2001). Especialista em Psicologia e Desenvolvimento Humano pela Universidade Federal de Juiz de Fora (2007). Mestre em Psicologia pela Universidade Federal de Minas Gerais (2010). Coordenadora do curso de Psicologia da Faculdade Ciências Médicas de Minas Gerais (CMMG) e Professora do curso de Psicologia. Coordenadora do projeto de pesquisa Perfil Psicológico das pessoas atendidas na clínica escola de psicologia: estratégias de avaliação e intervenção. Atua nas áreas de Psicologia Clínica, Saúde Mental e Psicoterapia Humanista-Fenomenológica.

Construindo ideias
e conectando mentes

Este livro foi composto com tipografia Bembo Std
e impresso em papel Pólen Soft 80g.
na Promove Artes Gráficas em julho de 2022.